英語教師力アップシリーズ 5

江藤秀一・加賀信広・久保田章 監修

授業力アップのための
英語教師 必携
自己啓発マニュアル

佐野富士子・小田寛人 [編]

開拓社

「英語教師力アップシリーズ」

　本シリーズは英語教師として知っておくべき基礎知識を提供するものです．日々の授業は教科書に添って行われていますが，教科書の内容を学習者によりわかりやすく，より楽しく，より豊かに教えたいというのは英語教師の誰もが持つ願いでしょう．そんな願いを叶えるには，英語の背景的な知識が不可欠です．本シリーズは英語教師として知っておくべき英語圏の文学的・文化的知識，英語学の知識，そして最新の英語教授法を含む種々の英語教授法と授業の工夫の実践例，さらには校務をこなす上に必要な英語についての情報を提供します．

　本シリーズが現場の先生方および英語教師を目指している方々にお役に立てることを編者一同願っております．

江藤秀一・加賀信広・久保田章

は し が き

　世の中の国際化がますます進み，ただ英語を話すことができるというだけではなく，深い知識，幅広い教養を基にした思考力，判断力，表現力，説得力，交渉力，調整力，問題解決力など，高度な知識と技能を身につけた「グローバルな人材の育成」が求められています．また，教育現場において「主体的・対話的で深い学び」をもたらすための授業を行うことが文部科学省からも社会からも要求され，その実現に向けて現職教員一人ひとりの知識と技能に磨きをかけることが求められています．本書の読者の多くが，現役の英語教師またはこれから英語教師を目指す方々かと思われますが，英語教師に求められる力，期待される力が大きく，国内外の大学院への進学，学会への参加・発表など，教え方のバージョンアップや自己啓発の必要性を感じておられる先生方も多いことでしょう．

　本書では，そのようなニーズをお持ちの先生方，これから教員を目指す学生の方々のために，第 I 部「自己研鑽編」，第 II 部「授業指導編」，第 III 部「授業外業務編」という 3 部構成で有益な情報提供を行うとともに，教員としてどうしても必要な知識の紹介を，できるだけ専門用語を使わずに解説しています．第 I 部「自己研鑽編」では，これから教育研究者として自身の知見を磨きたいという方のために，海外留学に向けての出願，海外現地での授業参観，リサーチデザインの基礎知識，テスト作成の基礎知識，統計の基礎知識，学会発表に向けた基礎知識，論文の書き方と方略，研究倫理と知的所有権の保護を取り上げています．第 II 部「授業指導編」では，英語を使って授業を行いたい方のために教室内のインプットとしての Teacher Talk，インタラクションやフィードバックの一形態としての Corrective Feedback，教室でコミュニケーションを起こすための Communication Strategies などを取り扱い，「主体的・対話的で深い学び」を起こすような指導を行うことが求められている中，教室でどのような英語を使って指導すれば生徒の英語力が伸びるのかを中心に例文を添えて解説しています．第 III 部「授業外業務編」では，英語教師に依頼されることの多い業務として，ALT への対応，国際交流先の開拓，学校内で行

われる国際交流活動，海外研修の企画と指導などを取り上げ，業務遂行のために必要となる知識や対処法など，実践的な英文も添えて具体的に説明しています．また，「付録」には英語教育関連図書を 100 冊挙げました．時間的制約の中で知識と情報を増やすことができるよう，日本語で書かれた本を中心に選びました．大学院に進学をお考えの方は，まず日本語の本で基礎知識を得てから英語の専門書を読むと，読みやすく深い理解を得やすくなります．英語の専門書は，付録リストに挙がった書物を入手され，それぞれの巻末の引用文献一覧をご参照ください．

Richards and Lockhart (1996) は授業改善の方法として，以下の 6 箇条を挙げ，1 ～ 4 に挙げられた個人的な経験や好みで授業法を選択すべきではないと主張しています．

1. 学習者としての経験をもとにする
2. 教師としてうまくいった経験をもとにする
3. 学校で決められた指導法
4. 自分の性格や好み
5. リサーチをもとにリフレクションして改善する
6. 理論に基づいて授業改善する

読者の皆様には，上記 5 ～ 6 に挙げられた授業改善の拠り所として，本書で紹介する情報を活用していただき，リサーチから得られた確かな知見をもとに実践に移していただければと思います．本書の特徴として，今まで中学・高校の教師向けに書かれたことがなかったトピック，例えば，海外留学に向けての出願，論文の書き方，学会発表のし方などを集め，英語教師力をアップするために必要な情報や知識を著しました．自己啓発のための必携マニュアルとして役立てていただきたく思います．この本の読者の皆様が日本の英語教育を牽引されることを願ってやみません．

　最後になりますが，本書の刊行に際して執筆を快く引き受けていただいた執筆者の皆様，シリーズ全体を企画し本書の編集作業においても指導・忠告をくださった江藤秀一氏，企画から刊行までご尽力いただきました開拓社の川田賢氏に心より感謝申し上げます．

2019 年 8 月　　　　　　　　　　　編者　佐野富士子・小田寛人

執筆者担当一覧

第 I 部　自己研鑽編
　第 1 章　海外留学に向けての出願　　　　　　中田達也
　第 2 章　海外現地での授業参観　　　　　　　中田達也
　第 3 章　リサーチデザインの基礎知識　　　　大場浩正
　第 4 章　テスト作成の基礎知識　　　　　　　松本佳穂子
　第 5 章　統計の基礎知識　　　　　　　　　　高橋知也
　第 6 章　学会発表（口頭発表）　　　　　　　小田眞幸
　第 7 章　論文の書き方と方略　　　　　　　　中谷安男
　第 8 章　研究倫理と知的所有権の保護　　　　小田眞幸

第 II 部　授業指導編
　第 9 章　Teacher Talk　　　　　　　　　　　佐野富士子
　第 10 章　Corrective Feedback　　　　　　　　原田　淳
　第 11 章　Communication Strategy　　　　　　中谷安男
　第 12 章　Skit　　　　　　　　　　　　　　　浅見道明
　第 13 章　Speech　　　　　　　　　　　　　　佐野富士子
　第 14 章　Discussion　　　　　　　　　　　　甲斐　順
　第 15 章　Presentation　　　　　　　　　　　谷口茂謙
　第 16 章　Debate　　　　　　　　　　　　　　谷口茂謙

第 III 部　授業外業務編
　第 17 章　ALT 対応：生活面のサポート　　　寺田義弘・鈴木修平
　第 18 章　ALT 対応：学校業務と授業　　　　鈴木修平・寺田義弘
　第 19 章　英語版「学校案内」の作成　　　　　櫻井加保里
　第 20 章　国際交流先を開拓するには　　　　　海野　茜・谷野純夫
　第 21 章　学校内で行われる国際交流活動　　　辻　陽介・小林大介
　第 22 章　海外研修の企画と指導　　　　　　　新妻明子
　第 23 章　英語外部試験　　　　　　　　　　　小田寛人
　第 24 章　派遣業務（報告）　　　　　　　　　鈴木はる代・前田昌寛

付　録　　英語教育関連図書一覧　　　　　　　佐野富士子・小田寛人

目　　次

「英語教師力アップシリーズ」
はしがき
執筆者担当一覧

第 I 部　自己研鑽編

第1章　海外留学に向けての出願 ······································ 2

  1.　はじめに ·· 2
  2.　出願するプログラムの決定 ·································· 2
  3.　入学要件の確認 ·· 3
  4.　出願に必要な書類 ·· 4
  5.　終わりに ·· 7

第2章　海外現地での授業参観 ······································ 8

  1.　はじめに ·· 8
  2.　授業参観の許可を求める英語表現 ························ 8
  3.　授業参観の許可を求めるうえでのポイント ············ 11
  4.　終わりに ·· 13

第3章　リサーチデザインの基礎知識 ···························· 14

  1.　はじめに ·· 14
  2.　実践者としてのリサーチを行う理由 ···················· 14
  3.　研究課題（Research question）の設定 ················· 16
  4.　リサーチデザイン（Research design）の種類 ·········· 17
  5.　アクション・リサーチ（Action research）············· 20
  6.　終わりに ·· 21

第4章　テスト作成の基礎知識 ・・ 22

1. はじめに ・・ 22
2. 良いテストとは？ ・・・ 23
3. 統合スキル型のテスト ・・ 32
4. 終わりに ・・・ 33

第5章　統計の基礎知識 ・・・ 37

1. はじめに ・・ 37
2. なぜ「統計の知識」が必要なのか ・・・・・・・・・・・・・・・・・・・・・・・・・・・ 39
3. 統計を用いる場面とその目的 ・・・・・・・・・・・・・・・・・・・・・・・・・・・・・・・ 41
4. 統計的仮説検定 ・・ 43
5. 英語教育の領域でよく用いられる分析手法 ・・・・・・・・・・・・・・ 45
6. アンケート調査・介入研究の計画立案から分析まで ・・・・・・・・・ 50
7. 統計の落とし穴 ・・ 52
8. 終わりに ・・・ 52

第6章　学会発表（口頭発表） ・・・・・・・・・・・・・・・・・・・・・・・・・・・・・・・・・・・・・・ 54

1. 学会での口頭発表 ・・ 54
2. どこで発表するか ・・ 54
3. 発表申し込みの手続き ・・・・・・・・・・・・・・・・・・・・・・・・・・・・・・・・・・・・・ 56
4. 審査の方法 ・・ 57
5. 要旨を作成する ・・ 58
6. 要旨の構成 ・・ 59
7. 発表の申し込み ・・ 67
8. 発表の採択と学会への参加 ・・・・・・・・・・・・・・・・・・・・・・・・・・・・・・・ 67
9. 終わりに ・・・ 68

第7章　論文の書き方と方略 ・・ 69

1. はじめに ・・・ 69
2. なぜ論文を書くのか ・・・ 69
3. 論文を書く前に ・・ 70
4. 読者を意識して書く ・・ 71
5. 論文の構成と書く内容 ・・・・・・・・・・・・・・・・・・・・・・・・・・・・・・・・・・・・・ 72
6. まとめ ・・・ 78

第 8 章　研究倫理と知的所有権の保護 ···························· 79

　1.　はじめに ··· 79
　2.　教室でのデータ収集 ·· 79
　3.　データの管理 ·· 81
　4.　データの分析・公表と個人情報の保護 ······················ 81
　5.　研究の発表と知的所有権の保護 ···························· 82
　6.　まとめ ··· 85

第 II 部　授業指導編

第 9 章　Teacher Talk ·· 88

　1.　はじめに ··· 88
　2.　Teacher talk の定義と特徴 ·································· 89
　3.　Teacher talk の役割 ······································· 90
　4.　まとめ ··· 99

第 10 章　Corrective Feedback ·································· 102

　1.　はじめに ··· 102
　2.　口頭の CF ··· 103
　3.　ライティングの CF ··· 105
　4.　まとめ ··· 107

第 11 章　Communication Strategy ······························ 110

　1.　はじめに ··· 110
　2.　コミュニケーション・ストラテジーとは ····················· 110
　3.　話者間の意味交渉が目標言語の習得に有効な理由 ············· 111
　4.　CS を意識的に使うメタ認知トレーニング ···················· 116
　5.　まとめ ··· 123

第 12 章　Skit ··· 126

　1.　はじめに ··· 126
　2.　スキット・話すこと（やり取り）の定義と重要性 ············· 126
　3.　英語が身につくために効果的な「スキット・話すこと（やり取り）」の特徴 ··· 127

　　4．スキット作成指導 ····································· 128
　　5．パフォーマンス評価 ································· 133
　　6．まとめ ··· 135

第 13 章　Speech ··· 136

　　1．はじめに ··· 136
　　2．スピーチとは ·· 137
　　3．スピーチの指導 ····································· 140
　　4．スピーチの評価 ····································· 143
　　5．パフォーマンス評価の活用 ······················ 146
　　6．まとめ ··· 148

第 14 章　Discussion ··· 152

　　1．はじめに ··· 152
　　2．ディスカッションの定義，重要性 ··············· 153
　　3．ディスカッションの指導 ·························· 154
　　4．評価の例 ··· 158
　　5．まとめ ··· 159

第 15 章　Presentation ······································ 161

　　1．はじめに ··· 161
　　2．枠組み ··· 162
　　3．話し手の準備 ·· 163
　　4．聞き手の準備 ·· 164
　　5．教師の準備 ·· 164
　　6．参考となる指導例 ··································· 166
　　7．終わりに ··· 168

第 16 章　Debate ··· 170

　　1．はじめに ··· 170
　　2．枠組み ··· 171
　　3．話し手の準備 ·· 172
　　4．聞き手の準備 ·· 173
　　5．教師の準備 ·· 173

6. 参考となる指導例 ……………………………………… 175
7. 終わりに ……………………………………………… 177

第 III 部　授業外業務編

第 17 章　ALT 対応：生活面のサポート ……………………… 180

1. はじめに ……………………………………………… 180
2. ALT を初めて迎えるにあたって ……………………… 180
3. 生活一般への対応（ALT に同行して）……………… 188
4. 終わりに ……………………………………………… 198

第 18 章　ALT 対応：学校業務と授業 ……………………… 199

1. はじめに ……………………………………………… 199
2. 勤務や業務に関する説明 ……………………………… 199
3. 授業についての打ち合わせをする際に必要な英語 …… 205
4. 終わりに ……………………………………………… 211

第 19 章　英語版「学校案内」の作成 ……………………… 212

1. はじめに ……………………………………………… 212
2. 学校案内英語版作成のポイントと使える表現 ………… 213
3. 終わりに ……………………………………………… 223

第 20 章　国際交流先を開拓するには ……………………… 224

1. はじめに ……………………………………………… 224
2. 留学先の学校を開拓する ……………………………… 224
3. 留学先を選ぶ際に注意すべき事柄 …………………… 226
4. 留学プログラムを始める際に注意すべき事柄 ………… 228
5. 終わりに ……………………………………………… 229

第 21 章　学校内で行われる国際交流活動 ………………… 231

1. はじめに ……………………………………………… 231
2. 国際交流受け入れ事業 ………………………………… 231

 3. 国際交流活動を通した生徒の変容 ……………………………… 232

 4. 国際交流活動を通した教員の学び ……………………………… 234

 5. 終わりに ……………………………………………………………… 237

第 22 章 海外研修の企画と指導 …………………………………… 238

 1. はじめに ……………………………………………………………… 238

 2. 海外研修のための事前準備 ……………………………………… 238

 3. ホームステイの事前研修 ………………………………………… 246

 4. 終わりに ……………………………………………………………… 260

第 23 章 英語外部試験 ……………………………………………… 262

 1. はじめに ……………………………………………………………… 262

 2. 主な英語外部試験の概要 ………………………………………… 262

 3. 英語外部試験のポイント ………………………………………… 272

 4. 終わりに ……………………………………………………………… 275

第 24 章 派遣業務（報告）…………………………………………… 277

 1. 大学院派遣 …………………………………………………………… 277

 2. 大学院修学 …………………………………………………………… 281

付録：英語教育関連図書一覧 ……………………………………………… 285

 1. 〈新しい英語教育について学ぶ・考える〉……………………… 285

 2. 〈教師力を上げる〉………………………………………………… 285

 3. 〈自分の英語力を伸ばす・授業での説明のヒントを探る〉…… 285

 4. 〈動機づけを考える〉……………………………………………… 286

 5. 〈学習者要因と学習方法〉………………………………………… 286

 6. 〈言語学習ストラテジーと言語使用ストラテジー〉…………… 286

 7. 〈リスニング力とスピーキング力の育成〉……………………… 287

 8. 〈リーディング力の育成〉………………………………………… 287

 9. 〈ライティング力の育成〉………………………………………… 287

 10. 〈語彙指導について学ぶ・考える〉……………………………… 287

 11. 〈フォーカス・オン・フォーム，文法〉………………………… 288

 12. 〈文法を学ぶ〉……………………………………………………… 288

 13. 〈発音や音声に関する知識と説明力を伸ばす〉………………… 288

xii

14. 〈言語の使い方について学ぶ・授業での説明のヒントを探る〉………… 289
15. 〈小学校英語について考えてみる〉………………………………………… 289
16. 〈テストのあり方について学ぶ〉………………………………………… 289
17. 〈テストの作り方を学ぶ〉………………………………………………… 289
18. 〈研究方法を学ぶ〉………………………………………………………… 290
19. 〈統計の知識を増やす〉…………………………………………………… 290
20. 〈論文の書き方と発表のしかた〉………………………………………… 290
21. 〈用語集・英語教育の基礎概念の理解〉………………………………… 291
22. 〈論文・実践報告のための参考図書〉…………………………………… 291
23. 〈その他，教師になる人のための参考図書〉…………………………… 292
24. 〈英語教師力アップシリーズ〉…………………………………………… 292

索　　引………………………………………………………………………… 295

執筆者一覧……………………………………………………………………… 298

第Ⅰ部 自己研鑽編

第 1 章　海外留学に向けての出願

1.　はじめに

　英語教師として自己研鑽を行う方法は数多くあるが，その最たるものとして，海外留学が挙げられるであろう．本章では，海外留学の第一関門である出願（application）に焦点を当て，出願時のプロセスや，注意すべき点について論じたい．なお，海外留学には様々な形態が考えられるが，本章では主に，英語圏にある大学院の修士課程に留学することを念頭に解説する．

2.　出願するプログラムの決定

　海外留学 application の第 1 歩は，まずどの大学院のどのようなプログラムに出願するかを決めることである．大学院によって，ライティング研究が盛んである，コーパス言語学の研究者が多い，社会言語学の科目が充実している，などの様々な特徴がある．自分自身の興味関心や，今後のキャリア・プラン（例．日本に帰国して中学高校で教鞭をとる，PhD プログラムに進学してさらに研究を深める）をふまえた上で，出願するプログラムを決定しよう．興味をもった海外大学院の MA in TESOL（英語教授法修士）や MA in Linguistics（言語学修士）に関するウェブ（web）サイトを閲覧すれば，それぞれの大学院がどのような分野に力を入れているかがわかる．http://matesol.info/ や http://www.mastersportal.eu/ などのウェブサイトで自分に適したプログラムを探すことも可能である．

　もし，どのような大学院が自分の関心にあっているかわからない場合は，興味のある分野の専門書や論文（journal articles）を入手し，その著者の所属する大学院について調べてみるのもよいであろう．また，Cambridge University Press から発行されている学術雑誌 *Language Teaching*（https://www.cambridge.org/core/journals/language-teaching）には，Research in Progress というセクションがあり，それぞれの大学院でどのような研究が行われているかが紹介されているので，これらを参考にするのもよい．例えば，Inceoglu & Spino（2013）ではアメリカの Michigan State University，Nation & Coxhead（2014）ではニュージーランドの Victoria University of Wellington で行われている研究が紹介されている．そのほかにも，イギリスの University of Warwick，カナダの University of Toronto，オーストラリアの Griffith University などのプログラムがこれまでに紹介されている．

　MA プログラムの内容は，（1）コースワーク（coursework）のみ，（2）修士論文（Master's Thesis）のみ，（3）コースワークと修士論文が両方求められる，という 3 種類に分けられる．アメリカの大学では教育実習（practicum／internship）がプログラムに組み込まれていることも多い（Stapleton & Shao, 2018）．また，プログラムの期間も大学院によって異なる．北米では 2 年間，イギリス・ニュージーランド・オーストラリアでは 1 年間程度のものが一般的である．通信教育（distance learning）によるプログラムであれば，日本で仕事をしながら学位を取得することも可能であるが，対面（on campus）の場合と比較して修了までの期間が長くかかることが多い．

3.　入学要件の確認

　希望するプログラムを決定したら，その次に入学要件（entry requirements）を確認する．入学要件は大学院により様々であるが，英語を母語としない留学生に関しては，ほとんどの大学院が英語力要件（English language requirements）を設けている．英語力が一定の基準に達していない場合は，大学付属の英語学校で一定期間研修を受けることを前提に，入学が許可される場合もある．また，学部時代の成績評価値 GPA（Grade Point Average）に一定の基準が設けられていることも一般的である．MA in TESOL（英語教授法修士）などの実践的なプログラムでは，一定期間以上の英語教授経験（English teaching experience）が求められることもある．

4. 出願に必要な書類

　希望するプログラムの入学要件を満たしていることを確認したら，いよいよ出願である．英語圏の大学院に留学する際には，以下のような書類の提出が求められることが一般的である．

4.1. 願書

　ほぼ全ての大学院において，願書（application form）の提出が求められる．願書には，連絡先（contact information）・学歴（academic records）・職歴（professional experience）などの記入が通常求められる．願書は PDF 形式でダウンロードして，必要事項を記入の上，メール添付または郵送で提出することが多い．あるいは，ウェブ上のフォームに入力し，電子的に送信する場合もある．

4.2. Statement of purpose

　ほとんどの大学院で，statement of purpose（志望動機，抱負）の提出が求められる．Statement of purpose では，「なぜ大学院への進学を希望するのか」，「なぜ（ほかのプログラムではなく）このプログラムに進学したいのか」，「プログラム修了後に，どのような職業に就くことを希望するか？ その職業に就くにあたって，当該プログラムがどのような役に立つか？」といった内容を記載するのが一般的である．例えば，"As an English teacher, I felt the need to better understand the process of language learning as well as further improve my English skills. Therefore, I started thinking about pursing a postgraduate degree overseas."（英語教員として，英語力をさらに伸ばすとともに，言語学習の過程への理解を深める必要性を感じ，海外大学院への進学を考え始めた），"It would be a great honor if I could undertake MA research under the supervision of Professor XX because he has published extensively on L2 pronunciation acquisition and has been recognized as one of the world's leading authorities in this field. Furthermore, the kind of research project that I would like to conduct is very similar to the one described in XX (2018) that appeared in

Language Learning. ABC University, of course, has been a pioneer in pronunciation acquisition studies, which makes it even more attractive for me to conduct research under his supervision." (XX 教授は第二言語発音習得に関して数多くの論文を執筆しており，当該分野における世界的な権威として認知されているため，氏のもとで MA 研究を行うことができれば，大変な名誉である．さらに，私が計画している研究プロジェクトは，*Language Learning* 誌に出版された XX 教授の 2018 年の研究と共通点が多い．ABC 大学は，言うまでもなく，発音習得研究において先導的な役割を果たしてきているため，氏のもとで研究を行うことをさらに魅力的にしている) などの内容を書くとよいであろう．

4.3. 研究計画

　PhD プログラムや，修士論文の執筆が求められる MA プログラムでは，入学後にどのような研究を行いたいかに関する研究計画（research proposal）の提出が求められることもある．研究計画は，Review of Literature（先行研究），Research Questions and Hypotheses（研究課題と仮説），Method（手法），Implications of the Proposed Research（研究から期待される示唆），References（引用文献）などのセクションに分けて執筆するのが一般的である．Statement of purpose とは異なり，「自分がなぜそのトピックに関心を持ったのか」など，個人的な経験や意見には触れないほうがよい．また，可能であれば，出願している大学院に所属している教員の書籍や論文を，研究計画の中で引用することが望ましい．このようにすることで，自分の興味・関心と出願しているプログラムの内容が合致しているというアピールをすることができる．

4.4. 資格試験のスコア

　ほぼ全ての大学院が入学に際して英語力要件（English language requirements）を設けている．したがって，この要件を満たしていることを証明するために，英語力証明（evidence / proof of English language proficiency）を提出することが必要である．具体的には，TOEFL® または IELTS のスコアが求められることが多い．2 年以上前のスコアは受け付けないなど，有効期限が設定されていることもある．英語圏の学校（高校や大学）を過去に卒業した場合は，英語試験のスコア提出が免除されることもある．北米の大学では，英語試験のスコアに加えて，GRE（Graduate Record Examination）のスコアが求め

られることもある.

4.5.　英文成績表と英文卒業証明書

　学部時代の成績表 (academic transcript) および卒業証明書 (degree / gradua-tion certificate) の英訳の提出もほぼ必須である. 発行までに時間がかかる場合もあるので，余裕をもって準備を進めておくことが望ましい. プログラムによっては，日本の大学が発行する成績表はそのまま受け付けずに，Education-al Credential Evaluators (www.ece.org) などの第三者機関に成績表を認証してもらうことが求められることもある.

4.6.　推薦状

　出願時に 2 〜 3 人からの推薦状 (reference) の提出が求められることも一般的である. 学部時代の指導教員や，職場の上司などに依頼するとよい.「英語力に問題がない」ということを保証してもらうために, 1 人は英語の母語話者に執筆してもらうのが理想的であろう. 推薦状は封印済み封筒 (sealed enve-lope) に入れて提出することが求められることが多い. 推薦状の提出が求められない代わりに，照会者 (referee) の名前・所属・連絡先 (E メールアドレスなど) の記入が求められることもある. この場合は，照会者に後日直接問い合わせが来ることが多い.

4.7.　履歴書

　プログラムによっては，履歴書 (Curriculum Vitae / resume) の提出が求められることもある. 履歴書には，連絡先 (contact information)・学歴 (aca-demic records)・職歴 (professional experience)・研究業績 (publications) などを書くのが一般的である. そのほか，統計分析やコンピュータ・プログラミングに関する知識など，留学先での研究に役立つ技能がある場合には，積極的にアピールしておくとよい.

4.8.　英文サンプル

　PhD プログラムや，一部の修士課程のプログラムでは，英文サンプル (aca-demic writing sample) の提出が求められることもある. 研究課題に関連した論文やレポートを過去に執筆している場合は，そのコピーを提出する.

4.9.　パスポートのコピー

本人確認のため，パスポートの個人情報ページのコピー（a copy of the personal details page from the passport）の提出が求められることもある．単なる copy ではなく，a certified/notarized copy（認証コピー）の提出が求められている場合は，注意が必要である．この場合は，個人でコピーしたものは認められず，弁護士・行政書士事務所，外国大使館，領事館などで認証コピーの作成を依頼する必要がある．

5.　終わりに

海外の大学院に留学することで，英語運用能力を向上させるのみにとどまらず，外国語教育に関する最新の理論や教授法への理解を深めることができる．また，ある英語表現が実際にはどのような場面で使用されているかを，留学時の体験談を交えながら話すことが出来れば，学習者は英語を無味乾燥としたものではなく，より身近なコミュニケーションの手段として認識することができるであろう．このように海外留学には様々な利点があるが，なかなかその一歩が踏み出せない読者もいらっしゃるかもしれない．本章の内容が，実り多い留学への一歩を踏み出すきっかけとなれば幸いである．

引用文献

Inceoglu, S., & Spino, L. A. (2013). Research in second language studies at Michigan State University. *Language Teaching*, *46*, 272-277. doi:10.1017/S0261444812000559

Nation, P., & Coxhead, A. (2014). Vocabulary size research at Victoria University of Wellington, New Zealand. *Language Teaching*, *47*, 398-403. doi:10.1017/S0261444814000111

Stapleton, P., & Shao, Q. (2018). A worldwide survey of MATESOL programs in 2014: Patterns and perspectives. *Language Teaching Research*, *22*, 10-28. doi:10.1177/1362168816659681

（中田達也）

第2章　海外現地での授業参観

1.　はじめに

　授業参観を行うことで，教師として多くの学びを得ることができる．海外の教育機関であれば，なおさら多くのことを学ぶことができるであろう．本章では，英語圏や非英語圏の学校を訪問し，授業参観を行う際に気をつけるべき点や，有用な英語表現を紹介する．

2.　授業参観の許可を求める英語表現

　海外への滞在が短期間の場合は，日本にいる間に電子メールなどで連絡をとり，事前に訪問先を確保しておくことが望ましい．授業参観の許可を求める際には，まず "Dear Sir or Madam. My name is Taro Yamada, and I am an English instructor at ABC High School in Tokyo, Japan. I am writing to inquire if it would be possible for me to observe English classes at your school."（関係者各位．私は日本の東京にあります，ABC 高校の英語教員，山田太郎と申します．貴校での英語授業参観が可能であるか伺いたく，ご連絡しております）などのように簡単な自己紹介をし，授業参観をしたい旨を伝えるとよいであろう．その後で，なぜ授業参観をしたいのか，その理由を述べる．例えば，勤務校で TPRS (Teaching Proficiency through Reading and Storytelling; Seely & Ray, 1997) という教授法の導入を検討しており，TPRS による外国語教育が実際にどのように行われているか，視察をしたいとする．その場合は，"Our school is currently considering introducing TPRS into our curriculum. I read on your school website that your school has a very innovative foreign language curriculum based on TPRS. I would be very grateful if you would allow me to observe your classes, where we believe we would greatly benefit from the experience."（当校では TPRS をカリキュラムに取り入れることを検討しております．貴校のウェブサイトで，貴校では TPRS に基づく画期的な外国語教育カリキュラムを実施されていることを知りました．貴校で TPRS がどのように実践されているかを拝見する機会を頂ければ幸いです．機会を頂ければ，私どもにとって得るところが非常に大きいと確信しております）などのように述べるとよいであろう．

　授業参観を希望するのが自分だけではない場合は，"Also, would it be possible for my colleagues, Mr. Tanaka and Ms. Suzuki, to observe your classes as well?"（可能であれば，私の同僚の田中氏と鈴木氏も授業参観することをお許しいただければ幸いです）など，具体的な人数を述べるとよい．授業参観に加えて，先方の教員との面談も希望する場合は，"If it is not inconvenient, we would be very grateful if you would allow us to meet and discuss with some of your instructors involved in TPRS after classes."（もしご都合がつきましたら，授業後に TPRS に関わっていらっしゃる先生方とお会いし，お話しする機会を賜れましたら，幸甚に存じます）などと述べるとよい．問い合わせの最後には，"We greatly appreciate your consideration with the possibility in attending your school to further build on our experience in TPRS. If you have any questions, please do not hesitate to contact me or Mr. Saito, my supervisor. He can be contacted at xxx@xxx.jp. Many thanks for your time. Taro Yamada."（TPRS について見識を深めるため，我々が貴校を訪問する可能性について，ご検討いただけましたら幸甚に存じます．もしご不明な点がございましたら，私か上司の斉藤までご連絡ください．斉藤の連絡先は xxx@xxx.jp です．お時間を賜り，誠にありがとうございます．山田太郎）などと述べ，締めくくるとよいだろう．

　修士論文を執筆しており，その参考にするために授業参観を希望する場合は，例えば，"As a part of my MA thesis, I am currently conducting research on the effects of project-based learning on foreign language acquisition. I read on the following paper that your school has been implementing project-based learning for many years, and students have been greatly benefiting from your program (http://abc.xyz.com). Therefore, I would deeply appreciate it if you would allow me to observe some of your project-based classes."（現在修士論文のために，外国語習得におけるプロジェクト型学習の効果に関する研究を行っております．以下の論文を読んで，貴校ではプロジェクト型学習を長年実践されており，目覚ましい成果を収めていることを知りました [http://abc.xyz.com]. しがたいまして，貴校でのプロジェクト学習授業を参観することができれば，幸いに存じます）などのように述べるとよい．

　修士論文などのデータ収集の一環として授業参観をする場合には，個人情報の扱いについてあらかじめ明確にしておく必要がある．例えば，"The findings of this study will be reported in such a way that individual participants cannot be identified. All data collected for this project will be stored securely either in a locked cabinet or password-protected file (in case of electronic information) so that only I have access to it. All questionnaires, interview notes, and similar materials will be destroyed five years after the conclusion of the research."（この研究の結果は，個人が特定されない方法で公表されます．また，収集された個人情報は施錠されたキャビネットや，電子情報の場合はパスワード保護されたファイルに厳密に保管され，私のみが利用します．アンケート，インタビュー記録などの資料は，研究完了から 5 年後に破棄されます）などのように，個人情報の扱いに関する方針をあらかじめ伝えるとよいであろう．さらに，"A participant information sheet will be supplied, and informed consent will be obtained through a signed consent form"（参加者情報シートが用意され，同意書へサインすることにより，インフォームド・コンセントを頂きます）など，参加者の同意に関する配慮についても触れておくとよい．

　また，"Participation in this study is voluntary, and the students are free to withdraw from this study at any time, without giving any reason. If they decide to withdraw, any data they have provided will be destroyed"（研究への参加は任意であり，参加者は理由を述べることなく，いつでも参加を取りやめることができます．もし参加を取りやめる場合は，提供いただいたデータは破棄されます）などのように，データ収集への参加はあくまでも任意であることも伝えるとよい．最後に，"This research will help foreign language teachers and learners know how to teach and learn more effectively."（この研究の成果は，効果的な外国語指導法および学習法の開発に貢献することが期待されます）など研究から期待される効果を述べたり，"The participants will also be given the option to receive a summary of the results of the research by providing their email address on the consent form."（同意書に電子メールアドレスを記入することで，参加者は研究結果の概要を受け取ることができます）と述べ，参加者にも何らかのメリットがあることを伝えるのが望ましい.

　もし，授業参観の際に録音や録画を希望する場合は，あらかじめその旨を伝えておく必要がある. 例えば，"The purpose of my MA research is to find out how teachers interact with students during classes. As a result, it would be greatly appreciated if you would allow me to audio record your classes. Informed consents, of course, will be obtained from your students (or their guardians, if applicable) prior to recording."（私の修士論文のテーマは，授業中に教師が生徒とどのようにインタラクションをするかを調べることです. したがいまして，授業を録音する許可を頂けますと，幸いです. もちろん，録音に先立ち，生徒さん［あるいは，必要な場合は保護者の方］から，同意を頂くようにいたします）のように述べるとよいであろう. さらに，"Access to audio recordings will be restricted to my supervisors and myself. Any audio recordings will be electronically wiped at the conclusion of the research"（録音したデータへのアクセスは，私と私の指導教官のみに限られます. 研究が完了次第，いかなる音声も電子的に削除されます）のように，録音・録画したデータの取り扱いについても明確にしておくとよい. 研究倫理に関してほかに配慮すべき点に関しては，TESOL Quarterly research guidelines (Mahboob et al., 2016) なども参照のこと.

3.　授業参観の許可を求めるうえでのポイント

　日本でも見ず知らずの学校の授業参観を行うのが難しいように，海外においても，まったく伝手のない学校の授業参観を依頼したとしても，必ずしも良い反応を得られない場合が多い. したがって，授業参観の許可をもらえる可能性を高めるためのポイントをいくつか紹介したい.

　授業参観を受け入れてくれる学校を探す確実な方法は，何らかの伝手を頼ることである. 例えば，同僚の ALT などに声をかけ，授業参観を受け入れてくれそうな海外の学校を知っているか，相談してみるのがよいだろう. 知人の紹介で授業参観を行う際には，"Mr. John Smith, a colleague of mine, graduated from your school, and spoke very highly of the English curriculum at your school. Hence, I was wondering if it would be possible to observe English classes at your school."（私の同僚であるジョン・スミス氏が貴校の卒業生で，貴校の英語カリキュラムを高く評価していました．したがいまして，貴校の英語授業を参観できましたら幸いです）のように，紹介者の名前を挙げるとよい．

　2つ目のポイントとして，一方的に授業参観をさせてもらうだけでなく，訪問先の学校に自分も何らかの貢献ができる可能性があることを伝えるのもよい．例えば，授業参観を希望している学校で外国語としての日本語の授業が行われているようであれば，"I noticed that your school offers Japanese language classes. In exchange, I would be more than happy to assist your Japanese classes in any way—for example, talking with your students in Japanese or helping to set up a language exchange project with some students at our school."（貴校では日本語の授業を提供されていることと存じます．お礼として，日本語授業のお手伝いに関して何かできることがありましたら，喜んでいたします．例えば，貴校の生徒さんと日本語で会話したり，当校の生徒との言語交換プロジェクトを立ち上げるお手伝いをいたします）など，訪問先の学校の日本語教育に貢献できる可能性を伝えるとよいであろう．もし，日本語の授業が行われていない場合でも，"I would be more than happy to attend cultural exchange events at your school and talk about some aspects of Japan that your students might find interesting. For instance, I could talk about Japanese pop culture, history of Japan, or Japanese education systems."（貴校での文化交流イベントに参加し，生徒さんの関心がありそうな日本の側面について喜んでお話しいたします．例えば，日本のポップカルチャー，歴史，教育制度などについてお話することが可能です）など，文化交流に貢献できる可能性があることを伝えるとよい．

　3つ目のポイントとして，大学付属のESL（English as a Second Language）スクールにコンタクトするのもよい．このようなスクールでは，併設された大学の研究者がスタッフを兼務しているところもある．また，大学の研究者との交流も盛んであることが多いため，一般的な中学高校や民間のESLスクールと比較すると，研究活動への理解があることが多い．したがって，研究目的での授業参観を希望する場合は，大学付属のESLスクールに問い合わせるのもよいであろう．もし留学先の大学院に付属のESLスクールがある場合は，大学院の指導教員などにスクールの担当者を紹介してもらうと，さらに確実であろう．

4.　終わりに

　本章では，海外の教育機関で授業参観を行う際に気をつけるべき点や，授業参観の許可を求める際に有用な英語表現を紹介した．海外の教育機関では，日本とは社会的・文化的な事情が異なることが多いため，海外で得られた知見がそのまま日本の教室には応用できない可能性がある．その一方で，日本の教育機関にいては気づかないような貴重な洞察が得られることも事実であろう．海外での授業参観を通して，英語教師として視野を広げるきっかけになれば幸いである．

引用文献

Mahboob, A., Paltridge, B., Phakiti, A., Wagner, E., Starfield, S., Burns, A., ... De Costa, P. I. (2016). TESOL Quarterly research guidelines. *TESOL Quarterly*, *50*, 42-65. doi:10.1002 / tesq.288

Seely, C., & Ray, B. (1997). *Fluency through TPR storytelling*. Berkeley, CA: Command Performance Language Institute.

（中田達也）

第3章　リサーチデザインの基礎知識

1.　はじめに

　実際の英語指導の現場で日々奮闘している英語教師にとって，リサーチデザイン（research design）の基礎知識を得ることにはどのようなメリットがあるだろうか．そのことを知るためには，まず英語教師にとってリサーチとは何かを考えていく必要があるだろう．なぜなら教育実践の場において，日々，児童・生徒たちと向き合っている英語教師にとってリサーチを行う意義が明確になれば，次のステップとして，リサーチデザインの基本的な知識が必要となるからである．

　浦野ほか（2016）によれば，リサーチには「実践者としてのリサーチ（practitioner research）」と「学術的なリサーチ（academic research）」がある．多くの英語教師にとって興味があるのは，前者の「実践者としてのリサーチ」であろう．

2.　実践者としてのリサーチを行う理由

　では，一体何のために実践者としてのリサーチを行うのか．第1に考えられることは，当然のことながら，教育を受ける児童・生徒のためである．日々の教育実践が児童・生徒にとって役に立っているのか．自分のこれまでやってきた指導で児童・生徒たちの英語の力が本当についたのか．児童・生徒の英語学習への動機や態度などの変容をどのように見取ればよいのか．このような声

に応えるための研究であるといえる.

　第2に, 実践者としての教師自身の授業改善のためである. 英語教育の実践現場には課題が山積している.「主体的・対話的で深い学び」を実際に英語の授業の中でどのように具現化していくのかという大きな課題から, 教科書の内容把握や英語による自己表現活動など様々である. 日々, 実践を積み重ね, そしてその実践を振り返ることが必要である. さもなければ, 独りよがりの実践か, あるいはこれまで自分が受けてきた指導を自分も繰り返し行うだけの主観的な指導になってしまうだろう. 日ごろの授業実践の中で気づいたり感じたりしたことを記録し, 実践後にはじっくりと振り返り (reflection), ときには第三者からのアドバイスやコメントに基づき, 客観的な視点から自分の授業を見つめなおすことが不可欠である.

　第3に, 実践者としてのリサーチは, 教育実践を行う学校や地域のためでもある. 教育実践をデザインしていくためには, 実践に関する先行研究 (previous studies) や理論的背景 (theoretical background) に関する論文や著書を読み進めていくことになる. 様々な要因を加味しながら, 研究課題 (research questions) を設定することも必要である. ある意味, リサーチは孤独な作業である. 本当に自分の教育実践が良いものであるか. もっとほかに良い指導方法があるのではないか. 熱心な教師ほど悩み, 悶々となりがちである.

　また, 教育実践において困難にぶつかったときや実践がうまくいかなかったときなど, 自分だけで抱え込まずに, 同僚や地域の研究仲間に助けを求めることは大切である. 校内や地域の研修会, あるいは地域 (および全国規模) の学会などで, 実践の内容を共有し, アドバイスやコメントをもらうことによってその質も高まる. リサーチを通して, 励まし合い, 実践における互恵的な関係を構築することができるだろう. これも実践的な研究において大切なことである.

　このように, 実践者がリサーチを行うこと自体にメリットがあるといえる. 筆者が勤める大学院には毎年, 現職派遣の大学院生が入学してくるが, 異口同音に, どのようにリサーチを行えば教育的な効果を示すことができるのかわからないと言う. 実際に教育現場で, 教師は受け持っているクラスの試験の平均点の伸びに一喜一憂し, 児童・生徒の振り返りに「楽しい授業だった」「よくわかった」と記述されていればそれで満足してしまうようである. そうならないためには様々なリサーチを行い, リサーチ力を高め, 上記の3つのメリットを得たい. そのためには実際にどのようなリサーチをどのように行うのか.

次節以降では，実際のリサーチデザインの特徴を解説する．

3.　研究課題 (Research question) の設定

　リサーチを始めるにあたって，まず行うべきことは研究目的の設定であり，その目的を達成するための研究課題の設定である．実践者としての研究においては，日々の教育実践から生まれた課題を解決することが多いだろう．例えば，自分の指導実践の経験などから，失敗したこと，うまくいかなかったこと，どうしてよいかわからなかったことなどから課題を絞り込み，設定する．また，ペアやグループで特定の生徒だけが話す，特定のエラーが直らない，あるいは教科書本文の内容把握をどのように行うかなど，挙げていけばきりがないだろう．さらに，実際の教育現場において何が問題になっているのかを，論文などを通して調べることも必要である．[1] 例えば，中部地区英語教育学会の紀要執筆要項には「日本語キーワード・リスト」が掲載されているので，研究の方向性や研究課題の設定に大変役に立つだろう（詳細は注 1 に示した URL を参照してほしい）．他県や他地区の英語教育関係の雑誌においても，研究課題の設定のヒントを見つけることができると思われる．

　そして，次にすべきことは，設定した課題に関連する先行研究を参照することである．自分の実践に基づいて設定した課題が大きすぎないか（例えば，日本の英語教育のシステムを変えるなど），あるいは曖昧すぎてどこから手を付けてよいかわからない（例えば，生徒が英作文を書けるようにしたい）など，研究課題が独りよがりなものになっていないかを確認する．先行研究を調べ，テーマに関して，現在，何が明らかになっていて，何が明らかになっていないかを明確にすることが大切である．往々にして，自分の考えたテーマや研究課題がすでに実践や研究されており，多くのことがわかっていることもある．先行研究を丁寧に読み進め，自分がこれから行おうとしている研究のテーマや課

---

[1] 英語教育関係の学会が発行している研究紀要から，課題の把握や様々な課題に対する実践的な取り組みを知ることができる．代表的な研究紀要には，全国英語教育学会紀要，北海道英語教育研究紀要，東北英語教育学会研究紀要，関東甲信越英語教育学会研究紀要，中部地区英語教育学会紀要 (http://www.celes.info/wp/wp-content/uploads/editorial_policy_2018.pdf)，中国地区英語教育学会研究紀要，四国英語教育学会紀要，九州英語教育学会紀要，英語教育研究（関西英語教育学会），英語授業研究学会紀要などがある．

題が妥当であることを確認することはリサーチの基本ともいえる．では実際にどのように研究を進めていけばよいのか．以下では，代表的な 3 つのリサーチデザインについて解説する．

4.　リサーチデザイン (Research design) の種類

4.1.　量的研究法 (Quantitative method)

　量的研究法は，数値によって表されたデータ (data) に何らかの統計的な分析を行い，結果から客観的な見識を得ることをその目的としている．川端・荘島 (2014, p. 1) が述べている通り，英語力は，目に見えない，そしてつかみどころのない存在としての人間の「「心」のひとつの機能」ともいえる．このような目に見えない英語力を可視化していくために，試験における学習者のパフォーマンスを数値化し，目に見えない英語力の指標として用いるのが量的研究である．

　量的研究では，このような指標を基に大量のデータを用いて，設定した研究課題の全体的な特徴を統計的に調査・検討していく．例えば，「英語の学習を始めた年齢が低ければ低い程，英語力は高くなるか」や「英語の学習時間が長ければ長い程，英語力は高くなるか」という研究課題を設定する．数名の調査参加者から得られたデータによる結果に基づき，研究課題に対して予想した通りの結果が得られた場合，そのまま結論づけてもよいのであろうか．他の学習者（サンプル）からのデータがないので何ともいえないのであるが，少なくともそのような研究からは「研究結果の一般性」(川端・荘島, 2014, p. 5) を導き出すことは難しいといえる．したがって，量的研究では，大量のデータを用いて学習者全体の特徴と傾向を明らかにすることで，できるだけ一般性の高い結果を得ることも目的としている．しかしながら，川端・荘島 (2014) によれば，統計学的な手法を使用することによって，「少量のデータから大量のデータの特徴を推測し，一般性の高い研究結果を得ることができる」(川端・荘島, 2014, p. 6) こともまた事実である．

　具体的な量的研究としては，ある要因同士の関係を調査する場合や実際の教育実践の効果を調査する場合などが挙げられる．データの収集方法としては，アンケート（質問紙）調査やテスト（プレテスト，ポストテスト，遅延テストなど）がある．テストに関しても様々な形式のテストが提案されている．興味

のある方は先述の浦野ほか（2016）に加えて，寺内・中谷（2012）を参照されたい．そして，テストは自身が明らかにしたい研究課題に沿って選ぶことになる．データ収集方法としてテストを用いる場合，その妥当性と信頼性も十分担保しなければならない．妥当性に関しては，内容的妥当性，基準連関妥当性[2]および構成概念妥当性など自分が調べたいことを十分に含んでいるかを確認すべきである．また，信頼性とは，そのテストが信頼できるものであるか示すものであり，信頼性係数を計算することで求めることができる．その方法には，再テスト法，並行テスト，折半法，内部一貫法などがある．[3]

　また，量的研究法の問題点として，統計的検定では母集団からのランダム・サンプリングが前提となっているが，尾身（2006）は実際にはほとんど行われていないことを指摘している．

4.2.　質的研究法（Qualitative method）

　量的研究法と異なり，質的研究法は多岐にわたり，浦野ほか（2016）では質的研究を行う目的を以下（一部要約）のように述べている（pp. 90-93）．

(1)　自然な環境においてデータを収集し分析することで，できるだけ細部を切り落とすことなく，複雑な現象をとらえるため．

(2)　一定期間データを収集し，その期間に調査対象者がどのように変容していったかをとらえるため．

(3)　既存の理論にとらわれることなく，調査対象者の視点からその経験の意味や認識を深くとらえるため．

(4)　先行研究では明らかにされていない現象を，文脈の中で明らかするため．

　上記の目的を達成するためのデータの収集方法は様々あるが，主に観察法，質問紙（記述）及びインタビューなどが挙げられる．観察法では，例えば，調

---

[2]　テストや心理測定に基づくある値が，外部基準（例えば，外部評価や業績）と高い相関を持つか否かを指す指標．

[3]　再テスト法は同一の調査参加者に期間を空けて同一のテストを行い，両方のテストの一致度を確認する方法である．並行テストは 2 つのテストを同一の調査参加者に行い，両方のテストの一致度（相関）を確認する方法である．折半法は 1 つのテストを等質になるように 2 つに分け，それら 2 つの一致度（相関）を確認する方法である．内部一貫法はクロンバックの α 係数を求める方法．一般的に 0.8 以上であれば信頼できるテストといえる．

査者が実際に授業を観察しながら気づいたことを記述していく．しかしながら，それだけでは不十分であるので，音声の録音やビデオによる録画も併用されることが多い．質問紙に関しては，自由記述による質問項目を設定し，回答してもらうことが一般的である．インタビューには3つの方法がある．あらかじめ設定した質問事項を尋ねる構造化インタビュー（structured interview），あらかじめ質問事項を設定せず，関連することを自由に質問する非構造化インタビュー（unstructured interview），およびあらかじめ質問項目を設定し，その質問を中心に話の流れに応じて臨機応変に質問を追加していく半構造化インタビュー（semi-structured interview）がある．

　データの分析においては，会話分析や談話分析，作成した逐語録（transcript）から，内容をあるカテゴリーに基づいて（例えば，ある活動に関する肯定的な意見など），文や単語の単位で分類することがある．さらには，あるキーワードの頻度を集計するテキストマイニングや，情報をカードによってまとめていく KJ 法などを用いる．そして，語られた内容や記述した行動に基づき，研究課題を吟味していくことになる．詳細については，浦野ほか（2016）や竹内・水本（2014）が参考になる．

4.3.　混合研究法 (Mixed methods)

　量的研究法と質的研究法の両方のデータ収集と分析を用いるものである．浦野ほか（2016）は，「量的データと質的データを組み合わせることで，それぞれの利点を生かしながら，データと研究者の解釈の間に離齬がないように研究の信憑性（credibility）を高めること」（p. 93）をその目的としている．

　Creswell & Plano Clark（2007）によれば，量的研究法と質的研究法アプローチのコンビネーションはどちらか一方を使用するよりも，研究課題に対するより正しい理解を提供するという前提に立っている．つまり，混合研究法がそれぞれのアプローチの弱点を埋め合わせるという強みを持っている．また，混合研究法は研究課題のためのより包括的なエビデンスの収集を促し，量的あるいは質的手法のどちらか一方では答えることのできない質問に答えられるようにしている．データの扱いでは，量的か質的のどちらかが主になる場合と，両方が同程度の重要性を持っている場合がある．なお，先述の Creswell & Plano Clark（2007）*Designing and conducting mixed methods research* には大谷順子訳の『人間科学のための混合研究法』（2010）も刊行されているので

参考にされたい.

5.　アクション・リサーチ (Action research)

　最後に,これまで解説してきたリサーチデザインが具体的に役に立つアクション・リサーチを,Richards & Lockhart (1994) に基づいて解説する.

　Richards & Lockhart (1994) によると,アクション・リサーチとは,教師自身が主体的に教室内で起きていることを調査する小規模な研究プロジェクトである.つまり,アクション・リサーチとは,①教師が自分の授業の指導計画 (Planning) を立て,②その計画に基づいて実践 (Action) を行い,③授業の観察 (Observation) として指導内容や方法に関するデータを収集し,④授業の振り返り (Reflection) を通して新たな課題を発見し,そしてその課題を解決するための指導計画を立てる授業研究法である.

　教師の行うべきことは,例えば,以下の6つである (Richards & Lockhart, 1994, pp. 12-13):

(1)　詳細に調査すべき問題点や関心事を選択する(例えば,教師の問いの使用)
(2)　その話題に関する適切な情報収集の手順を選択する(例えば,授業を録音／録画する)
(3)　情報を収集・分析し,どのような改善策が必要かを決定する
(4)　授業改善を促す行動計画を練る(例えば,教師が質問に答える頻度を減らすための計画を練る)
(5)　実践における行動計画の効果を観察し(例えば,授業を録画し,教師の質問の仕方を分析),その意義を省察する
(6)　必要であれば,さらに一連の行動をもう一度行う

　このように,アクション・リサーチは教育現場における個々の教師が,日々の授業への振り返り(省察)に基づいて行うリサーチとして奨励されるべきものであろう.佐野(編著)(2000, 2005) には,実践例が紹介されている.そこでは,4技能のみならず,学習意欲や小学校の英語活動から教員研修に至る実践を知ることができる.これまでリサーチなど行ったこともないという方には,現場に即したリサーチとして,ここから始めてみることをお勧めする.

6.　終わりに

　実際の教室現場において日々実践されている英語教師に向けて，「実践者としての研究」に関してその概観を述べてきた．自身が明らかにしたいことが，どの研究方法を用いることによって得られるのかをよく考えて研究方法を選択するのがよいだろう．日々忙しい生活を送られている英語教師の方々に，関係する専門書をじっくり読み込む時間などほとんどないかもしれない．しかしながら，ぜひリサーチ仲間をつくり，大学の教授（恩師など）を巻き込んでほしい．最初から大きなチャレンジをするのではなく，小さな成功体験を積み重ねてほしい．日本において様々な社会問題が生じるといわれる 2030 年に向けて，現在の子どもたちが幸せになるために，自らの実践を振り返り，リサーチにチャレンジしていただければ幸いである．

引用文献

浦野研・亘理陽一・田中武夫・藤田卓郎・髙木亜希子・酒井英樹（2016）『はじめての英語教育研究―押さえておきたいコツとポイント』東京：研究社.

尾身康博（2006）「「フィールドワーク」「質的研究」への流れのなかで」吉田寿夫編著『心理学研究法の新しいかたち』東京：誠信書房.

川端一光・荘島宏二郎（2014）『心理学のための統計学入門』東京：誠信書房.

佐野正之（編著）（2000）『アクション・リサーチにすすめ　新しい英語授業研究』東京：大修館書店.

佐野正之（編著）（2005）『はじめてのアクション・リサーチ　英語の授業を改善するために』東京：大修館書店.

竹内理・水本篤（編著）（2014）『外国語教育研究ハンドブック改訂版―研究手法のより良い理解のために』東京：松柏社.

寺内正則（編集代表）・中谷安男（編）（2012）『英語教育学の実証的研究方法』東京：研究社.

Creswell, J. W., & Plano Clark, V. L. (2007). *Designing and conducting mixed methods research*. Thousand Oaks, CA: Sage Publications.［大谷順子（訳）（2010）『人間科学のための混合研究法』京都：北大路書房.］

Richards, J. C., & Lockhart, C. (1994). *Reflective teaching in second language classrooms*. Cambridge, UK: Cambridge University Press.

（大場浩正）

第4章　テスト作成の基礎知識

1.　はじめに

　教育に評価はつきものであり，私たち教師は一年中大きなものから小さなものまでテストを作り続けている．ただ，日本においては，このテストというものが，それが本来目的とすべき「公正で適切な評価」と切り離されて一人歩きしてしまう傾向が昔からあり，それが「受験地獄」などという現象や言葉を生んできたように思う．テスティングの視点から見ると，素点で数点違うだけで受験において合否が決まってしまうようなことは，かなり不適切なことである．数点の違いは測定誤差であることが多く，合格した A 君と不合格の B 君がしばらく時間を置いて内容を忘れた頃に同じテストを受けたら，その立場が逆転するかも知れないのである．

　日本の土壌では，このように「テスト＝点数」という捉え方が根強く残り，それは，個々の教師が自分の生徒を評価する際にも少なからず影響を与えている．よってこのセクションは，まず「点数神話」の危うさの話から始めたい．右の図1を見た時に，私たちはあるテストにおける下位，中位，上位者の間の10点の差が同じ能力差を表していると

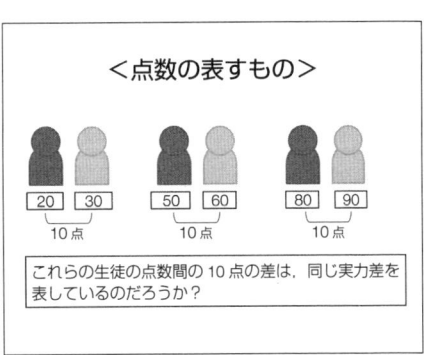

図 1

思いがちである．しかし，ここで強調したいのは，それぞれの点数や分布が表す意味はテストによって違うということである．例えばあるテストが相当難しくて，上位者の弁別により適していれば，下位者間の 10 点差は上位者間の 10 差ほどの意味を持たないであろうし，逆にこのテストが下位者の弁別に適した易しいものならば，上位者間の 10 点差は下位者間のそれと同等の意味は持たない．このように，私たちは結果としての点数にどうしても影響を受けてしまうため，適切な評価上の判断をするためには，まず目的に合った良いテストを作り，その結果を正確に解釈することが求められる訳である．

　まず，点数に影響されることの危うさから話を始めたが，最近では学習と評価を表裏一体のものと捉え，評価結果を学習に生かしながら生徒の潜在能力に合った段階的指導をするというダイナミック・アセスメント (Haywood & Lidz, 2007) という考え方も注目されている．また，世界的には，教師が最低限評価について知っておかなければならないことを「アセスメント・リタラシー」(Taylor, 2009) と位置づけて，教師教育の必須の部分とする動きがあり，日本でも平成 31 年度から適用される「英語教育コア・カリキュラム」の現在公表されている案（文部科学省委託事業「英語教員の英語力・指導力強化のための調査研究事業」，2017）において，評価やテスティングの基礎知識の必要性が以前よりはるかに強調されている．よって，本稿では，このアセスメント・リタラシーの考え方を基に，テスト作成に関する基礎知識を説明していきたい．

2.　良いテストとは？

2.1.　目的と文脈に合っていること (Why)

　世の中に出回っているテスティングに関する本では，たいてい良いテストの条件を，「十分な妥当性，信頼性，実行可能性を持つこと」と定義している．簡単に説明すれば，妥当性とは測るべき能力を測っているか，信頼性とは結果に十分弁別力があり信頼できるものであるか，実行可能性とは現実的に実施・採点が可能であるか（今自分の置かれた指導環境と使えるリソースの中で，作業能力・労力などの現実的制約も考え合わせて，実施が可能か），ということであるが，これらの概念はかなり理論的であると同時に様々な側面を含むので，実行可能性以外は専門的知識がないと簡単には判別や検証ができない．それよりも日々評価に直面する教師として，是非第一に考えていただきたいこと

は，作成しているテストが「目的と文脈に合っているか」という点である．Inbar-Lourie（2008）は上記アセスメント・リタラシーを "Why?" "What?" "How?" という 3 つのカテゴリーに分けて説明しているが，これはその "Why?"，すなわち「なぜそのテストをするのか？」という点に当たる．

　テストには様々な目的があり，もし教師が 1 年間の指導後に生徒の実力がどれくらい伸びたかという客観評価をしたいのであれば，いわゆる実力テスト（専門的には「集団準拠型熟達度判定テスト」）をすればよい．その場合は，多分自分で作るより専門家集団が十分に検証を重ねた外部テストの使用が望ましい．多分一般的に私たちが作るテストは，授業の内容が十分定着しているかを測る中間試験や期末試験のような到達度判定テスト（専門的には「基準準拠型到達度判定テスト」）が多いのであろうが，その中には，判定結果によってその学期の成績を決めるような「総括的テスト」と，小テストのようにその時点での習得度を診断し指導に役立てる形成的評価のための「診断テスト」がある．期末試験の場合は，実力テストのようにある程度点数が分散するような選別性（弁別力）が必要であるが，指導に役立てる診断テストの場合は，極端な話，全員が満点に近くても問題はない．全員が満点に近いということは，それまで教えてきたことが十分習得されているということで喜ばしいことでもある．

　つまり，テストを作る際にまず考えなければならないことは，「なぜ，何のためにそのテストをし，それは全体のカリキュラムや指導の中でどんな意味を持つのか？」ということである．これは私たちが作るテストでどんな内容をカバーし，どんな出題形式にするかというような点にも大きく影響するのに，実はあまり考えられていないことが多く，その結果，実際に教えたことを十分カバーしていない期末試験や，診断テストなのにやたら難しい選別的なテストが行われてしまう．現在の指導要領に従うと，スピーキングやライティングの評価（パフォーマンス評価）もしなければならないのであるが，教師が不慣れなせいもあって，特に目的や文脈に合わないテストが目立つように思う．

2.2.　何を（どんな能力を）測るのか？（What）

　次に考慮しなければならないのは，主に妥当性に関連する「何を（どんな下位能力を）測るテストを作るのか？」という点である．テスト作成法では，目的をしっかりと確定したら，細目表（specification）を作る作業に入るのであるが，それは各テスト項目の内容と形式を決める前提となる．測りたいもの

が,「スキミングやスキャニングをして短時間に大意を把握する力」なのに,表層的な事実の真偽を問うような問題を出してはいけないし,「トピック・センテンスがしっかりサポートされているパラグラフを書く力」を見たいのに,ナラティブのような題材（prompt）, 例えば「先週末をどう過ごしたか？」というようなものを与えるのは適切ではない. 同様に, あまり深く考えずに文章のあちこちを括弧で抜いたリーディング問題を作ったり, 一部を翻訳をさせたりする問題をよく見かけるが, そのような問題が自分が測定しようとしている能力を本当に引き出すことができるのかについて是非再検討して頂きたい.

　ここでもう 1 つ気をつけなければならないのは, 授業内で扱った材料をテストにも利用する際に, 記憶や暗記によって答えられる問題は語彙や表現などを除いてできるだけ避けることである. 例えば文法問題については違う文を使ってその文法事項が習得できたかを問うべきだし, リーディングやリスニング問題について私自身がよく行うのは, 学習した材料の知識面（文法や語彙）を生かしながら, 同じようなテーマで少し内容を変えた文章を使うことである.

　もう少し具体的に, ターゲットとする下位能力を測ることができる妥当性のあるテストの作成について, 一般的なリーディングの問題を例にして説明してみる. リーディングの能力を測る問題は, 速読などの速さに関する観点を除くと, おおよそ以下の 4 種類に分かれる（括弧内の名称は筆者の造語）.

---

1) 趣旨や中心的なアイディアを問うテスト項目（Main-idea Question）
2) 文章中にある事実を聞くテスト項目（Fact-recycling Question）→これには比較的広範な分野に関するグローバルな事実の確認と, 中心的な事実ではない細部を取り出させる問題（surface fact retrieval）がある.
3) 文脈の中で語彙や表現の意味を問うテスト項目（Word-in-Context Question）
4) 文章中には現れていないが十分に判断・推測できる内容を問うテスト項目（Judgment／Implication Question）

外部テストにはそれぞれに特徴があり, 各テストの測定目標によってどのタイプの問題が多いかが決まっているように思われる. 例えば TOEFL iBT® のリーディング問題にはほぼ全てのタイプの問題が同じくらいの頻度で現れ,

TOEIC® には 2）の事実を取り出させるものが多く，英検には 4）が他の 2 つのテストと比較するとやや多い．授業の中で達成度を測るようなテストを作る場合も同様に，授業で指導目標とし，かつ習得して欲しい下位能力を判定できるような問題を作るべきである．しかし，実際にテスト項目を作り始めるとついそのような配慮を忘れてしまい，一番作りやすい 2）の事実把握を問うものを多く作ってしまう傾向がよく見られる．3）の語彙・表現問題に関しても，前後の文章を読まなくても知っていればできるような，わざわざ文章の中で読解力に関連付けて出題する必要がない問題になってしまうことがよくある．

　実は，妥当性と言っても，様々なものがある．一般的には教えた内容と測定したい能力が十分重複していれば十分なのであるが，将来伸びる可能性や潜在能力を測れるような項目を入れて指導に役立てるような場合は「予測的妥当性（Predictive Validity）」を視野に入れたテストを作っていることになる．通常予測的妥当性を持つテストというと，統計的に将来の伸びや到達度を予測できることを指すが，授業や指導にその考え方を適用すると，単にいくつかのテストによって，ある時点で習得していることが同様に測定できているかを見る「併存的妥当性（Concurrent Validity）」の域を超えて，習得したことをどう応用できるか，新しい状況で使えるかを視野に入れたテスト項目を作ることになる．例えば，読解問題で推測力を測るテスト項目において，英語らしい構成や展開を基に次に来る内容を予測させたり，単に文法事項について括弧を埋めさせるのではなく，仮定法を自分の経験について使わせてみたりするようなテスト項目がそれに当たるであろう．授業で接頭語（enlarge の en-）や接尾語（employee の -ee と employer の -er の区別）などを教えたら，違う単語を使ってそれらの意味を推測させる問題を作るのもそれに当たるであろう．他にも「結果的妥当性（Consequential Validity）という概念などもあり，これは，そのテストが十分果たすべき教育的，社会的役割を果たしているかという意味での妥当性である．つまり，授業内の診断テストと今後の進路を決めるような重要な決定につながるテストとでは，当然カバーすべき内容の範囲や質，そして深さや複雑さが違うべきであり，診断テストにはやたら複雑でひねったような問題は出すべきではないということを示唆する．

　また，パフォーマンス評価においては，授業で伸ばそうとしてきた観点，例えばスピーキングにおける流暢さ，正確さ，英語らしい発音，複文の使用などが明確に出るようなタスクを考えるべきだし，それを評価する適切な採点基準

（ルーブリック）が必要になる（基準的妥当性＝Criterion Validity）．CEFR（ヨーロッパ言語共通参照枠）などには相互交渉スキル（interactive skill）が含まれているので，それを測定しようとすれば，ロール・プレイやディスカッションなどのタスクが必要になるが，最近では，適切なルーブリックを使って自己評価やピア評価をさせることで，学習者自身が評価基準，即ち学習目標を内面化し，それをより意識して話したり書いたりすることができるようになるというような自律的な評価基準の使用方法も盛んになってきている．教師の客観評価と自己評価を比較しての振り返り学習なども含めて，新しい形成的評価の形であると言える．

　パフォーマンス評価を基に成績を付けたり，今後大学入試にそれが入ってくるような状況を考えると，実は大変難しいのは信頼性の担保である．きちんとした検証を経た採点基準を使わないと，評価者間信頼性（inter-rater reliability）だけでなく，一人の評価者が採点する場合の評価者内信頼性（intra-rater reliability）でさえ十分担保できずに大きな誤差を生む．重要な意味を持つテストの場合は，十分な評価者間信頼性を得るために何度もパイロット実験を繰り返し，評価項目を追加・削除・修正して完成させるのであるが，授業で使用する評価基準にそのような手間はかけられないので，教師がそれを使用しながら採点が揺れやすく，誤差が生まれやすい項目を徐々に改善していくしかない．できれば，同じテストをする同僚でチームを作って問題点をあぶりだしながら評価基準をより精緻化していくこと，その際に世の中に発表されている既存の基準の良い点を取り込みながら自分たちの授業に合った評価基準を開発していくことが望ましい．

2.3.　どのような問題形式が適切なのか？（How?）

　最後の側面が，様々な状況でテストに関する議論の中心になることが多い，「どのような形式の問題でターゲットとする能力を測るのか？」という点である．実際は，多くの教師がこれまでに挙げた2つの側面（目的と妥当性）をあまり考えずにすぐに問題作成を始めてしまうのが，目的に合わなかったり，測るべき能力を引き出せないようなテストを生む原因だと思われる．しかし，問題形式の決定は，難易度や重みづけ（配点）などとも深く関係しているので非常に重要である．ここでは，そのような考慮点について，受信能力のテストとパフォーマンス評価に分けて考えてみたい．

　まず，リスニングやリーディングなどの受信能力のテストについては，測定の目的を達成し，対象とする能力を引き出すために，多肢選択式がいいのか，語句挿入式（クローズ・テスト）がいいのか，エッセイ式が適切なのかをまず考えなければならない．同時に多肢選択式であればどのような選択肢を用意するのか，クローズ・テストであればどの部分を書き入れさせるのか，エッセイ式であればどんな発問をしてどんな解答を引き出すのかを評価基準と共に考えなければならない．よく目にするのが，多肢選択式の錯乱肢（distractors）が本文と全く関係のない分野や領域に関するもので，正解があまりに明らかだったり，逆に，どの選択肢も内容的には正解に近いのに表現法の適切さで正解が決まるような例である．

　具体的な例として，IRT（項目応答理論）[1] に基づいてテスト分析をするソフトウェアが，あまり望ましくないと判定したテスト項目を検討してみたい．最近では自分の作ったテストの難易度や弁別力が適当であったかどうかを分析するソフトウェアが廉価（数万円）になってきているので，重要なテストに関して使ってみると自己反省の材料になることも多い．しかし，専門的な分析をしなくても，よくできる上位集団よりもあまりできない下位集団がより正解を得ているようなテスト項目には必ず何か問題があるし，難易度に関しては単純な分布図を作ってみればそれなりの判定ができる．ただ，専門的なソフトウェアのいいところは，弁別度を示してくれるので，難しいと判定された問題が単に難し過ぎただけだったのか，それとも，上位・中位・下位集団をはっきりと分けているので，難しくても必要な項目だったのかという判断ができる点である．まず多肢選択肢式の文法問題の例を見てみよう．

---

　[1] 項目応答理論（Item Response Theory＝IRT）：多くの人が統計の初歩として学ぶ標準偏差や誤差の考え方は「古典的テスト理論」に基づいており，日常的なテスト作成にはそれだけでも十分役に立つ．ただ，大規模かつ gate-keeping 的な重要なテストになると，「項目応答理論（項目反応理論）」による分析のほうがより正確で詳細な情報を個々のテスト項目と被験者について提供できる．この理論では，受験者の真の能力値（θ）や難易度，困難度，当て推量についてパラメータ（変数値）を設定し，データの分散やモデルに対する適合度を見ながら各テスト項目の適切さを確率論的に判定する．何よりも，真の能力値を基にすることで，特定のテストや受験者に依存しないことが最大の魅力である．つまり，大規模外部テストにおいて項目情報を紐づけした項目バンクを作ったり，異なるテスト間の比較や等化をすることが可能になり，受験者の能力に合わせた出題をする「コンピュータ適応型テスト（Computer Adaptive Test＝CAT）」の開発にもつながった．最近は，個人の能力値と困難度に基づく1パラメータ・モデル（ラッシュ・モデル）の使用が増えている．

> （例 1）　She （　　　） away for a meeting right now. You have to call back
> later.
> 　　　　a) was　　b) is　　c) may have been　　d) can't be

特に問題がないように思われるかも知れないが，これは教師が想定したより
ずっと難易度が高くなってしまった問題である．錯乱肢に時制と助動詞が含ま
れており，どちらの能力を測定したいのかが定かではない．助動詞を含むこと
で，意味をかなり考えなければならない必要性が生じ，c) の選択肢のように
助動詞に時制が加わったものもあるため，必要以上に認知的負荷の高い問題と
なっている．改善するとすれば，時制の理解を測りたいのであれば以下の A
のパターンのような選択肢の変更が，助動詞の用法の理解を目的とするのであ
れば，一例ではあるが以下の B のパターンのような問題文自体の変更が必要
であろう．

> A.　a) was　　b) is　　c) will be　　d) has(had) been
> B.　問題文変更：She （　　） be away for a meeting because I haven't seen
> 　　　　　　　　her for more than an hour.
> 　　　　a) has to　　b) must　　c) shouldn't　　d) can't

もう 1 つ，明らかにソフトウェアがおかしいと判定したリスニング問題（問
題文も選択肢も全て音声として読まれたもの）の例を見てみよう．括弧内に示
したのはそれぞれの選択肢を選んだ解答者の割合である．

> （例 2）　I hear that your parents live in Kamakura. How far is it from here?
> 　　　　A.　It's twenty kilometers long. (45%)
> 　　　　B.　I come from Yokohama. (12%)
> 　　　　C.　It's a thirty-minute drive. (29%)
> 　　　　D.　I also live in Kamakura. (14%)

もちろん，どんなテストの結果も解答者の熟達度や経験などの学習者要因に
左右されるが，この問題が含まれるテストを受験した数百人の大学生 1 年生
の 45% が誤答である A を選んでいる．A の錯乱肢が強すぎるのは，これが

誤答である理由が long を使った文法的誤りによるからである．同時に，正解であるＣが，単純に距離を答えるのではなく，「30分車で行くくらいの距離」という比喩を含む表現になっているからであろう．つまり，この問題はリスニング能力を測るはずが，実際は文法能力や比喩表現を解釈する能力も要求しているために，リスニング自体はできていたかも知れない学生が誤答を選んでしまうという結果を生んでいる．

　発信能力（スピーキングとライティング）の評価については，難しいと感じるが故に時間をかけていろいろな側面を考慮する先生方も，受信能力の多肢選択式テストやクローズ・テストに関しては，あまり深く考えずに選択肢を作ったり，測定したい下位能力とあまり関係のない部分を安易に括弧で抜いてしまったりしがちである．適切な選択肢を考えるのは時間のかかる作業ではあるが，本当にターゲットとする能力を測ろうとするのであれば，錯乱肢の選び方にも慎重にならなければならない．また，採点の重みづけに関しても，当然最も習得度を知りたい重要な下位能力を測る項目により大きな得点を配分することが大切である．

　一方，かなりの先生方が苦労して取り組んでいると思われる発信能力（スピーキングとライティング）の評価に目を向けると，目的や測定する構成概念と同時に実行可能性の問題が重要になってくる．本当は35人のクラスの一人一人にスピーチをさせたいけれども時間的に無理があったり，IC レコーダーやコンピュータを使って録音したりして採点しようとすると，リソースの問題や生徒の IT 能力なども考慮しなければならない（コンピュータで録音したものを保存し忘れてしまう生徒が出てしまうことなど）．スピーキングの場合，暗唱をさせたりすることもあるが，暗唱によって発音やイントネーションなどの音声面の評価はできても，それは正確さや表現の習得を測るのには向いていない．その時に正しい文法使用や多様な表現が再生できても，それは作業記憶（短期記憶）を試しているだけであり，文法事項や表現が習得されたかどうかは，別の文脈でそれらを使えるかどうかによって評価されるべきである．また，ライティングの授業で手順を表現するパラグラフを教えてきた場合に，手順を表すいくつかの文を与えて順番通りに並べ替えをさせる問題で評価しようとするのはどうであろうか？　実はそれでは，ライティングというよりリーディング力を試す問題になってしまうので，できれば，誰もが手順を知っている，つまり既存の知識に影響を受けないような分野の手順について，いくつかの手

順を抜いて自分で文を書かせた方がいいであろう．例えば，カレーライスの作り方とか情報収集から始まる社会科のレポートの書き方などについて5つぐらいの手順からなるパラグラフを用意して，その中の2つぐらいを自分で書かせてみるような問題である．時に自己流の独創的な手順を書く生徒がいても，英語のテストなので，その内容を十分に伝える表現力・文法能力があり，手順の流れや順番に合わないものでなければ，別解として評価していいと思う．授業でディスコース・マーカー（First, Secondly, Lastly など）を教えたのであれば，それらを括弧に入れさせるのも達成度を見る方法ではあるが，気をつけなければならないのは，1つの問題でいくつものことを要求すると認知的負荷が高すぎて，個別に聞いた時には答えられたことが答えられなくなってしまうという点である．

　発信能力については，スピーチやディスカッションを教えてきたのであれば，もちろん似たような題材でそれを行わせて習得度を測りたいし，意見文の書き方を教えてきたのであれば，違うトピックに対して論理展開のしっかりした意見文が書けるかを試したい．ただ，これまで挙げた例のようにより制御された形でいくつかの側面に焦点を当てるのではなく，あるジャンルのスピーキング能力やライティング能力を全般的に測定したい場合は，目的に適い（＝妥当性のある）かつ安定した（＝信頼性のある）評価基準，即ちルーブリックの作成が必須となる．ルーブリックには全体を見て1つのスコアをつける総合的評価基準（Holistic Scale）と，いくつかの観点に点数をつけて合計する分析的評価基準（Analytic Scale）があるが，総合的基準で評価するには評価者としてのトレーニングがかなり必要で判定自体が難しい上に，授業の中で使う場合は，どの観点がうまくできてどの観点が不十分なのか細かいところが見えないので，生徒にフィードバックが与えにくいという問題がある．実際，TOEFL iBT® の独立型のスピーキングとライティングのタスクのルーブリックを見ると，総合的評価基準ではあるが，その基準の中に様々な観点が組み込まれていて複雑である．よって，通常は分析的評価基準を使う方が測定している側面が明確になるので，評価する方にとっては採点がしやすく，される方にとっても自分の長所や弱点が分かりやすい．分析的評価基準のもう1ついいところは，教師が重要だと思う観点により高い配点をするというような重みづけがしやすいことである．

　ここでも CEFR にあるような相互交渉的なスピーキング能力を測定しよう

とすると，ペアでの会話やグループでのディスカッションなどの評価を視野に入れるべきであろう．そのためにはビデオ撮影をするなどの様々な工夫が必要にはなるが，リソースさえあれば逆に一人ひとりにインタビューするよりも評価が効率的に行えるという利点もある．相互交渉的な能力はライティングにも必要であり，海外からの E メールでの依頼に対して自分なりに適切な返答をするというようなタスクはコンピュータ教室を使わなくても十分可能である．

3.　統合スキル型のテスト

　最近特に話題になっているのが，実際の社会での英語使用に近いインプットとアウトプットを組み合わせた統合スキル型のテストである．2020 年からセンター入試と併用して使用される外部テストの中には統合スキル型の問題を含むものも多いし，指導要領でも読んだり聞いたりした情報を基に自己表現をすることが求められているので，そういう能力を測るニーズが明らかに増えている．最も簡単な統合スキル型テストは，例えば読んだ文章を基にサマリーを書くとか，ある状況に対する 2 つの立場や意見をリスニング材料として聞いた後，その情報を使いながら，どちらかに賛成する短いスピーチをするというようなタスクであろう．統合型スキルの指導と評価が重要なのは，現実社会では受信能力だけで英語使用をすることが殆どないので，そのような能力がこれからのグローバルな社会で活躍する若者には必須となるからである．残念ながら，いくらペーパーテストのリーディングやリスニングのスコアが素晴らしくても，実際の仕事や社会活動においては，人はアウトプットとして産出した能力で評価されてしまう．いくらリーディングやリスニングのテストスコアが高くても，実際の仕事の中では受信能力は目に見えるものではないので，それをいくら標榜しても，資料を使って説得力のあるプレゼンテーションができたり，論理的に報告書が書けたりしなければ，いわゆる「グローバル人材」にはなれない．

　しかし，統合スキル型評価には，評価方法としてまだ多くの問題がある（Cumming, 2013）．その最たるものは，受信・発信両面においてある程度の英語力がないと対応できないことであり，中学・高校で導入する場合はかなり単純化したタスクを考えなければならない．また，フィードバックを与える際に，どの部分の下位能力が障害となってあまり良い結果が出ないのか，弱い能

力の構成概念を確定することが難しい．更に，受信を発信に繋げるために判断・比較・統合などの認知能力が深く関わってくるために，単なる言語能力の評価だけにはならないことも多い．しかし，それでも読んだり聞いたりした情報を自己表現に繋げることを目指すような授業をしたら，簡単な材料を使った統合スキル型テストを作り，情報理解の程度と自己表現の適切さを採点するルーブリックによる評価を是非試みて欲しい．

4.　終わりに

　これまで述べてきたように，良いテストを作るためにはたくさんの複雑な考慮点がある．普段忙しい先生方はそんなに様々なことを考えてテストを作る余裕がないとおっしゃるかも知れない．ただ，期末試験のような生徒の将来に影響を与えかねない重要なテストについては，ここに挙げた注意点を少しずつでもいいので実行して頂きたい．先に説明したダイナミック・アセスメントのようなところまでは行かなくても，どんなテストにも波及効果（Washback Effect）があり，良いテストや評価は有益なフィードバックを与える道具として生徒の弱点補強やモティベーションにも繋がる．以前は波及効果と言うと，テストのためだけにテストに合わせた勉強をしてしまうという悪い側面が強調されていたが，良いテストはその結果によって生徒に何を学ぶべきかというヒントを与え，彼らが弱点補強のための努力をすることで点数が単に上がるだけでなく，「〜ができるようになった」という目標に対する達成感を与え得るのである．最後に資料 1 と 2 として，テストを作る前の計画書とチェックリスト（大学英語教育学会テスト研究会考案）をつけるので，次回から重要なテストを作る際に利用して頂けると有難く思う．

引用文献

Cumming, A. (2013). Assessing integrated writing tasks for academic purposes: Promises and perils. *Language Assessment Quarterly, 10,* 1-8.

Haywood, H. C., & Lidz, C. S. (2007). *Dynamic assessment in practice: Clinical and educational applications.* Cambridge, UK: Cambridge University Press.

Inbar-Lourie. O. (2008). Constructing a language assessment knowledge base: A focus on language assessment courses. *Language Testing, 25*(*3*), 385-402.

文部科学省委託事業「英語教員の英語力・指導力強化のための調査研究事業」(2017).
平成 28 年度報告書.

Taylor, L. (2009). Developing assessment literacy. *Annual Review of Applied Linguistics. 29*, 21-36.

（松本佳穂子）

資料 1

テスト作成前の考慮点（計画書）

1.　あなたは何故，どのような目的でこのテストを作るのですか？　それは教育目標とどう関連していますか？（Why）
　　（Checklist 項目 2 番と 8 番に対応）
　　（例）　リスニング材料（簡単なニュース）から重要点とそうでない点を判別し，短いサマリーを書かせる．リスニング材料の構造に注目しながらノート・テイキングを練習してきたので，その成果を見る到達度判定テスト．授業で地球温暖化を扱ってきたので，内容や表現に関連性がある材料を使う．

2.　どんな下位能力要素をこれによって測りたいのですか？（What）
　　（Checklist 項目 1 番と 2 番に対応）
　　（例）　リスニングをしながら，全体構造に基づいて重要点とそうでない点を判別する能力，キーワードを使いながら自分なりの文を書く能力，そしてそれらに必要な受信的及び発信的語彙・文法能力．

3.　どのような方法や形式でその能力を測りますか？（How）
（1）　問題の内容とタスクの性質（Checklist 項目 3 番と 7 番に対応）
　　（例）　北極の氷が溶けて白熊の生息が脅かされているという 3 分弱のニュースを 3 回聞かせてノート・テイキングをさせ，3-5 行のサマリーを書かせる．

（2）　テスト項目の形式（Checklist 項目 3 番と 4 番に対応）
　　（例）　ノート・テイキング用のメモ用紙を自由に使わせ，解答用紙にはトピック・センテンスと結論文を与えておく．

（3）　ターゲットとする難易度（Checklist 項目 5 番に対応）
　　（例）　高校中級程度（英検準 2 級程度）

（4）　評価基準と各項目の重みづけ（配点）（Checklist 項目 6 番と 8 番に対応）
　　（例）　リスニング材料の重要点の把握（40%），ライティングの結束性と論理展開（20%），書いた文の複雑さ（ディスコース・マーカーの使用を含む）（20%），文法の正確さ（10%），表現の多様性（10%）

資料 2

テスト作成後のチェックリスト

V＝妥当性関連　**R**＝信頼性関連　**P**＝実行可能性関連

1. テスト項目は測定したい内容や下位能力を十分カバーしているか？（**V**）

    はい □　　かなり □　　あまりしていない □　　いいえ □

2. テスト項目は測定ターゲットとする能力の側面（グローバルなものから細かい
    ものまで）をカバーしているか？（**V**）

    はい □　　かなり □　　あまりしていない □　　いいえ □

3. テスト項目には測定の目標や方法に合ったタスクや状況が使用されているか？
    （**V/R**）

    はい □　　かなり □　　あまりしていない □　　いいえ □

4. 受験者への指示は明確で分かりやすいものか？（**R**）

    はい □　　かなり □　　あまりそうではない □　　いいえ □

5. テスト項目の難易度は受験者の能力分布に対して適切か？（**R**）

    はい □　　かなり □　　あまりそうではない □　　いいえ □

6. 採点基準（ルーブリック）は一貫した採点ができるようなものか？（**R**）

    はい □　　かなり □　　あまりそうではない □　　いいえ □

7. このテストの実施と採点は，あなたに大きな負担のない実行可能な範囲のもの
    か？（**P**）

    はい □　　かなり □　　あまりそうではない □　　いいえ □

8. このテストの結果は，生徒（受験者）が自分の弱点を認識しそこを強化してい
    くことを助けるか（良い波及効果があるか）？（**V/P**）

    はい □　　かなり □　　あまりそうではない □　　いいえ □

第5章 統計の基礎知識

1. はじめに

　自身の英語指導が学生の英語力向上につながっているかを定期的に振り返ることが，より良い指導法を検討するうえで重要であることは自明である．英語力を客観的な形で可視化する方法はいくつかあるが，統計学的手法を用いた分析は，その有力な方法の1つとしてすでに多くの場面で活用されている．

　例えば，TOEIC®（国際コミュニケーション英語能力テスト）がその身近なものといえよう．ご存知の通り，TOEIC® は英語の聞き取りと読解がそれぞれ5点から495点の5点刻みで評価され，それらの合計，すなわち10点から990点でスコアが認定される．受検者はこのスコアから，自分がどの程度の英語コミュニケーション能力を有するかを推し量ることが可能である．また，これもよく知られていることであるが，TOEIC® のスコアは正答数（素点）がそのままスコアになるのではなく，Equating と呼ばれる独自の統計処理（処理方法は非公表）が施される（一般財団法人国際ビジネスコミュニケーション協会，2018）ことで，スコアが試験問題の難易度に左右されにくいという特徴をもっている．そのため，TOEIC® スコアは常に高い客観性を持つ英語力の指標として，大学入試や採用試験などで広く用いられているのである．

　このように，テストによる英語能力の評価や学習者における学習状況の調査，授業内容や意欲，態度，動機づけなど学習者の心理面に関するアンケート調査など，統計的手法を用いて学習者の英語能力や指導者の取り組みについて検討しようとする例は枚挙に暇がない．例えば生徒の学習の定着度を検討する

場合，その有力な指標は定期的に実施するテストということになろう．テストの得点は，英語科教員からみた「主観的な」生徒の学習定着度を「客観的に」裏付けるものとして提示される．また生徒にとっても，テストの得点は自身の学びを振り返り，以後の学習につなげるための手がかりやモティベーションとなり得る．

　これらのことを我々は経験的に理解しているが，統計的手法を導入することで，より多くの示唆を得ることが可能となる．具体例を挙げるとすれば，クラスごとのテスト得点の比較や学習領域ごとの習熟度の状況，上・中・下位に属する生徒それぞれの得点状況の把握や課題の抽出などである．これらを細かく分析することで，今後の指導方針や重点的に教授すべき事柄（単語や文法，発音など）を見出すことも可能であろう．

　しかし，このようなメリットがあるにもかかわらず，統計的な分析を導入した英語教材の評価や効果的な指導法についての検討といった形で報告を行うことに高い壁を感じている英語科教員も少なくないようである．このような現状の背景には，大きく以下の 3 つが原因として挙げられるのではないだろうか．

(1)　どのようにして研究計画を立てればよいかがわからない

　例えば新たな指導法を導入してその有効性を検討するといったケースでは，単に導入前後での英語能力をペーパーテストなどで比較するだけでなく，それがどの程度高い効果をもたらすか，あるいは学習者の特性の違いによる影響を受けないかといった観点を総合的に考慮したうえで，旧来の指導法との差異を検討する必要がある．その際，どのようにしてその比較を行うか，すなわちどのように調査研究の計画を立てるかという問題が生じてくる．計画が不十分なまま検討を行うことは，効果測定が困難になるだけでなく，学習者の学びの時間を浪費することにもつながりかねない．そこで「どのような計画を組み，実践していくか」という点が重要となるのだが，その方針が定まらないまま計画が頓挫してしまうということがままあるように見受けられる．

　新たな指導法の導入といった，いわゆる教育的介入を伴う場合における具体的な研究計画の立て方については，後述の「6. アンケート調査・介入研究の計画立案から分析まで」に記述したので，そちらをご参照いただきたい．

(2)　統計学について具体的に学ぶ時間的な余裕がない

　実際のところ，この問題がかなりのウェイトを占めているのではないだろう

か．指導者はだれしも，より効果の高い指導法を導入して学習者の知識や技能
の定着を支援したいと考えているものであるが，一方で教育現場に立つ指導者
は多忙を極めており，時間的な制約も多い．そのような状況のもとでじっくり
と理論を学び，カリキュラムを組み上げ，指導に導入したうえでその効果を分
析するのに適切な統計手法を検討するところまでを行う時間を割くのは難し
い，というのが実情ではないだろうか．

(3)　どのような分析方法を用いればよいかを判断できない

　集められたデータをどのように分析するかという問題も，悩みの種の 1 つ
である．どのような角度からデータを分析するかという問題だけに絞って考え
てみても，そこには様々なアプローチがあり，分析に際してはそうした中から
の取捨選択が必要となる．せっかく質の良いデータがあるのに，それを抱えた
まま具体的な分析に進めずにいるというのも，よく聞かれるジレンマである．

　そこで本章では，以上 3 つの現実的な問題に鑑み，多忙を極める中でも手
軽に読み進められるよう，量的調査に必要となる統計の基礎知識について，具
体的な例を挙げながら端的に，可能な限り読みやすくまとめることを試みた．
また後半には，目的別に利用が検討される具体的な解析方法を掲載しているの
で，本節を通じてこれから取り組んでみたい調査研究の内容に対応する統計手
法が見出されたならば，ぜひそれに特化した統計の専門書を紐解いていただけ
れば幸いである．

2.　なぜ「統計の知識」が必要なのか

　本書をお読みの方の中にも，「英語の指導者に英語力が必要なのは当然とし
ても，統計の知識が必要な理由について，いまひとつ要領を得ない」と考える
方がおられるかもしれない．しかし，今日ではエビデンス（科学的な根拠）を
重要視する傾向が高まっており，それに伴う形で統計の知識を身につけること
の意義もまた大きくなりつつある．

　例えばあなたが，従来の英語指導における課題をブレイクスルーし得るよう
な新しい指導法を考案したとしよう．その指導法が本当に効果的であることを
示すためには，それが具体的にどのように効果的であるかを，客観的な形で提
示する必要がある．「（私が思うに）この指導法は画期的である」と主観的な評

価に基づいて主張するだけでは，周囲からの理解を得ることは難しいと言わざるをえないだろう．

　そこで重要となるのが，統計的な手法を用いた客観的な評価の導入である．従来の指導法と比べて，新しい指導法は具体的にどの部分が優れているのか，その根拠はどのように示されたのかといった点について，数値を伴いながら丁寧に示すことで，その主張はよりわかりやすく聞き手に伝わり，時に賛否両論を得ながらさらなる議論を呼ぶことになるだろう．

　この取り組みは「エビデンスベースド（科学的な根拠に基づいた）な実践」と呼ばれており，近年の教育現場においてもその重要性が浸透してきている．その背景には，「客観的なエビデンスに基づいた実践は理解しやすい」ということに加え，「学校現場における教育方針の決定のみならず，政策判断や研究予算を付ける際の根拠としても示しやすい」といったこともあるように思われる．

　新たな調査や実践を通じて集めたデータにしても，あるいはすでに公表されているデータを用いるにしても，エビデンスが重要であることに変わりはない．新たにデータを集める場合，それが学校であれば，テストの点数や択一式アンケートをはじめとする量的データと，授業中の発言内容や自由記述式アンケートといった質的データの2種類が想定される．統計解析はこのうち量的データを分析する際に用いることが多いが，近年ではこの性質の異なる量的・質的データの両方を集め，それらを相補的に用いる混合研究（ミックスド・メソッド）を採用することも珍しくない．

　すでに公表されているデータを用いる場合は，そのデータから何を明らかにしたいかを決定した後に，統計解析を用いることとなる．例えば毎年12月に行われている英語教育実施状況調査では，教員および生徒の英語力や授業中の英語使用状況が都道府県および政令指定都市別に公表されており，それを分析することでマクロな視点からの英語教育実施状況の検討（例えば自治体ごとの先進的な取り組みとの関連や，自治体の規模の違いによる英語力の差異など）が可能である．あるいはこれまでに公表されてきた先行研究の蓄積を利用したメタ分析と呼ばれる統計解析も，近年よく用いられるようになっている．これらの分析結果から，自身あるいは学校としての英語教育の在り方を考えることもできるだろう．

　今日，実際に多くの英語教員が，教育現場で収集したデータや公開されてい

るビッグデータを基に，エビデンスを伴う研究成果を論文や学会発表などの形にまとめ，報告を行っている．統計の知識を身につけることで，それらの中から有用な知見を見出し，自らの実践に取り入れていくことも可能であろう．自らの経験や指導技術にそれらの知見をハイブリッドさせることで，英語教員としてさらなるステップアップを図ることができると，筆者は確信している．

3.　統計を用いる場面とその目的

　統計解析には，大きく分けて記述統計と推測統計の 2 つの枠組みが存在する．それぞれについて具体的に見てみたい．

3.1.　記述統計

　記述統計とは，手元にあるデータにおける平均値や中央値，標準偏差（データのばらつき）などの特徴を把握するものである．手順としては，①収集したデータを統計解析ができる形式（データセット）に整理し，②平均や標準偏差，あるいは相関（関係の強さ）などを計算し，③データの傾向や性質を把握するという流れになる．

　一例として，あるクラス全員の英語の定期試験得点（100 点満点）が以下の通りだったときの記述統計の導入について考えてみたい．

表 1　あるクラス 40 名の定期試験における英語の得点

出席番号	得点	出席番号	得点	出席番号	得点	出席番号	得点
1	86	11	64	21	59	31	80
2	81	12	87	22	89	32	77
3	63	13	58	23	86	33	93
4	87	14	61	24	82	34	65
5	68	15	65	25	72	35	74
6	94	16	77	26	93	36	65
7	100	17	76	27	61	37	68
8	83	18	82	28	80	38	70
9	82	19	82	29	83	39	63
10	64	20	77	30	54	40	90

　このように表の形で整理することで，各生徒と英語の得点との関係（「出席番号 7 番の生徒は 100 点を取っている」など）が把握しやすくなるが，それ以上の情報をこの表から得ることは難しい．さらに多くの情報を得るためには，データセットの作成やそれを用いた記述統計を行う必要がある．例えばこの試験における全生徒の英語得点の平均値（*Ave*）は 76.0，中央値（*M*）は 77.0，標準偏差（*SD*）は 11.7 となり，「70 点台を中央値および平均値に持つ，ある程度得点にばらつきのある結果であった」という結論を得ることができる．また，ヒストグラム（図 1）を作成すれば，得点の分布をすぐに把握することが可能となる．

　ヒストグラムの様子を確認することで，この英語テストの得点分布はベルカーブ状（平均点である 70-80 点付近に最も多く集まる状態）にはなっておらず，61 〜 70 点と 81 〜 90 点の得点域に学生が多く分布していることがわかる．この結果に鑑みれば，クラス全体での成績を伸ばすには英語を苦手とする学生への重点支援が効果的であることが予測できるだろう．

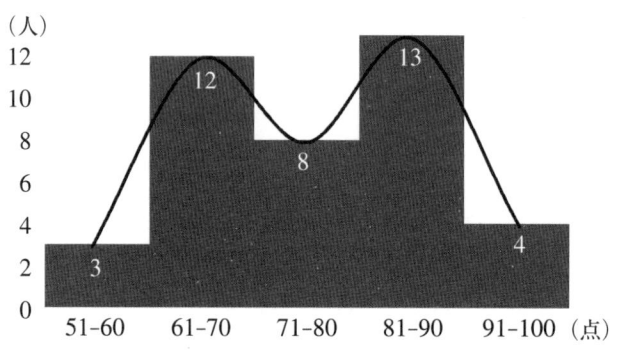

図 1　英語テスト得点（表 1）のヒストグラム

　記述統計とは，このように「得られたデータからより多くの情報を引き出して活用するための統計解析」であるといえよう．すでに述べた通り，記述統計を通じて得られた結果には客観性があり，指導の実践を通じて得られる感覚的な評価や成果のみならず，数値によりそれらを具体的に示すことは，取り組みに対する自信や今後の目標設定を明確にすることへとつながるものと考えられる．

3.2.　推測統計

　推測統計とは,「無作為に抽出された集団から, その母集団の持つ特徴や性質を推定する統計解析」である. ややわかりにくいため, 具体的に考えてみたい.

　例えば, 新たな英語学習の指導法の効果を検討する場合, 母集団, すなわち「英語を学ぶ全ての者」にその指導法を取り入れてもらったうえで, 導入前後での英語能力を比較するのが最も確実な方法であろう. しかし, 実施に必要な費用および時間的なコストや制約を考えれば, このような取り組みを実際に行うことは実質的には不可能である.

　そこで, 母集団である「英語を学ぶ全ての者」を対象とするのではなく, その一部を「標本」として取り出し, その標本における新たな指導法の導入前後での英語能力を比較することで, その有効性や効果の大きさを推測するという形をとることになる. このように, 母集団が持っている特徴そのものや介入によって生じる影響について, 母集団全てを対象とするのではなく, その標本を対象に検討することを通じて明らかにしようとする考え方が推測統計であり, その際に用いられる方略が統計学的仮説検定と呼ばれるものである.

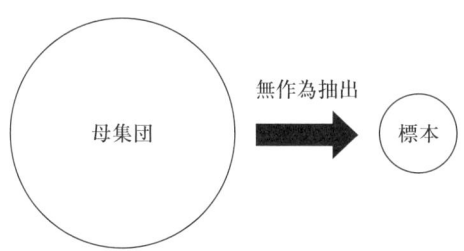

図 2　母集団と標本の関係

4.　統計的仮説検定

　統計的仮説検定は, 推測統計の考え方に基づいた解析方略である. 統計学的仮説検定には様々なものがあるが, ここではその中の t 検定について, 以下の例を用いて考えてみたい.

表2　ある2つのクラス，各10名の試験における英語の得点

Xクラス		Yクラス	
出席番号	英語	出席番号	英語
1	83	1	71
2	84	2	86
3	57	3	100
4	93	4	79
5	68	5	51
6	94	6	90
7	87	7	76
8	62	8	48
9	88	9	82
10	91	10	79
平均点	80.7		76.2

　Xクラス，Yクラスそれぞれの平均点を求めた結果，Xクラスが80.7点，Yクラスが76.2点という結果となった．単純に数値に基づいて2つのクラスのうちどちらの成績が良いかを判断するならば，当然ながら平均点の高いXクラスということになろう．一方，統計的な考え方に基づいて考える場合，平均値だけを判断基準に，どちらの成績が良いかを判断するのではなく，「2つのクラスの得点の平均に差がない確率」がどの程度であるかに基づいた判断を行うことになる．これが，数値に基づく判断と統計的判断の異なる点である．

　では，統計的仮説検定の方法に沿って，XクラスとYクラスの成績を比較してみたい．2つのグループの平均に「意味のある差」（＝有意差）があるかを検討する場合には，t検定と呼ばれる仮説検定が用いられる．t検定は帰無仮説，すなわち「Xクラスの平均とYクラスの平均の間に差がない」ことを棄却できるかを判定することを目的とする検定である．帰無仮説が棄却されるのであれば，その逆である対立仮説，すなわち「Xクラスの平均とYクラスの平均との間に差がある」ことになる．簡潔にいえば，Xクラスの平均点である80.7点と，Yクラスの平均点である76.2点との間に，文字通り「偶然ではない」差があるかどうかを検討する検定がt検定である．

　このとき，「どの程度の差があることをもって有意差があるか」（＝有意確率）を事前に決めておく必要がある．今日の仮説検定では，5%を基準に設け

ることが多い．つまり，帰無仮説を棄却できない可能性が 5% 以下である場合は，帰無仮説を棄却できると判断し，対立仮説が正しいとみなすのである．前掲の比較でいえば，「各 10 名の 2 つのクラスにおける 100 点満点の英語テストの結果の平均である 80.7 点と 76.2 点の間に差がない可能性が 5% 以下であるか」を基準に，可能性が 5% 以下であれば差がある，5% 以上であれば差がないとみなすことになる．

　実際に X クラスと Y クラスの得点の差について t 検定による比較を行うと，帰無仮説を棄却できない【t (18) ＝0.68, p>.05】という結果となり，両グループの間に統計的な有意差はないという結果となる．このように，数値に基づく判断と統計的判断は，しばしば異なってくることを押さえておく必要がある．

数値（平均）に基づく判断 X クラス　Y クラス （80.7 点）（76.2 点） X クラスの方が良い	統計的判断 X クラス　Y クラス （差がない可能性が 5%以上） 2 つのクラスに有意な差はない

図 3　X クラスと Y クラスの差についての数学的・統計的判断の違い

　なお t 検定を実施するにあたっては，t 値や自由度，p 値といった概念も理解しておく必要があるが，多くの統計ソフト（Excel や SPSS など）ではそれらが自動的に計算され，それを基に有意確率が算出されるためここでは省略する．統計の専門書ではこれらについても詳細な説明がなされているため，実際に分析を行う際はそちらにも目を通すことを勧めたい．

5.　英語教育の領域でよく用いられる分析手法

　ここでは，英語教育に関する論文などで用いられることの多い分析手法について，その概要と結果の読み取り方を総括的に述べたい．これらの知識があれば，様々な論文を読むことで新たな知見を得ることにつながるほか，自身で新たな調査研究に取り組む際のデザイン構築の一助にもなるものと思われる．

　量的研究で用いられる主な分析は図 4 の通りである（もちろんここに挙げた以外の分析も存在する）．これらの方法の中から，調査者は自身の仮説に沿って必要な分析を行うことになる．以下，それぞれの分析の概要を述べる．

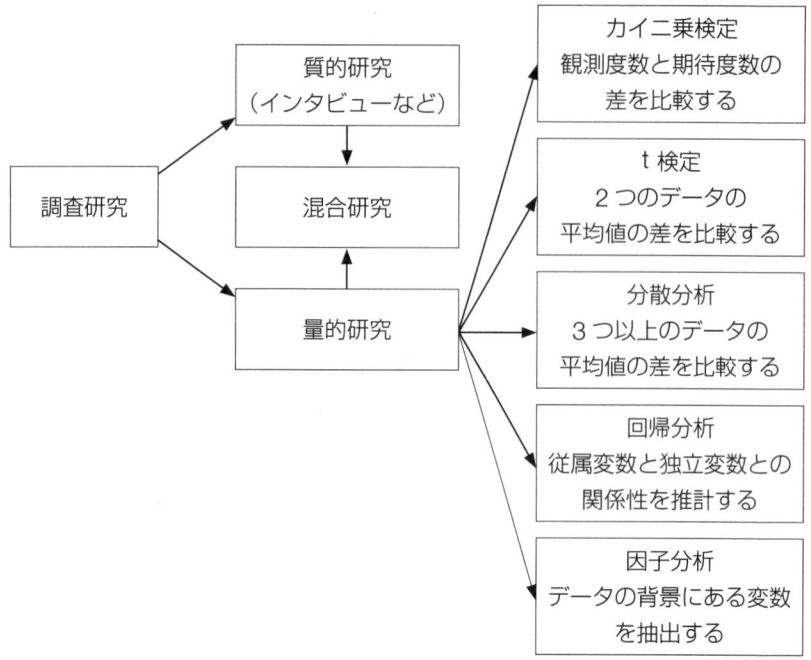

図4　よく用いられる分析方法（量的研究）の整理

5.1.　カイ二乗検定

　カイ二乗検定は，実際に得られたデータ（観測度数）が，理論的に推定できるデータ（期待度数）とどの程度近いかを調べる検定である．例えば，40人の学生にリーディングとライティングのどちらがより得意であるかを尋ね，以下のような結果が得られたと仮定する．

表3　40名の学生へのアンケート結果（観測度数）

性別/ 得意分野	リーディング	ライティング	計
男	14	7	21
女	9	10	19
計	23	17	40

数学的な判断に基づいてアンケート結果についてのデータを評価した場合

は，男性ではリーディングが，女性ではライティングがより得意であると答え
た学生が多かったといえる．一方統計学的な判断を行う場合は，観測度数と期
待度数との比較によって，その検討を行う．期待度数は行の要素（ここでは性
別）の合計と列の要素（ここでは得意分野）の合計の比率から逆算することで
算出されるものであり，「得意分野の違いに性差がないと仮定する場合に理論
的に期待される度数」のことを指す．期待度数の計算は以下の方法で行うこと
ができる．

表 4　期待度数の計算方法と，40 名の学生へのアンケート
結果から推測される回答分布（期待度数）

	P	Q	
X	A×C÷E	A×D÷E	A
Y	B×C÷E	B×D÷E	B
	C	D	E

性別/得意分野	リーディング	ライティング	計
男	12.075	8.925	21
女	10.925	8.075	19
計	23	17	40

この，観測度数と期待度数とを比較する検定がカイ二乗検定である．今回の
ケースでは検定の結果，両者の間に有意な差がみられず（$\chi^2(1) = 1.52$, p>.05），
男女間での得意分野の違いはないという結論が導き出される．

5.2.　分散分析

2 つのグループにおける平均の比較には前掲の t 検定を用いるが，3 つ以上
のグループでの平均の比較を行う際は分散分析が用いられる．3 つ以上のデー
タ群の間での比較を行う場合には，各群間での値のばらつきと，それぞれの群
の内部でのばらつきの両者に着目する必要がある．ここでの「3 つ以上のグ
ループ」を想定する場合，様々なグループ間での比較が想定される．例えば同
一対象者に対して複数回測定を行ったデータや，複数の要因が関係する場合
（例えば「学生の英語力」と「導入する指導法の種類の違い」の掛け合わせなど）

もある.

　さらに，3つ以上のグループによる比較の際は，グループ全てにおける差の
有無に加えて，より具体的に「どのグループの間に有意差があるか」という点
も併せて考える必要がある．これを検討するのが多重比較であるが，上述の分
散分析の多様性と併せ，詳細は専門書に譲ることとする.

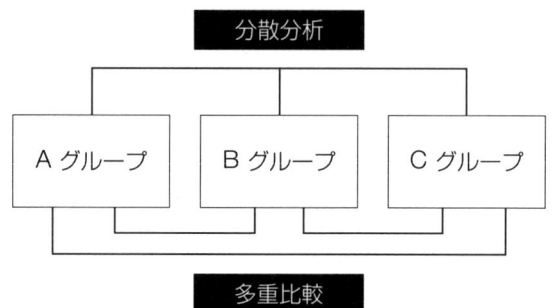

図5　3つのグループによる比較の際の分析方法（一元配置分散分析）

5.3. 回帰分析

　回帰分析とは，ある説明したい変数（従属変数）とそれを説明するための変
数（独立変数）との関係性を推計する分析手法である．例えばその際，用いる
独立変数が1つの場合は単回帰分析，2つ以上の場合は重回帰分析[1]となる
（図6）が，アンケートの結果をはじめ多くのデータ分析では複数の独立変数
による従属変数の推計，すなわち重回帰分析による検討の機会が多い.

---

[1] 連続変数としての従属変数（Y）と2つ以上の独立変数（X1,X2,X3……Xn）との間の関
係についてモデル（重回帰式：Y＝A1X1＋A2X2＋A3X3……＋AnXn＋B）を当てはめる分
析手法．例えば，学習時間や単語の知識量といった複数の要因のうち，英語の読解力テストの
得点に影響を及ぼしているものを明らかにするといった目的で行う.

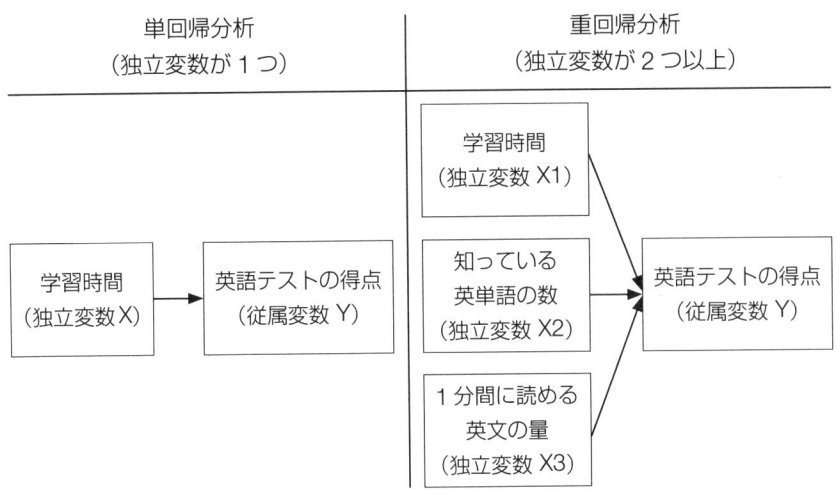

単回帰分析
(独立変数が 1 つ)

重回帰分析
(独立変数が 2 つ以上)

図 6　単回帰分析および重回帰分析の例

また，重回帰分析の従属変数が連続変数 (テストの点数など) であるのに対し，従属変数がカテゴリー変数 (留学経験の有無など) である場合には，ロジスティック回帰分析[2] を使用することとなる．したがって，説明したい変数の内容やそれを説明するための変数の個数によって，異なる種類の回帰分析を用いることになることを押さえておきたい．

5.4.　因子分析

因子分析は，得られたデータの背景に存在する潜在変数を明らかにすることを目的とする分析である．このとき，潜在変数の内容についての仮説を立てない分析を探索的因子分析，仮説を立ててその検討を行う分析を確証的因子分析と呼ぶ．例えば「英語学習に取り組む」理由について様々な質問項目を用意し，それらの回答結果から，その背景にある潜在変数を明らかにしようとする場合は，探索的因子分析の適用を検討したい．

---

[2]　連続変数でない従属変数 (例えば「合格／不合格」といった事象) を 0 または 1 の数値 (ダミー変数) で表した上で，独立変数との間の関係性についてのモデル (ロジスティック回帰式) を当てはめる分析手法．それぞれの独立変数が従属変数に対して与える影響の大きさはオッズ比で示され，オッズ比の数値が大きいほど，その変数が従属変数に対して与える影響が大きいことを示す．

6. アンケート調査・介入研究の計画立案から分析まで

ここで，アンケート調査および介入研究それぞれについて，計画の立案から
分析までの流れを整理しておきたい．

まず，いずれの取り組みにも共通して重要なのは，計画の立案時点からその
目的を明確にしておくことである．調査・研究の目的を明確化することで，ど
のような質問項目をアンケートに組み込むか，あるいはどのような方略を用い
て生徒への介入を行うかといった具体的な検討がよりスムーズに進むほか，
「途中で研究目的を見失ってしまった結果，研究そのものへのモティベーショ
ンをも失ってしまう」といった事態を避けることにも繋がるからである．

6.1. 介入を伴わないアンケート調査のケース

アンケート調査を行う目的が定まったら，次は質問項目の選定作業と，調査
対象者の選定（例えば学年など），調査スケジュールの決定作業に進みたい．

質問項目の選定にあたっては，どうしても「せっかくアンケートを取るのだ
から」とあれこれと様々な項目を設けたくなるものだが，項目が多すぎるアン
ケートは調査に協力する生徒にとって必要以上の時間的な拘束を求めることに
なり，研究倫理の観点から望ましいとはいえない．また調査スケジュールは，
アンケート調査を何度実施するかによって当然異なってくる．

一度きりのアンケート結果の分析であれば，前掲の t 検定に加え，カイ二乗
検定や重回帰分析，因子分析など様々な分析が用いられる．例えば，性別や学
年間での英語に対する学習意欲の比較を行いたい場合は t 検定や分散分析ある
いはカイ二乗検定，学習時間や普段の英語使用頻度が英語力に対する自信に与
える影響を調べる場合には重回帰分析の利用が考えられよう．一方，複数回に
わたって同じ生徒に調査を行う場合（例えば，毎年決まった時期にアンケート
を行うなど）は，異なる生徒同士（被験者間）での比較のほか，同一の個人（被
験者内）での比較にも着目した分析が必要となる．

6.2. 介入を伴う実践的な調査研究のケース

介入を伴う調査研究においてまず検討すべきことは，対照群，すなわち「介
入を受ける群（介入群）との比較対象者」を置くかどうかという点である．対
照群を置く介入研究のデザインはダブルアーム，介入群のみで実施する介入研

究のデザインはシングルアームと呼ばれるが，新しい指導法の導入による効果の検証などを目的に教育的介入を行う場合は，従来の取り組みとの比較を行うためにも，ダブルアームの中でも介入群と対照群それぞれに参加者（学校であれば生徒）を無作為に割り付けるランダム化比較試験（RCT）による介入効果の検討を行いたいところである．このように，介入の計画を立てるためにも，目的の明確化はやはり重要である．

　目的と研究計画が定まったら，どのようなアウトカムに着目するかの検討に進む．例えば新たな指導法の導入前後において着目すべき指標（エンドポイント）としては，テストの点数や授業に対する満足度，英語を使ったコミュニケーションに対する関心などが考えられる．自身の定めた目的に沿ったエンドポイントを設定したい．

　なお，ダブルアームによる教育的介入の際に懸念されることとして，「分析を通じて新しい指導法，あるいは旧来の指導法のどちらか一方が明らかに優れていたことが判明した場合，結果的に一方はその指導法による学習の機会を得られず，不利を被ったことになる」といった可能性が挙げられる．これを回避する方法としては，研究期間中に介入群と対照群の入れ替えを行う（クロスオーバー試験）実験デザインの導入が考えられる．ランダム化比較試験およびクロスオーバー試験の実験デザインに関する詳細については，専門書（Torgerson & Torgerson（著），原田（監訳），2010）や論文（折笠，2016）などを参照いただきたい．

　介入による効果を検討する場合は，介入前・後の 2 時点での差を検討する際は t 検定，介入前後に加えてその後（例えば半年後）の効果の持続を含めて検討する場合は分散分析が用いられる．学習状況の定着度を確かめるためのテストの実施も，広義には介入の成果を図るものであるとみなせば，同様に t 検定や分散分析による検討が可能であろう．

　このように，扱うデータや分析を行う目的に応じて使用する分析手法は異なるため，統計解析の技法を習得するには，「自身が分析を行う目的を整理し，それに応じた適切な分析手法を選択する」というプロセスを繰り返す中で体得していく必要がある．これは英語力と同様一朝一夕に身につくものではないが，今後，英語教育に携わるさらに多くの人が統計解析のスキルを持つことを大いに期待したい．

7.　統計の落とし穴

　最後に，ここまで統計の知識・技法の有用性ばかりを述べてきたが，統計が確率論の上に成り立つものである以上，「あらゆる問題を解決する万能の道具」ではないことを申し添えたい．

　例えば前述の t 検定においては，2 群における有意差の有無を有意確率（帰無仮説を棄却して，対立仮説を採択する基準．5% や 1% がよく用いられる）を判断材料として検討する．このとき，有意確率を 5% として分析することは，同様の分析を 20 回実施した際，そのうち 1 回は誤った結論を導き出してしまうリスクを持つことと同義である．

　それゆえに，統計を用いて得られた結果を読み解き，それを活用するにあたっては，これまでに培ってきた自身の経験や知識を結果と照らし合わせ，それが正しいかどうかを吟味することもまた重要といえよう．

8.　終わりに

　統計の基礎知識および，具体的な統計手法の導入について包括的に述べてきたが，それぞれについての詳細な説明は紙幅の都合上，割愛せざるを得なかった．繰り返しになるが，統計分析の結果を読み解く，あるいは実際に用いる際には，イラスト付きで気軽に手に取ることのできる書籍（e.g. 大上ら (2012)）や，研究手法と統計処理の両者について理解を深めるうえで有用な統計の入門書（e.g. 小田 (2007)，竹内・水本 (2014)，平井 (2017)），あるいは英語教育学の分野における量的研究を扱った論文（e.g. 熊澤 (2013)，高木 (2016)）を読んだうえで取り組むことをお薦めしたい．

引用文献

平井明代 (2017)『教育・心理系研究のためのデータ分析入門 第 2 版』東京：東京図書.
一般財団法人国際ビジネスコミュニケーション協会「テスト結果について」http://www.
　　iibc-global.org/toeic/test/lr/guide04.html（2018 年 3 月 21 日閲覧）.
熊澤孝昭 (2013)「英語教育学の量的研究で用いられる統計について」『コンピュータ &
　　エデュケーション』34, 18-23.

小田利勝（2007）『ウルトラ・ビギナーのための SPSS による統計解析入門』安曇野：
　　プレアデス出版.

大上丈彦（著），メダカカレッジ（監修），森皆ねじ子（イラスト）（2012）『マンガで分
　　かる統計学 素朴な疑問からゆる〜く解説』東京：SB クリエイティブ.

折笠秀樹（2016）「クロスオーバー試験の計画および解析」『薬理と治療』44(9), 1261-
　　1276.

高木修一（2016）「統計分析におけるデータスクリーニングの意義と方法：英語教育学
　　研究の事例を中心に」『福島大学人間発達文化学類論集』22, 43-52.

竹内理・水本篤（2014）『外国語教育研究ハンドブック──研究手法のより良い理解のた
　　めに』東京：松柏社.

Torgerson, D. J., & Torgerson, C. J.（著），原田隆之・大島巌・津富宏・上別府圭子（監
　　訳）（2010）『ランダム化比較試験（RCT）の設計　ヒューマンサービス，社会科学
　　領域における活用のために』東京：日本評論社.

（高橋知也）

第6章　学会発表（口頭発表）

1.　学会での口頭発表

　英語教員として自己を成長させるために行えることの1つは教育実践成果の発信である．その方法は，論文や実践報告の執筆と学会や研究会での口頭発表とに大きく分けられる．本章では後者について，計画から発表に至るまでの手順を中心に，特に英語での発表に焦点を当て解説する．「学会」というとどうも研究職に専従している人たちが集まり，何かよくわからない専門的な用語を使ってデータについて討論している敷居が高い場であるというような先入観を持っておられる方も少なくないと思う．確かにかつてはそういう雰囲気の学会も少なくなかった．しかし，学会は，研究と教育現場での実践の成果を共有し，さらに有効利用する場である．特に現場での実践の成果は，実際に現場で教えている教員だからこそ持てる非常に貴重なリソースである．言い換えれば研究に専従している人たちはこういった情報へのアクセスが乏しいので，現場の英語教員が積極的に実践の成果をシェアしていくことが，英語教育への大きな貢献につながるのである．

2.　どこで発表するか

　学会といっても，その開催地，スケジュール，規模，対象，分野など様々である．したがって，特に初めての発表を考える場合はそれらが自分のニーズにどれだけ合致しているのかを慎重に検討する必要がある．まず開催地やスケ

ジュールは重要である．発表を申し込むにあたっては例えば 3 日間開催の学会ならばその会期中の全日程に参加できることが前提となる．学会の運営に関わっていると，発表が採択され発表日程が決まってから「1 日目は授業があるので 3 日目にしてほしい」などというリクエストを受けることがあるのだが，こういった要求はマナー違反と言ってもよいだろう．学校で時間割を組み替えるのと同様，個人の都合で 1 件の発表の時間帯を移動することが，他の発表者のスケジュール，プログラムの印刷，機材等の手配等，学会全体に様々な影響を与えることとなる．また海外を含む遠方の場合は往復の移動時間も考慮しておく必要がある．発表が採択されていても日程に無理があれば何もできないのである．特に大規模な国際学会では発表の応募の締め切りが学会が開催される 1 年以上前であることも少なくない．当然その時期には翌年度のスケジュールさえ決まっていないのがほとんどである．一方たとえ海外であっても小規模な学会であれば発表申し込みの時期は半年前から 3 ヶ月前ぐらいというものが多い．予定を立てるという面ではこちらの方が好都合ではあるが，採択の可否についての決定がぎりぎりになり，それから航空券や宿泊の手配を行わなければならないこともある．いずれにせよ，かなり早い時期から情報を収集して研究しておくことが望ましい．

　次に学会の規模と対象である．英語教育系の発表を行う場合，まずその学会の対象を理解しておく必要がある．海外で開催されている主な学会では，英語教育に特化しているもの (TESOL, IATEFL, AsiaTEFL)，外国語教育の中の英語教育を扱っているもの (ACTFL, FIPIV)，特定の地域の英語教育を扱っているもの (AsiaTEFL, KATE (韓国)，MELTA (マレーシア)，TEFLIN (インドネシア))，言語学や英語学の中での英語教育を扱っているもの (AILA, IAWE など)，外国語教育の特定のアプローチを中心に扱っているもの (EuroCALL など) など多様であるが，同じ内容の発表を申し込んでも，上位で採択される場合と全く相手にされない場合があるのは，一言で言えば発表を申し込む学会をよく研究していなかったという理由がほとんどである．また，国内の英語教育関係の学会の場合，発表言語が英語または日本語のいずれかを選択できることが多い．

　さらに学会の主催者がだれなのかは必ずチェックをする必要がある．学会には英語教育などの研究団体がそのメンバーに対して行う年次大会と大学や研究所が自らの研究や教育活動の紹介も兼ねて行う学会とがあり，前者の場合はま

ずその団体の会員になる必要があることが多く，また後者の場合，毎年あるい
は2年ごとなどに定期的に行う場合と，例えばある研究組織が開設あるいは
設立何周年かの記念の会として行われるものがある．最近はインターネット上
でこういった大会の情報は比較的容易に検索することができるが，特に海外の
学会については① Linguist List の Conference のリスト（言語学全般を網羅
しているので数が多いので特にトピックを絞って調べる必要あり）https://lin-
guistlist.org/callconf/，② AILA（国際応用言語学会）のイベントカレンダー
（主として応用言語学）https://aila.info/events/，③ TESOL の Affiliate Events
のページ http://www.tesol.org/attend-and-learn/calendar-of-events などは信
ぴょう性が高い．特に注意したいのは最近得体の知れない団体が観光地の高級
ホテルで International Conference を組織し，著名人の名前を出して（招聘予
定として）発表の募集を行っていることがある．そして審査をしたように見せ
かけ発表の採択通知が送られてくるのだが，その際「○月○日までに大会参加
費を支払わなければ発表ができなくなる」という内容，そして大会参加費も非
常に高額なことがある．そして支払いが済むと「あなたの発表の内容は非常に
優秀で期待できるものだから，ぜひ出版を薦めたい．論集に採択されるように
著名な○○教授にコメントを頂くので，その費用を振り込んで欲しい」という
内容のメールが来る．こうして現地に行ったら，確かにメインスピーカーは来
ていたが発表よりもパーティーばかりであったというような話も最近多く耳に
する．したがって，「よし発表しよう」という熱意をこのように逆手にとられ
ないように注意したい．
　発表の申し込みをする学会が絞れてきたら，単発的なイベントでない限り，
ぜひとも過去のプログラムをホームページなどで見ることをお勧めしたい．大
会のテーマはどのようなテーマなのか，テーマは毎回変わるのか．またどのよ
うな人が発表し，口頭発表の形態（Paper という論文発表，デモンストレー
ション，ワークショップ）はどのようなものがあるのか，理論と実践のバラン
スはどのようになっているのか，さらに，発表の要旨が載っていれば，その学
会の要旨の書き方の特徴などの情報をインターネット上で得ることができる．

3.　発表申し込みの手続き

　発表の申し込みをしようとする学会が絞れたら，ほとんどの場合発表要旨の

準備をしなければならない．学会によって名称（Abstract, Summary など）
が異なり，また分量についても英語が発表言語の場合，通常は 200 ～ 300
words で A4 版 1 枚が目安のものが中心であるものの，Extended Abstract と
いって 800 ～ 1000 words で書くように指定される場合もある．さらに行間
やフォントが指定されている場合，また参考文献を使用した場合文献リストを
つけるように指定されているものもある．これらは主として審査用に使われる
ものである．また学会によっては採択された場合審査に使った要旨をそのまま
プログラムに掲載することもあるが，採択が決まった時点でプログラム用に例
えば 100 words のサマリーを要求してくるところもある．また略歴（Bio-da-
ta，大抵 50 words 程度）を求められることがあるので準備しておくとよい．
さらに国内の学会の場合，発表言語にかかわらずプログラム用に英語，日本語
両方のサマリーが求められる場合もある．いずれにせよそれぞれの学会のホー
ムページに募集要項（Call for Papers）が発表された際，サンプルが出ること
が多いのでそれに従えば間違いない．

4. 審査の方法

要旨を作成するにあたって，その要旨を使ってどのように発表の採択が決定
されていくのかを理解しておく必要がある．まず，多くの学会が採用している
審査方法は匿名審査（Blind Referee）という方式である．これは複数の審査員
が個々に要旨を読み学会が決めた規準に従って採点を行い，その平均点や総合
点で採否を決めるというものである．ルールを厳格に適用する場合，審査中は
審査委員本人でさえも他の審査員がだれであるかということがわからない．こ
れは審査員がお互いに相談をしたときなどその内容が採点に影響を与えること
を避けるためである．

こういった匿名審査の趣旨を理解したうえで，要旨を準備する側が留意すべ
き点は，発表者の氏名，所属，地位などはもちろんのこと，研究協力者の身
元，データ収集の場所が特定されることがあってはならないということであ
る．言い換えれば，要旨から発表者の正体がわからないように細心の注意を払
わなければ公正な審査ができないということである．

学会によって匿名審査の厳格さは異なるが，厳しいところでは提出の際に使
う文書のデジタルファイル（MS-WORD など）のメタデータなども消去し，

またもし筆者が自分の過去の研究を要旨内に引用する場合は，例えば（小田2018）ではなく（筆者 2018）または（XXX 2018）のように表記するというぐらい徹底している．

　大規模な国際会議，例えば AILA や TESOL などでは発表申し込みの際，「音声」「文法」「評価」「教育政策」など，領域や分野の指定を行い，それに基づいて領域ごとの審査チームが要旨を審査するが，多くの場合は「英語教育」という枠組みに属する様々な専門分野の審査員が審査を行うと考えてよい．したがって要旨を作成するにあたっては当然そういった読者を想定する必要がある．例えば「ライティングの評価」についての発表の要旨を書く場合「化学」や「経済学」の専門家が評価することは考えられないが，英語教育の専門家で「音声指導」や「教育政策」を専門とする審査員にあたる可能性は十分あると思われる．したがって，ライティングや評価の専門的な用語や概念を必要以上に強調しても必ずしも良い評価がされるわけではない．

　筆者自身もそうだったのだが，英語教員が初めて英語で学会発表の要旨を書くときには必要以上にプレッシャーがかかるものである．まず「英語の教師だから完璧な英語を書かなければならない」というもの，次に「学会だから専門的な理論を使って説明しなければならない」というもの，さらに，要旨を書く前から，発表や質疑応答がきちんとできるのか必要以上に心配になってしまうこともある．そしていざ要旨を作成し始める段になると，どうすればよいのかわからなくなって迷ってしまうのである．したがってここではまず，要旨の作成をどのように始めるのかを考えてみたい．

5.　要旨を作成する

　英文での要旨の書き方については学会ごとの慣例はあるものの，原則は以下の4点である．

1)　研究内容だけではなく与えられた時間（ポスターの場合はスペース）で発表がどのように展開されるのか，読者が容易に想像できること．
2)　知識を誇示するのではなく，そのトピックに精通していない人でも興味が持てるように書くこと．
3)　なぜその学会でそのテーマの発表が必要なのかを示すこと．

　4)　　専門的な用語を使う必要がある場合，十分に説明をすること．

　上記のことをふまえ要旨を作成するにあたっては当然英語のスタイルも考慮しなければならない．一言で言えばだれにでも読みやすい要旨を書くことが重要である．私自身が発表申し込み用の要旨を書くときに英語そのもののスタイルで注意している点は以下の通りである．

　　1)　　文章はシンプルに．特に 1 つの文に関係代名詞（which, that）を 2 つ以上使ったり，'and' などの接続詞で複数の文をつなげたりすることを避ける．
　　2)　　文章は必ず完結させる．
　　3)　　**特に意図がない場合**，受動態の使用を極力避ける．
　　4)　　疑問文，命令文を少なくする．
　　5)　　二重否定を避ける．

　これらに留意しなければならない理由は実に単純である．発表が採択されるにはまず要旨をもとにした審査を通過しなければならない．要旨は限られた文字数で作成しなければならないので，読者である審査員に自分が発表しようとしていることがいかにわかりやすく伝わるかがポイントである．すでに述べてきたようにそれぞれの学会の性格について十分研究をすることが必要なのは言うまでもないが，どうすれば「読みたくなる」のかを考えてみることを考えると必然的に要旨を「どう書けばよいか」がわかると思う．

6.　要旨の構成

　学会によって多少ばらつきはあるものの，英語の場合，最も標準的な 200 ～ 300 words，A4 版 1 枚目安の要旨の場合は，発表のタイトルの後 1) Introduction，2) Body，3) Conclusion の 3 パラグラフが基本であると考えてよい．一言で言えば，Introduction でまず自分が「言いたいこと」は何であるかと述べ，2) Body でそのことを詳しく述べ，3) Conclusion でそこまでに言ったことをまとめるという考え方が妥当であろう．そして，それぞれの分量だが 1) と 3) を同じぐらいにして，全体の長さは 2) で調整（必要に応じてパラグラフを追加する）するとよいのではないかと思う．日本語で書く場合の分量は

400 字，800 字などかつての 400 字詰め原稿用紙をもとに決められている場合が多い．構成については，1) 序論，2) 本論，3) 結論と，特に指定されていない限り英語に準ずる．では，それぞれの部分についてさらに詳しく解説したい．

6.1.　発表のタイトル

　口頭発表のタイトルは新聞や雑誌記事の見出しのように読者を引きつけるという役割があると同時に，研究内容が何であるかを明確に示していなければならない．発表が採択され学会のプログラムに掲載された場合，参加者は大抵タイトルをもとに聞きに行く発表を選ぶ．したがってあまり奇抜なタイトルでは一体何の発表なのかわからず，聴衆も集まり難い．

　英語による発表の場合，タイトルが 7 words とか 10 words に制限されていることが多い．またタイトルそのものは 7 words であっても，別途サブタイトルをつけてよい場合もある．このような場合，タイトルで聴衆を引きつけ，サブタイトルで内容を示すという書き方もある．

　(1)　Look what they are doing!: Legitimating Language Policy in Education

　これは筆者が 2017 年に韓国の KATE 国際大会で行った発表のタイトルである．この学会では，タイトルの後にコロンで区切ってサブタイトルをつけることが可能であったため，タイトルは聴衆を引きつけることを目的に，1980 年代にあった映画のタイトルに引っ掛けて考え，サブタイトルで研究内容を明確に示すという手法をとった．コロンで区切ることが可能な場合，このような方法も可能である．さらにもし学会にテーマが設定されている場合，例えば "Innovations in English language Curriculum" ならば，タイトルの中に 'Innovations'，'Curriculum' などというキーワードを入れるとテーマとの関連性が強調され，審査の段階で好印象を与えることが多い．いずれにせよ，同じ学会の過去のプログラムをよく研究しタイトルの傾向を参考にするとよい．

6.2.　Introduction

　この部分は要旨の導入部分であり，最初に審査員の目につく部分でもある．ある意味では「要旨」の「要旨」と考えてよい．多くの学会では審査員 1 名あ

たりが複数の要旨を限られた期間で読むのだが，筆者自身の経験では，まずこの部分を読んで理解ができなければ，その先で挽回することはほとんどないと記憶している．とにかく最初の 1 パラグラフは要旨を理解するためのロードマップのような部分であり，読者に対してこの先に何が起こるのかをある程度予告できなければならない．言い換えれば，この部分をしっかりと書かなければその先を読んでもらえない可能性はあると思ってもよいだろう．

　英語で書く場合，Introduction の展開は以下の 2 パターンのいずれかであることが多い．

　(2)　Computer Assisted Language Learning（CALL）has been popular in Japan for a number of years.　There has been several studies on the applications of CALL to secondary schools in Japan（XXX 2015, ○○○ 2016）.　This paper will discuss perceptions of CALL by teachers and students at Tokyo area secondary schools.

　このパターンは，まずおおまかなトピックを提示し，この発表で扱う範囲に狭めて行くという展開である．先行研究や理論的枠組みは Body の部分で述べるものの，ここである程度範囲を絞るという点では特に「英語教育」全般を扱う学会などに要旨を書くときには有効である．

　(3)　This paper will discuss perceptions of CALL by teachers and students at Tokyo area secondary schools.　The presenter will report findings from the questionnaire given to teachers and students at Tokyo area secondary schools.

　2 つ目のパターンは，まずこの発表の主題を述べ，あらかじめどのようなデータをもとに発表を展開するのかを示すものである．(2) の冒頭にあるような「CALL のテーマがなぜこの学会の発表に適切か」ということをほのめかす部分がないので，英語教育全般を扱うような学会には向かない書き方だが，例えば CALL に特化した学会の場合，Introduction でここまで踏み込むことによって，Body の部分の語数に余裕ができることがメリットである．もし要旨に許容されている語数が多い場合は，第 1 パラグラフの後半に発表のアウトラインを文章化したもの，例えば，「最初に先行研究を概観し，次に調査方法について述べ，結果を提示したうえで，最後に教育現場への応用について論ず

る」のような文も加えておくと，非常にわかりやすくなると思う．英語では，概ね以下のようになる．

(4)　In this paper, the presenter will first review previous studies. Then he discusses the procedure of the survey conducted to teachers and students at Tokyo area secondary schools. The analysis of the results will be presented. The presentation will conclude with some suggestions for classroom applications.

しかしこれは必ずしも優先事項ではない．

　さてここまでは Introduction に含める内容を述べてきたが，英語で要旨を書く場合戸惑うことが多い人称について，ここで述べておきたい．これらは要旨全体に関わることであるが，まず Introduction でどう扱うかによってその先に影響するため，ここで解説をしたい．

　英語の論文の指導書などを読むと，一昔までは筆者が自分のことを 'I' と表記することはアカデミックの世界ではルール違反であるという主旨の記述がほとんどであった．研究発表の要旨の場合，'the author'，'the presenter'，などが使われ，その後に続く人称代名詞も 'he' または 'she' が使われることは英語教育関係の学会でも一般的ではある．しかし，これらを使うことにより，いくつかの不都合が生じているのも事実である．まず 'the author' である．「筆者」「著者」という意味であるが，前に述べたように口頭発表の形態が多様化し，'Paper' すなわち論文発表以外の場合，'the author'（筆者）という表記には違和感をおぼえる．言い換えれば Paper ならばその筆者が口頭発表にあたり，要旨で Paper に書かれている内容を示すということでしっくりいくのだが，ワークショップやデモンストレーションに「筆者」というのは，何か整合性に欠ける気がする．したがって口頭発表の要旨としては 'the presenter'（発表者）を使う方が適切ではないかと思う．さらに言えることは，'the author' や 'the presenter' に続く人称代名詞の問題である．審査を伴わない場合なら，発表者の性別に応じて 'she' または 'he' で表記すればよいのだが，前述の匿名審査の項で述べたように，学会によっては性別も審査に影響するという観点で，発表者を指す代名詞も全て 's/he や him/her' などに置き換えることを求めている場合もあるので注意が必要である．

　一方 'I' の使用を許容しているケースも一部の学会でみられる．その理由と

して審査において重要なことは発表者の身元がわからないことであり，発表者
＝ 'I' というのはわかり切ったことなのでわざわざ複雑にする必要がないとい
う考えである．また，例えば 'the author' を使った場合，例えば文脈の関係で
発表者なのか要旨内に引用した文献の筆者なのか曖昧になる場合があるという
考え方もある．前にも述べたように各学会の過去のプログラムや発表募集要項
（Call for papers）などを事前に確認するように心がけたい．

6.3.　Body

　要旨の中心の部分であり，基本的には研究内容そのもの，すなわち先行研究
（Introduction に含めた場合は除く），研究対象，データ収集方法と手順，デー
タの結果分析などを記述する部分である．やはりいくつかのパターンがある
が，発表要旨を何度書いても戸惑うのが時制である．発表申し込みの段階では
発表そのものは将来のことであるので，上記の (2)，(3)，(4) のように未来
形が使われる．おそらく Introduction の部分に関して言えば，迷うことはな
いだろう．しかし，発表の段階では研究のためのデータ収集は完了していて当
然であるため，過去のことになるわけである．これについて，多くの学会の発
表要旨をみたところ，過去，現在，未来の時制が混在しているのが現状であ
る．

(5)　In order to understand the students' attitudes towards non-native
speaker English teachers, qualitative data were collected through in-
terviews.

　データ収集の方法の記述は (5) のような形が多い．発表者が要旨を書いた
時点では果たしてインタビューが完了していたかどうかは不明であるが，一般
的に過去時制が用いられることが多いようである．

(6)　The participants were English language faculty in a private upper
secondary school in Kansai area.

　同様に，研究対象についての記述である．(5) と同様過去時制が用いられて
いる．さらに匿名審査のところで述べたことと関連するが，データを収集した
学校について，たとえ発表時にはプログラムに所属が書かれるため，発表者の
勤務校であることがわかっていても，このように「ある私立学校」という表記

をすることが望ましい.

(7)　The findings revealed that students were benefited a great deal through the study groups.

　研究結果に関する記述についても (7) のように過去時制が使われるのが一般的である. しかし, 発表者の中には「データ収集までは過去」「分析は現在」とはっきりと線を引いているケースもある.

(8)　The findings reveal that the online learning programs encourage the students to study independently.

　(7) と (8) に関してはあくまでも個々の考え方によるもので, どちらが正しいということはないが, 研究結果を提示するときなど異なる時制が混在し, 審査員を含む読者が混乱しないように注意をしたい.

(9)　It was found that repeated-measure t-test results on students' oral communication strategies use were not significant $(t(26) = -1.192, p > 0.05)$

　最近英語教育の学会でも数量的分析 (quantitative analysis) を用いた研究発表が行われることが多い. このような発表を行う際は当然要旨の中にどのような検定法を使用したのか, そしてその検定法の選択は妥当であるのかを述べたうえで, 結果を示すというパターンが多い. しかし (9) のように結果が示されたものの, これが英語教育という文脈で何を示すのかという説明が全くない研究発表要旨も少なくない. 一方アンケートの記述やインタビューなどから得たデータをもとに質的分析 (qualitative analysis) を行った場合も, 例えばインタビューを書き起こしたデータをそのまま提示し, それが英語教育にどう貢献するのかという示唆が全くない例もよく見かける. スペースが限られている発表要旨では, こういったデータの垂れ流しは無意味である. 英語教員が学会発表を行うにあたって大きな強みは, 教育の現場での経験を活かせることであろう. したがって量的であっても質的であっても分析結果をもとに, それらを教育現場にどう役立てていきたいのか提示できることが大切である.

(10)　English as a lingua franca (Jenkins 2000, Jenkins 2006, Kirkpatrick 2010, Mauranen 2005, Seidlhofer 2011) is one of the popular top-ics in recent ELT conferences.

概念を借用するときはそのソースを示すことは当然である．しかし (10) のように English as a lingua franca という概念のソースとして 5 つの文献を引き合いに出すことは，発表要旨の書き方として適切とはいえないだろう．(9) と同様スペースが無駄になっていることが最も大きい問題であるが，論文とは異なり発表要旨の場合，一部を除いて参考文献のリストをつける必要がないため，これだけソースを羅列されても単に「私はこれだけ読んだ」と表層的に主張しているとしか取られないと思われる．

6.4.　Conclusion

要旨の結論では，それまでに述べてきた内容を再度短くまとめ，最後にその結果を英語教育の現場にどう利用したいかという自分の意見，またはどう利用すべきか提案を行いたい．言い換えれば，Introduction で "This paper will discuss …" と述べているのならば，それがきちんとできたのかの振り返りを述べることでよいのではないだろうか．Body のところでも書いたが，単にデータ収集と分析結果だけを出して，読者に "So what?"（それで？）と言われないようにするためにも，研究成果の現場への具体的な応用について明確に述べておくことが大切である．

6.5.　よく使う表現

発表要旨を書く際，よく使われる表現がいくつかある．ここではその主なものを紹介したい．

(11)　The presenter will discuss …（発表者は … について論ずる）

Introduction に出てくる典型的なフレーズである．この 'discuss' は「論ずる」という意味だが，'talk about'（～について語る），'present'（提示する），'reviews'（論評する），'examine'（分析する）など，意味が近いいくつかの動詞を意味に応じて入れ替えながら使うようにするとレパートリーも増え，論文執筆や研究発表にも役立つと思う．

また順序を表す表現, 'First', 'Second', 'Next', 'Then', 'Finally', や Linking words (接続詞), 例えば, 'However', 'Therefore', 'In addition', 'In contrast', 'Moreover', 'Consequently', 'As a result' なども押さえておくとわかりやすい文を書く手助けとなると思う.

6.6. Bio-data

発表申し込みの際に Bio-data, すなわち発表者の略歴を求められることが多い. Bio-data には発表者の氏名, 所属以外にも出身校や学位, さらに過去の論文や著書, 所属学会の役職などが書かれている場合があるが, 特に指定されない限り, 氏名, 所属, 研究分野でよい.

(12)　Momoko Umeno is an English teacher at Sakura High School in Shizuoka, Japan. Her main research area includes process writing and learner autonomy. (23 words).

(12) のような書き方で十分だと思うが, 少し余裕があれば, 学歴や職歴を付け加えてもよい. なお, たまに趣味や特技を書いている例もみられるが, 招待講演などでない場合はあくまでも, 研究と直接関係あることに止めたい.

(13)　Momoko Umeno teaches at a public upper secondary school in Shizuoka. Japan. Her main research interests include process writing and learner autonomy. She has a B.A in Education from the University of Central Japan and has been actively involved in international exchange programs sponsored by the local government. (48 words).

同じ人の Bio-data も 50 words をフルに使うのならこれくらいになる. (12) に学歴と社会活動を追加した形であるが, 冒頭の部分にも注目してほしい. (13) では敢えて勤務先を書かずに「公立高校勤務」という書き方の見本を提示したが, これは例えば本人が発表の要旨の中で「筆者の勤務校の授業中にデータを収集した」と書いている場合, その学校を特定する情報が印刷された形で残らないようにするための配慮である.

7.　発表の申し込み

　一昔前までは，発表要項の中にある発表申込書に必要事項を記入し，印刷した要旨とともに学会の事務局に郵送していたが，現在では国内外のほとんどの学会があらかじめ用意されたウェブサイトからの登録となっている．多くの場合，申込書に相当するものがオンライン上にあり，そこに氏名，住所，E メールアドレス，所属など必要事項を入力する．そして要旨に関しては MS-WORD などの添付ファイルを電子メールで送る場合と，ウェブサイトから直接提出する場合がある．いずれにせよ，あらかじめ必要な情報を揃えておき，準備万端で提出できることが望まれる．なお，発表要旨については，学会によって使用するフォントや文字のサイズまで厳格に指定されている場合もあるので，提出時にコンピュータモニタの前で焦ることのないように準備を整えて臨んでほしい．

8.　発表の採択と学会への参加

　学会の規模にもよるが，発表の可否については申し込み締め切りの 1 ～ 2 ヶ月後に結果が通知されることが多い．そのメッセージに 'Accept' という記述があれば，発表要旨の審査を通過したということになる．その通知には通常後の手続き方法が述べられているか，リンクが貼ってあることが多いので，よく読んでおきたい．おそらく，発表の意思確認，大会参加費の支払いについての情報が含まれていると思われるが，場合によってはホテルの手配まで学会のウェブサイトからできるようになっているので必要に応じて利用するとよい．手続きが済むと，あとは発表そのものの準備である．一般の Paper（論文形式）の発表については 20 分または 30 分の場合が多い．個人差はあるが，20 分のプレゼンテーションでは前に述べたように分量的には A4 版 4 ～ 5 枚程度と思われる．もしスライドを作成する場合も 20 分なら 10 枚以下に抑えたい．

　特に Paper の発表では原稿を作って棒読みになってしまったり，時間が足りなくなった時に焦って原稿を読んでしまうため，聞いている人へメッセージが伝わりづらくなってしまったりすることも多い．むしろ完全原稿を作らず，スライドの進め方を自分で調整しながら聴衆と対話をするように発表を進めていく方が効果的であると思われる．

要旨に書いたことはカバーしなければならない．しかし考え方によれば 20 分の中で全てを言い切る必要はないと思う．学会に参加するメリットは他の参加者の話を直接聞いたり，意見を交換したりすることができることである．したがって，20 分の発表の間に自らの研究や教育実践に興味を持ってもらい，それをもとに学会の期間中，さらに終了後も様々な研究者，英語教員と知り合い，意見交換をすることで，自分の研究や教育を見つめ直すきっかけを作ることが重要なのである．

9.　終わりに

日常の業務をこなしながら研究を行い，発表要旨を作成して審査を待つという過程は簡単なものではない，しかし学会発表に挑むことが，学校という大変狭いコミュニティーから脱出して新たな風に触れ，自分にとっての英語教育とは何かを再考するきっかけとなることは確実であるので，ぜひ多くの人にチャレンジをしていただき現場の情報を発信してほしいと思う．

（小田眞幸）

第7章　論文の書き方と方略

1.　はじめに

　この章は，自分で調査したことを他人に伝えるための論文の書き方について述べる．まず論文を書くことの意義を考え，続いて学術論文の特徴を示す．最後に具体的な構成を確認する．ここでは，査読者が掲載を判断するレフリー付きの学術雑誌への投稿を前提にまとめていく．論文とはいえないが，該当分野の重要な報告や記録，挑戦的な研究の報告に研究ノートというものもある．これも基本的には論文の書き方に準じるのでこの章を参考にしてほしい．

2.　なぜ論文を書くのか

　読者の中には，英語を教えるのがとてもうまく，生徒からの信頼も厚い方もたくさんいるであろう．自己研鑽に励み，授業を工夫し様々な体験や経験をふまえて英語授業の改善に取り組まれていると思う．それでは，なぜ自分の指導方法が有効で，授業が役に立つと生徒が考えるのか，多くの人が納得するように説明できるだろうか．語学科目の最終的な目標は，学習者が明確な形で語学力を伸ばすことである．これは特定の大学などに合格したということだけでは十分ではない．その生徒が将来，実社会において英語を活用できるというゴールに見合わせて，どのレベルまで伸びたかを数的な根拠で示せることも重要である．もちろん検定試験の合格も大切だが，例えば CEFR などの指標でどのレベルからどこまで向上したという観点も有効である (Nakatani, 2013, 2017)．

　ただし学習者は，それぞれ個性があり，特定の指導法で必ずしも同様の成果が得られるとは限らない．もし，どの学び方が，いかなる場面で，なぜ効果があるのか整理できれば，その後の指導にとても役に立つのではないだろうか．実は論文を書くことは，このような記録を整理し，客観的に自分の成果を他の人に伝えるのにとても良い機会である．また素晴らしい指導法や工夫を他の先生にも広く知ってもらい，活用してもらえるという社会的に貢献度の高いことにもつながる．

　だが，恣意的な報告書では，読者にとって何が大切なのかよくわからず，成果を正確に判断できない．このために客観的に多くの人に理解してもらえるのが論文という形式なのである．これは特定の読み方に沿って書くので，広く読者に伝わり，内容に関して一定の理解が共有されるのである．さらに，学術論文として掲載されることで，研究成果がその分野への貢献として記録される．大学などの研究職を目指す人は，ジャーナルに掲載されるような客観的に評価された研究ができる資質のあることを証明することになる．

3. 論文を書く前に

3.1. これまでの研究論文を読みこなす

　読み方が確立されている論文を実際に書くことは，初めはそれほど簡単なことではないかもしれない．だが，文章を通して多くの人に客観的に考えを伝える技術を身につけるという，とてもやりがいのある作業である．

　まず論文を書き始めるには，これまでに執筆された文献を十分に読みこなす必要がある．研究というのは，今までにない新しい知見を世に伝えるものとなる．まず，既存の報告されたものを確認しないと，自分の考えや手法が斬新的かどうかわからない．また，学術雑誌に掲載された論文には，読者を説得する一定の統一された形式や構成がある．これらは，多くの研究者に客観的に伝えるストラテジーに沿って書かれている．つまり数多くの論文を読むことにより，初めてこれらの方略に慣れることができる．

3.2. どのように先行研究を読むのか

　論文執筆は，まず文献を精査して読むことから始める．自分の論文を書くという目的で，これまでの大切な研究成果を読む必要がある．この際，独自の研

究テーマを確立するために，主要な先行研究を批判的に読みこなすことが重要
となる．これをクリティカル・シンキング（Critical thinking）と呼び，未達
成な課題を見つける読み方である．以下にまとめた，6 つの観点に注視しなが
ら論文を読み，未達成の課題を見つけていくのが有効である．

　　6 つのクリティカル・シンキングの観点
　（1）　研究仮説は何か，なぜそのテーマに価値があるといえるのか
　（2）　どのような実験タスクを用い，なぜそのタスクが適切といえるか
　（3）　そのタスクでどのようにデータを収集したのか，なぜそれが最善なのか
　（4）　収集したデータをどのような統計法で分析したのか，なぜそれが最良
　　　　といえるのか
　（5）　その分析法による結果で本当に仮説を正確に検証できたことになるのか
　（6）　研究の示唆は何か，限界は何か，この次にすべき研究は何か

　　　　　　　　　　　　　　　　　　　　（寺内・中谷（2012, p. 213）参照）

　このような観点に注目して読めば，関心のある分野でまだ検証が不十分な
テーマや，なぜそれが確認されていないのかが次第にわかってくる．このクリ
ティカル・シンキングによって得られた結果が，後述する自分の論文のイント
ロダクションで記載する重要な，独自の研究テーマを示すニッチ（Niche）の
作り方となる．

4.　読者を意識して書く

4.1.　誰に向けて書くのか
　多くの人に自分の考えを認識してもらう手法が学術論文の執筆であるが，そ
の価値を決めるのは編集者と査読者である．彼らは，通常は書かれた研究の内
容に関してかなり知識のある人で，読んだ後に一定の評価を適切に行うのが任
務である．このため，論文はこのような専門家が読者だと考えて書くべきであ
る．その多くは，査読をボランティアで引き受けている．自分の研究や論文執
筆もある忙しい中で時間を作って評価を行う．このような専門家を説得するに
は，論文の読み方に沿った，読みやすく，わかりやすい書き方を身につける必
要がある．

4.2.　編集者と査読者の役割

　編集者（editor）とは，学術雑誌の出版に際して掲載する論文の内容や質に責任を持つコーディネーターである．彼らは，投稿された論文を最初に読み，それが，審査するのが適切か判断する．特に論文の形式や，該当する雑誌の分野や目的に合っているか確認する．これらが適切であれば，投稿論文のテーマに詳しい査読者を選定し評価を依頼する．このため，自分が投稿する雑誌の最近の論文を熟読し，分野やテーマが合っているのか確認しておく必要がある．

　掲載が決まるか判断するのは，主に査読者の役割である．論文執筆の方略はいかに彼らにとって読みやすく，説得力のある書き方ができるかという点である．以下に，査読者が投稿された論文をどのような観点で読むのか記載している．これは，代表的な国際ジャーナルの査読者用の基準をまとめたものである．

表1　査読者の5つの評価項目と確認する場所

共通の評価項目	論文のどこを読むか
1. 十分新規的な内容で興味深いか	・要旨 ・イントロダクション
2. 研究課題は重要か，端的に述べているか	・イントロダクション
3. 実験の方法，理論の展開は十分か	・メソッド
4. 実験の結果に基づいた解釈や結論か	・研究結果 ・ディスカッション・結論
5. 理論と実践の関係の構築は十分か	・ディスカッション・結論

（中谷（2016, pp. 112-113）参照）

　この表に基づき，論文の構成を確認しながら査読者が読みやすい論文の書き方を次の項で示す．

5.　論文の構成と書く内容

　以下が代表的な論文の構成と，それぞれを書くポイントである．なおこれらの詳細な説明は中谷（2016）を参照されたい．

・タイトル：内容をうまく反映し短くて目を引くものにする
・論文要旨：論文内容を的確にまとめる
・イントロダクション：重要性をアピールし研究の設計図を記述
・メソッド：実験の再現が可能か示す
・結果：分析方法で得られた結果を正確に客観的に報告
・考察：結果が研究分野でどのような意味があるのか明示
・結論：まとめと今後の課題の示唆
・謝辞：協力を得た人や団体への謝辞の記述
・参考文献：論文の中で引用されたものを全て記載
・付録：実験で使用したタスクの情報やより詳細なデータを掲載

これらの項目に関して以下に少し詳しくそれぞれの書き方を述べる.

5.1.　タイトル

ここで，できるだけ読者の注意を引く必要がある．短く的確に研究内容を反映するようにする．タイトルが長くなる場合は，最初に研究分野を示し，副題により焦点を絞ったテーマを記載するとよい.

5.2.　論文要旨とキーワード

編集者は論文要旨を読み，適切な査読者を選定する．査読者は編集者から送られた投稿論文の要旨を見て，自分の該当する分野であるか判断する．また，時間をかけて査読することを引き受けるべきかの判断の参考にする．このように，論文掲載の最初の関門となる項目である.

要旨は 150 〜 200 語のワード数が多いが，雑誌によって規定が異なるので事前に確認する．内容は，論文の目的，分析方法，結果，考察を各1文ずつ，最低4つの文を目安に書く．この際，自分の研究の独自性を明確にし，読者に読む価値があることを訴える.

ジャーナルによっては，キーワード（Keyword）を求められる．論文を反映する語句を重要なものから3〜5つ書く．タイトルに含まれている語句を活用すると有効である.

5.3. イントロダクション（序論）と研究の背景
5.3.1. 設計図を示す書き出し

論文の最初の章で，先行研究の課題を示し，研究の重要性や独自性を訴える．また研究を概観できる設計図を示す．編集者や査読者は，ここを読んで論文の査読をするべきか決める最も大切な章となる．イントロダクションは，以下のような3つのムーヴで構成するのが典型的な書き方である．ムーヴとは，特定の伝達目的を持つ文脈のまとまりで，読者はこの流れに沿って読んでいくことになる．

- ・ムーヴ1：研究分野の定義と重要性の提示
- ・ムーヴ2：先行研究で未達成な課題の明示
- ・ムーヴ3：その課題への対処

ムーヴ1では，書こうとしている論文はどの領域で，なぜそれが重要であるかを読者に訴える．論文執筆前に読んだ先行研究を適切に活用し，代表的な研究として，これまでどのようなことが知見として認識されているのか述べる．この際，同じ分野で誰もが引用している重要な研究には必ず言及する．特にテーマに関連する理論的な裏付けとなる論文を記載しておくべきである．これらが抜けていると準備不足とみなされ，査読者からそのような論文や著書を引用するように指示されることもある．

また，最新の研究なども引用して，書き手がその分野を十分に調査していることを示す．目安として過去3年以内の代表的な論文には言及しておいた方がよい．これらの記述により，研究分野の一員の資格を持つことを示す必要がある．また重要な研究を記述することで，自分の研究分野がいかに大切かアピールできる．

ムーヴ2では，その論文で扱う課題の価値を訴える必要がある．これまでの研究で見過ごされている点や，不十分な点を明示したり，主張されてきたことに反対の意見を述べたりする．先行研究のテーマを継続する補足研究である旨を述べることもある．3.2.節で確認したような，クリティカル・シンキングによる文献の詳細なレビューの成果をここで記述する．

先行研究の不十分な点を提示することで，表1の査読者の5つの評価項目に示した，1の「十分新規的な内容かどうか」に応えることになる．だが，経験を積んだ査読者は，該当分野の代表的な先行研究を十分把握している．この

ため，論文の検索漏れや勘違いがないように，主張の正当性を慎重に記載すべきである．

　ムーヴ 3 において論文の目的を明確にする必要がある．ここではムーヴ 2 で示した，先行研究の未達成の課題を，自分の論文がどのように解決するのか明らかにする．この点を十分にアピールできれば，査読ポイント 2 の「研究課題は重要か，端的に述べているか」に対応できる．

　また，ムーヴ 3 の後半では，提示した課題に取り組んだ結果を示す場合もある．この際，できるだけ断定的な表現を避け，成果の示唆を書く．さらに，後に続く章において，どのようにその課題の解決を提示するのか，論文の構成を伝えることもある．

　このようにイントロダクションでは，書き手がいかに多くの文献レビューをし，どのような研究を理論的な背景としているのかがわかる．また先行研究で未達成である，独自の研究課題を確立し，それを適切に克服したという研究の設計図を把握することができるのである．

5.3.2.　研究の背景

　人文科学の分野では，イントロダクションの次に，研究の背景や論文の詳細なレビューを書くことがある．ここでは，少し詳しく先行研究で示された研究テーマの意義を述べ，どのような理論を活用するのか明確にする．また，代表的な研究領域の論文を正確に批評し，それらの問題点を示すことで，自分の研究の独自性を確立する．この際，先行の研究者に敬意を示し丁寧に書く必要がある．

5.4.　メソッド（研究手法）

　表 1 の 3 つ目「実験の方法，理論の展開は十分か」に応えるために，この章で自分の研究方法が妥当か，信頼性があるか読者に示す．基本的には，類似した先行研究の代表的な研究手法を使うのが無難であり，その研究の正当性に言及しておく．研究データは，何を対象にし，いつ，どのようなタスクを用いて収集したのか詳細に書く必要がある．これらも同様に，なぜその手法が自分の研究に最も適切なのか，先行研究を活用して記述しておく．この章で特に大切なのは，研究の再現が可能かという点となる．他の研究者が同じ条件で，同じ実験などを行えば，同様の結果が期待できるように明確にする．ここに記載で

きなかった大切な資料や実験タスクは，論文の後ろの付録に掲載しておく．メ
ソッドの章は，あまり長くならずに端的に研究手法を示す必要がある．また，
リサーチ・クエッション（Research Question）を書き，それに対応した研究
手法を記載するとわかりやすくなる．

5.5.　研究結果

　上のメソッドで記載した手法から得られた研究の結果を正確に伝える．その
際，以下のような4つのムーヴで報告するとわかりやすい．

　　・ムーヴ1：検証の目的と方法の確認およびその正当性
　　・ムーヴ2：結果の提示と評価
　　・ムーヴ3：先行研究の結果との比較
　　・ムーヴ4：結果の理由と解釈

　ムーヴ1では，再度目的や手法を簡単に確認して，実験で得られた結果が
正当に評価できるように読者に伝える．ムーヴ2では，研究領域の先行研究
の記載方法を参考に，図や表を入れながら，読み手に成果が端的に伝わるよう
に記述する．特に客観性を出すために，実験の良い結果も悪い結果も必ず記載
する．ムーヴ3は研究成果の独自性を際立たせるために，先行研究の結果と
比較を行う．最後にムーヴ4で，実験の結果が該当分野にとって何を意味す
るのか解釈を行う．

5.6.　考察

　考察は論文の中で最も大切な章の1つであり，書き方に様々な方略が要求
される．表1の4の「実験の結果に基づいた解釈や結論か」に応え，5の「理
論と実践の関係の構築は十分か」という査読者の要求に対処する．
このために，以下の項目を十分に記載する必要がある．

　　・自分の研究は，この分野にどのような貢献をしたのか
　　・自分の研究課題をいかに解決したのか
　　・研究の成果からどのような理論的な示唆を得られたのか
　　・今後の研究課題はどのようなものか

　これらを実現するには次のようなムーヴで構成すると読みやすくなる．

・ムーヴ1：研究成果のまとめ
・ムーヴ2：これまでの研究と関連した新たな示唆
・ムーヴ3：理論的示唆と新たな課題の提示

　この章の特徴は，どのムーヴでも先行研究を引用し，自分の研究の価値を明確にして得られた結果の解釈を行う．具体的には，次のように論文の他の章とうまく結びつけて執筆する．

(1)　イントロダクションの章で示した研究のニッチをいかに克服したか
(2)　研究背景で記載した重要な先行研究に再度言及し理論の進展を示す
(3)　メソッドの章で提示した研究手法の適切さを確認する
(4)　結果の章の報告に関する信頼性と妥当性の記述を確認する

　以上のように論文の各章と結び付け，該当する研究領域にどのような貢献をしたのか，この章で具体的に述べる．イントロダクションで示した既存の理論と比較して，研究成果の価値や独自性を訴えるのである．

5.7.　結論
　研究者によっては，上の考察と一緒にしたり，紙面の量の関係で省いたりする場合もある．この章では，自分の研究の不備な点を示す．また，研究テーマのさらなる問題点を書くことで，客観的な研究者であることを示せる．こうすれば，査読者からの批判をあらかじめ避けることも可能となる．これらの点を踏まえて，後進の研究者への示唆を書くことで論文の該当分野への貢献が明確になる．

5.8.　参考文献
　論文では，参考にした研究ではなく，本文中に記載したものだけを書くことになる．代表的な形式はAPAであるが，雑誌によって少しずつ違う点もあるので，これまで掲載された論文を参考に記載する．通常アルファベット順に並べ，同じ研究者の場合は研究年の古い順に書く．

5.9.　付録
　実験などに使った資料や，本文中に記載できなかった図表をもれなく書く．

また本文の執筆では使わなかった実験で得られた詳細なデータもここに書いておく．他の研究者が同じような研究や調査を再現できるように，様々な情報をまとめておく．

5.10.　謝辞

　論文の出版の過程でお世話になった人に謝辞を述べる．なかには査読者や指導教官への謝辞を書く場合もある．科学研究費の補助や，その他の研究奨学金による成果報告の場合は，その旨も記載しておく．

6.　まとめ

　論文を書くことにより，普段の工夫や指導がうまくいった経験等をまとめ，客観的に伝える訓練になる．最初は手間がかかるが，慣れると自分の成果を整理できる．また，書く前提である先行研究のレビューにより，自分の実践している活動の理論的な裏付けを得られたり，他の研究者の工夫をより広く学ぶことも可能になる．書く際に特に重要なのは，研究分野にいかなる新たな貢献ができたのか明確にすることである．

引用文献

中谷安男（2016）『大学生のためのアカデミック英文ライティング—検定試験対策から国際学術論文執筆まで』東京：大修館書店．
Nakatani, Y. (2013). Investigating criterial features of EFL textbooks based on the CEFR. *Journal of International Scientific Publication, 11-2*, 183-189.
Nakatani, Y. (2017). Exploring writing strategies for guiding readers: The use of metadiscourse in CEFR-based textbooks. *International Journal of Management and Applied Science, 3-11*, 14-17.
寺内正典・中谷安男（編）（2012）『英語教育学の実証的研究法入門—Excel で学ぶ統計処理』東京：研究社．

（中谷安男）

第8章　研究倫理と知的所有権の保護

1.　はじめに

　研究論文を執筆したり学会での口頭発表をしたりする場合に必ず留意しなければならないことが研究倫理の順守と知的所有権の保護である．大学や研究所で研究職に従事している場合はそれぞれの所属機関での講習の受講，また，科学研究費補助金の申請などにあたってオンラインの講座の受講が義務付けられている．一方教育が主体の現場，例えば中学校や高等学校などでは所属機関がこういったことを行っているケースが少ない．したがって論文の執筆や学会発表を行う場合は重要な事項はあらかじめ押さえておく必要がある．まず研究者として留意することは 1）個人情報の保護，2）知的所有権の保護，3）データの管理，そして 4）インフォームド・コンセントである．本章ではこれらを念頭に，特に教員が現場の事例などをもとに研究を行い，論文の執筆や学会での口頭発表を行うにあたって注意すべきことの中から優先順の高いものをいくつか挙げて解説していきたい．

2.　教室でのデータ収集

　普段の授業の実践をまとめて公表し，全国あるいは世界各国で英語教育に従事する仲間と情報を共有しながら議論を行い，そこから得た新たなアイディアを自らの教育活動に還元することは大変望ましいことであり，積極的に行うべきである．一方，児童・生徒の個人情報の保護の観点から，教育現場でデータ

収集を行う場合は周到な準備を行い，慎重に実施しなければならない．言い換えれば，児童または生徒，場合によっては保護者に対し，データの利用目的，データへのアクセス範囲，データの管理，さらに授業内でデータを収集する場合はデータ収集に協力をするかしないかが成績評価に影響しないことを明示しなければならないことは言うまでもない．これは「インフォームド・コンセント」の 1 つである．

　児童や生徒，保護者に対し研究目的でアンケート調査やインタビューを行う場合は，事前承諾が必要なのは当然である．これらは授業とは直接関係のないプラスアルファの部分であるからだ．一方，授業内のデータ収集はどうなのだろうか．例えば中学校の授業で英作文の課題が出されたとしよう．その課題が回収され評価をする際に，何か面白い現象に気づき，ぜひともそれについて深く調べたくなったとする．ここまではよくあることなのだが，教師がリサーチを行う際よく犯してしまう過ちは，この段階で児童・生徒，あるいは保護者の承諾を得ずにデータとして分析を行い発表してしまうことである．児童・生徒の課題などからデータを収集する場合，当事者に対し事前に書面でその用途について説明のうえ許可を得ていることが必要である．これは，例えば生徒が書いた作文を例として匿名で発表したとしても，当初作文を書かせた目的と異なることには変わりないため「目的外利用」となり，あらかじめそのことが説明されていなければ問題となるわけである．

　ただし研究者の立場で見れば，例えば教室でのグループディスカッションの録画をする場合など，あまり意識をさせてしまうと普段と異なった行動が起こり，データとしてあまり意味をもたなくなってしまうこともある．したがって，基本的な研究倫理をふまえ，学校のルールに則り，あらかじめ児童・生徒，あるいは保護者に，授業の向上のために授業中の課題や試験，あるいは活動の録画・録音を行うことによりデータを収集し，分析を行うこと，その結果を，学校内・外で公表する手順の方法，さらにデータをどのような形でだれが管理し，どの時点で破棄をするのかという点を説明し，あらかじめ書面等で（2 部用意）承諾書を交わしておくとよい．その際，必ず 1）研究への参加・協力と当該授業の成績評価が無関係であること，2）途中で参加を辞退することができることを明記しておくことが必要である．

3.　データの管理

　収集したデータについては，基本的には前述の承諾書の内容に基づき管理が
行われなければならない．紙のデータなら鍵のかかる場所に保管するなどして
管理するが，もしスキャナー等を利用してデジタル化をするならば，デジタル
ファイルにパスワードをかけておくことを勧めたい．なおデジタルファイルの
バックアップは必須だが，むやみやたらにファイルをコピーすると情報漏洩の
リスクが増すことも頭に入れておきたい．基本的にはマスターのデジタルファ
イルを，パスワードなどで保護されたハードディスクに保管しておき，データ
をやむを得ず持ち歩かなければならないときは，別途暗号化されパスワード等
で保護された USB メモリ等に作業用のファイルを作り，そのファイルで作業
をするとよい．なお，前述のように授業で扱ったテストや課題などを研究デー
タとして使用する場合は，承諾書の内容に従って，このバックアップを作る内
容で「授業用」，すなわち成績をつけたり，フィードバックをしたりするため
のファイルと研究用のファイルを完全に分割しておくことは必須である．理由
は明確で，研究データの分析の際に起こる入力ミスなどが成績評価等教育活動
そのものに悪影響を与えては本末転倒であるからである．

4.　データの分析・公表と個人情報の保護

　研究の内容，形態にもよるが，データを分析し論文や学会発表で公表をする
際の基本は，そのデータ収集に協力した個人や団体が特定できないように配慮
をするべきである．例えば筆者の所属が A 県立 B 高等学校であったとしよう．
もしその研究成果の公表範囲が校内に限られる場合は，A 県立 B 高等学校の
生徒ということがわかっているので，生徒の個人情報が漏洩しないように生徒
名，出席番号などを使わなければよいのだが，全国規模の学会発表などの場合
は，A 県の県立高校，場合によっては，例えば関東地方の県立普通科高等学
校のように表記して，学校名も特定されないようにする配慮が必要である．も
ちろん論文を刊行したり，口頭発表を行ったりするにあたっては通常発表者名
と所属が表記され，実際多くの場合は所属校でデータの収集が行われているの
で，学校名などは簡単に推測することは可能であるが，それでも自分から必要
以上に積極的に公表する必要はなく，あくまでもデータの分析を理解するため

の文脈として必要最低限の情報のみの提供ができていれば十分である.

　近年個人情報の保護に関する意識が非常に高まってきていることは非常に好ましいと思う. しかし, 教育現場におけるデータの収集については, これまで以上に厳しい管理が求められている. したがって実際にデータ収集を行うにあたっては, 学校や自治体の個人情報保護方針をはじめ, 文部科学省や日本学術振興会などのホームページにある, 研究倫理や科学者の責任に関する資料等に普段から目を通しておくとよい.

5.　研究の発表と知的所有権の保護

　論文の執筆であっても口頭発表であっても研究の発表にあたって最も注意しなければならないのが知的所有権の保護に関する事項である. これは主として文献や資料など自分以外に知的所有権のあるものを引用する際に注意すべきことを指す. 最近は多くの大学, さらに一部の高等学校でもレポートなどの書き方の指導の中で文献などの引用方法や, 参考資料のリストの作り方などを扱うことが多くなっており, 引用の方法そのものについては理解している人も多くなってきているようである. しかしなぜ文中の引用に様々な決まりがあり, それらが参考資料のリストとどう関係しているのかという基本的なことを理解していない人も少なくない. したがってここではまず, 本文中の引用と参考資料（レファレンス）のリストのそれぞれの目的と両者の関係について述べたうえで, 特に英語教育の論文の執筆の過程でよくある例を挙げ解説していく. なお事例は論文執筆のものを中心に扱うが, 口頭発表を準備するにあたっても同様な点に留意をすれば問題はない.

　論文が日本語であっても英語であっても, 本文中に他者のアイディアを引用する場合はその旨を表記しなければならない. その方法は何通りかあるが, 基本的には論文の読者が筆者の自分の考えが述べられている部分と他者の考えを引用することによってサポートをしている部分を区別する. そして, 後者についてはその出どころを表記したうえで, もし読者が必要であれば参考文献に記されている情報から原著を入手して確認することができるようにすることが目的である. 本文が日本語の場合, 引用の書式は一般的に次の通りである. まず引用する部分が2行以内の場合は「　　」で囲み, その後（筆者名, 発行年, ページ）という順番でよい. もし3行を超える場合は, 一旦本文を止め, 引用

文の前後に 1 行分，左側に 3 文字分の余白を空けて，「　　」を使わずにそのまま引用部分を入れるのが一般的である．

　例えば，筆者の手元にある本の本文に「グラフィックレコーディングは，対話や議論が生まれる場ならどこでも活用できます．」（清水 2017, p. 128）という文があるのだが，この部分を引用する場合以下のような方法が考えられる．

　　　例 1
　　　清水（2017）は「グラフィックレコーディングは，対話や議論が生まれ
　　　る場ならどこでも活用でき［る］」（p. 128）と述べている．

この方法は引用文を崩さず直接引用する方法で，特に筆者の独特な考え方や，概念の定義をそのまま示すのには有効である．本文の流れとの関係で，直接引用の最後をどこにするのかを考える必要があるが，この例の場合は［る］の［　］は，原文の「… ます」を大意を崩さずに筆者が変更したという意味である．いずれにせよ，直接引用の場合は引用した文献の発行年だけではなく，ページ番号も明記する必要がある．

　　　例 2
　　　清水（2017）はグラフィックレコーディングについて，対話や議論があ
　　　るところではどこでも活用が可能であると述べている．

例 2 は内容的には例 1 と変わりはないが，筆者が自分の言葉で要約した形である．この方法は関連箇所が複数あり，それらをまとめて自分の主張のサポートとしたい場合や，引用したい文が外国語で書かれている場合である．後者の場合，原則は例えば原文が英語なら，英語の原文を表記し，次に［　］内にその部分の全訳を日本語で入れる必要があるので，特に文字数の制限があるときなどは，例 2 の方法で要約を作ってしまった方が筆者にとっても読者にとっても好都合であると思われる．例 2 のような間接引用の場合，ページ番号は筆者の判断でつけてもつけなくてもよい．ここで重要なのは清水（2017）からアイディアを借用したということを読者に示すことである．

　さて，読者の立場から言えば，この清水（2017）という文献の中で上記の引用箇所がどのような文脈にあるのかということを含め，原典にあたってさらに詳しく知りたいこともあるだろう．そこで知っておかなければならないのが参考資料（レファレンス）のリストである．一部脚注に書かれる場合を除き，通

常こういったリストは論文の巻末にあり，引用された文献・資料について，筆者名，発行年，タイトル，発行地，出版社，さらに論集などの中の1つの章として収録されている場合は，その論集のタイトルやページ番号などといった情報が書かれている．言い換えればこのリストの記述を手掛かりに，原典を見つけることができるようになっているのである．上記の清水（2017）の場合，文献リスト上での記述は，以下の例3のようになる．

例3
清水淳子『Graphic Recorder: 議論を可視化するグラフィックレコーディングの教科書』東京：ビーエヌエス新社 2016 年

例3の書式は多くの学会誌や研究紀要などで使われている形式である．書籍名は『』，もし論集や雑誌に論文が収録されている場合は，論文のタイトルは「　」，書籍や雑誌名は『　』で囲むのが普通である．また年号の位置（筆者名のすぐ後か，例3のように最後か），表記方法（（　）で囲む場合と3のように「年」をつける場合）など細かい違いがある場合もあるので，投稿をする場合は執筆要領および，もし雑誌の場合は同じ雑誌に収録されている過去の論文も参考にするとよいだろう．

　英語圏といわれる地域，特にアメリカでは学術論文の形式を定めた「スタイルシート」がいくつか存在し，大学に入学すると，専攻分野別に指定されている形式を徹底的に叩き込まれる．言い換えれば論文だけではなく大学で提出するレポート等の課題についても指定されたスタイルシートに準拠して書かれていることが求められており，そのスタイルから逸脱した場合は「不正行為」と同等に処理されることもある．英語教育とその関連領域では一般的に APA（American Psychological Association）または MLA（Modern Language Association）のものが使われる．これらの主な内容はインターネットでも検索できるが内容も頻繁に更新されるため，できれば最新のスタイルシートを手元に置いておくのもよいと思う．本稿の執筆の時点で APA は *Publication Manual of the American Psychological Association,* 6th ed.（Washington, DC: APA 2010），MLA は *MLA Handbook,* 8th edition.（MLA 2016）が最新版である．

　引用の方法は前述の日本語の例と変わらない．筆者自身の論文を例にとると，以下のようになる．

Spolsky (1989) states that social factors have become more important in second/foreign language acquisition studies "because of the greater complexity of second language learner's social context and the resulting increase in its ability to cause variability" (p. 131).

(Oda 2014, p. 109)

この箇所で筆者は持論をサポートするものとして Spolsky (1989) を引用しているが，前半は自分の言葉に置き換え，後半の "because" から先を Spolsky の言葉を直接引用している．この部分が最終的に読者にどのような印象を与えたかはわからないが，直接引用と要約の使い分けも重要である．

6.　まとめ

　最後に論文を執筆するにあたって先行研究を調べ，適切な箇所を引用することは構わないが，筆者はあくまでも自分であり，引用する文献は自分の論旨のサポートの域を超えてはならない．引用をうまくつないでも，筆者の意見が見えなければ意味がない．論文や研究発表を行う際，決して引用だけに語らせないように十分な注意が必要である．

（小田眞幸）

第Ⅱ部 授業指導編

第9章　Teacher Talk

1.　はじめに

　英語教師が英語を使って生徒・学生に話しかける時，教師ならだれでも，生徒・学生にわかるような英語を使うように心掛けている．ゆっくりめに話す，やさしい単語を選ぶ，短い文を使う，発音は崩しすぎず流暢さよりわかりやすさや正確さを大切にする，なるべく正確かつ明瞭な発音で話す，大事なことは2度3度繰り返す，わかりにくい可能性がある場合は表現を変えて繰り返す，伝える内容を視覚的にも提示する，人名や地名は板書する，一方的に話さず学習者とのやり取りを交える，新しい語や概念についてはその項目を使う活動を取り入れる，授業の展開をパターン化するなど，学習者に聞き取って理解してもらうための様々な工夫を加えている．

　これら指導の方略や工夫は従前から広く行われてきたことではあるが，平成30年告示の文部科学省学習指導要領により，小学校，中学校だけではなく，高校においても英語の授業は英語で行うことが求められる時代になった．そのため，本章では改めて，英語教員はどのような英語を使ってどのように生徒に働きかけることが求められているのかを，改めて，教室における第二言語習得（instructed second language acquisition: ISLA）の観点から明らかにする．また，教室ではどのように授業を運営すれば teacher talk を効果的に行うことができるか，例示しながら解説する．

2.　Teacher talk の定義と特徴

　第二言語習得研究 (second language acquisition: SLA) の課題[1] として教室で第二言語を発達させることに早くから着目した Ellis (1984) は teacher talk を次のように定義づけている.

　　'Teacher-talk' is the special language the teacher uses when addressing L2 leaners in the classroom.　(p. 96)

どのように '特別' かについては, 2 つの特徴を挙げている. 1 点目は, 語彙, 音声, 文法など言語形式面の単純化である. teacher talk は foreigner talk (外国人に向けて話すことば) と共通点は多いとしながらも文法の逸脱をしないという点で特別であると指摘している. 2 点目は言語の機能である. 例えば, 繰り返す, 学習者の発話を促す, モデルを示す, 話を展開するなどの機能を果たすという点で特別である. このような特別に調整されたことばを使って授業が行われれば, 教室でコミュニケーションが展開することが容易に想像できる. これらの特徴をふまえて Ellis は, teacher talk は理解できるインプット (comprehensible input) であり, 教室で第二言語を習得させる役割を担っているとまとめている.

　クラスルーム・スタディを推奨する立場から Chaudron (1988) は教室で教師がどのくらい話しているかについて調査し, teacher talk の実測結果から次の特徴を見出している.

　(1)　話す速度がゆっくりになっている
　(2)　ポーズの長さと頻度が増し, 教師は次に発することばを planning している
　(3)　音韻, イントネーション, 発音の明確さ, 強勢などの音声面は大げさに強調されることがあり, 単純化もされている

---

[1] 第二言語習得研究の課題は次の 4 つであると Ellis (1994a) が示している.
　(1)　学習者はどのような特徴を有する言語を産出し, 学習の時間的経過とともに第二言語のどのような面を習得していくか.
　(2)　どのような要因の影響を受けて第二言語を習得するか.
　(3)　学習成果の個人差はなぜどのように現れるか.
　(4)　授業は第二言語習得にどのような影響があるのか.

- (4)　語彙の調整がなされ，基本的な語彙が使われている
- (5)　文法の調整がなされ，従属節の使用度は低い
- (6)　疑問文より平叙文や陳述が多い
- (7)　自分の発話を繰り返す

これらの特徴からも，teacher talk は学習者が第二言語を理解できるように調整されたインプットであるといえよう．

3.　Teacher talk の役割

　続いて Chaudron（1988）は，教室で第二言語を教える教師が話す teacher talk は学習や習得を助けるものであると位置づけ，teacher talk を構成する何が第二言語習得を推し進めているのかを解明する必要性を指摘している．さらに Ellis（1990）は ISLA の立場から，教室で教師がどのように英語を調整してインプットを理解できるものとして与え，どのようにインタラクションをするとどのように生徒の第二言語習得が進むのか，つまり，学習プロセスへの直接的介入がどのような現象を引き起こすかを探し出すことが ISLA の中心的課題であると主張している（p. 4）．さらに，Ellis は teacher talk の役割として，①インプットとしての機能，②インタラクションする機能，③エラーへの対応（フィードバックや訂正），の 3 点を挙げている（pp. 70-81）．

3.1.　インプットとして

　外国語学習環境で英語を学んでいる学習者が自分の習熟度に合わせた最適なレベルのインプットを自分で調達することは簡単ではない．そのうえ，地域に様々な言語を話す人々が多く住んでいて普段から共通語は英語であるといった環境ではない．さらに，学校教育の媒介が英語というわけではないので，自然に得られるインプットには限りがある．したがって，日本にいる英語学習者には教室がインプットを得る最適な場所であり，興味深い題材を選択して理解できる英語に調整して提供する際に使われる teacher talk の役割は大きい．

　2000 年代になると，教室における第二言語習得が第二言語習得研究の中でも大きな比重を占めるようになり，Ellis（2008）が第二言語習得の研究分野の中に指導による第二言語習得を入れた概念図（以下の表 1 参照）を提示してから

は教室で起こる様々な現象をとらえて仕組みを解明しようとする研究, つまり, 理解できるインプットの重要性と指導の効果との関連について, 実践面と理論面からの解析が進んだ. 学習者は教室でどのような性質の teacher talk をインプットとして受け取っているのかの解明が進んだ.

　2010 年代に入って, 理解できるインプットとしての teacher talk についてさらに研究が進み, 日本人の英語教師による teacher talk の音声面を改善していくための示唆を得られる研究報告が発表されるようになった. 1 つ目は, 日本人の不得手な音をできるだけ正確に出せるようにしておくことの必要性を指摘している Saito (2011) の報告である. 経験豊富な教師にアンケートを取り, 日本人学習者が発する英語で最も聞き取りにくくて問題を引き起こす発音のリストを作成した. そのうち /æ, f, v, θ, ð, w, l, r/ に着目して日本人の発音の訛りの強さとわかりやすさを測定し, 日本人学習者が発音に困難を感じるこれらの音素を含む英文の聞き取りはアメリカの大学で教える立場の英語母語話者にとって, 困難であるとの結果を導き出した. この研究から得られる示唆として, 日本人の英語教師はできるだけ正確にわかりやすく発音する訓練を積む必要があろう.

　2 つ目は, 音声面の明瞭さ (intelligibility) に関する Saito & van Poeteren (2012) の提言である. Saito たちは 120 名の経験豊富な英語教師 (母語話者と非母語話者) を対象にアンケート調査を行い, どのようにして teacher talk をわかりやすくしているか, 豊富な経験を有する教師としての判断 (expert judgement) を調査した. 結果は, ①話す速度の調整, ②単語レベルの発音の明瞭さ, ③語と語のつながり具合の調整が上位 3 位に入った. この結果から教師はただゆっくり話せばよいというものではなく, 初級中級の学習者には単語を明瞭に話して聞かせること, あまりにも流暢につなげ過ぎないことが重要であるとの指摘である. さらに Saito らはわかりやすさを心掛けるあまり, カタカナ語を用いたり, 子音に /ə/ を入れて日本語の文節のように発音してしまうことは, 長期的にみて負の影響があるとも指摘している. さらに, 日本人が特に曖昧に不正確に発音してしまいがちな音は /l, r, ð, θ, v/ であるとの指摘もしている.

　上記の expert judgement という手法のリサーチから, 学校教育の場で英語で授業を行う場合, 学習者は教師の英語を音声でとらえるため, どのような teacher talk が効果的に生徒の話す力を伸ばすことにつながるか, 示唆を得る

表 1　第二言語習得を探求する枠組み（Ellis, 2008 に基づく）

一般的な第二言語習得					指導による第二言語習得	
学習者言語の描写	学習の説明					
領域 1 学習者言語の特性	領域 2 学習者に外的に影響を及ぼす要因	領域 3 学習者の内部のメカニズム	領域 4 学習者内の変異性	領域 5 脳と第二言語習得	領域 6 'ブラックボックス'の中	領域 7 中間言語への直接的介入
・誤り ・習得順序と発達の道筋 ・変異性 ・中間言語の語用論的特徴	・インプットとインタラクション ・第二言語の学習と社会的要因の説明	・第一言語の転移 ・第二言語習得の認知的説明 ・第二言語使用の認知的説明 ・第二言語習得の社会文化的説明 ・第二言語習得の言語的説明	・第二言語学習者の個人差	・第二言語習得の神経言語学的説明	・教室でのインタラクションと第二言語習得	・フォームにフォーカスした指導と第二言語習得

ことができる.

3.2.　インタラクションとして

　インタラクションの重要性については，学習者と母語話者のやり取りを分析した Long が 1980 年代に発表した論文（Long, 1981; 1983）の中でインタラクション仮説（the Interaction Hypothesis）を提唱している．非母語話者（学習者）が発した英語のどこかに文法的な逸脱があった場合，意味交渉（negotiation for meaning）が起こり，意味が理解できるかたちに調整してもらったインプットを受け取ることで第二言語習得が進むという主張である．間違いがあった箇所に焦点を当てたやり取りをして表現形式を調整して共通理解に至るプロセスが，第二言語習得には極めて重要な役割を果たすという.

　さらに Ellis（1994）も英語教師が学習者と英語でやり取りをすることの重

要性について以下のように述べている.

> It is self-evident that L2 acquisition can only take place when the leaner has access to input in the L2. This input may come in written or spoken form. In the case of spoken input, it may occur in the context of interaction (i.e. the leaner's attempts to converse with a native speaker, **a teacher**, or another learner) or in the context of non-reciprocal discourse (for example, listening to the radio or watching a film).
>
> (p. 26)

教室で学習者が必要とする理解できるインプットは教師とのやり取りからも得ることができるという．これにより，英語でやり取りすることが学習者にとっては第二言語習得を促すインプットにアクセスする貴重な機会となり，教師が英語で授業を行うことがいかに重要であるかがわかる．

　インタラクションの実証研究として，Ellis, Tanaka, & Yamazaki (1994) がある．日本の高校生の語彙学習の方法を比較検証した研究で，インタラクションにより意味を理解したグループと単語リストで意味を覚えたグループによる学習効果を比較した．ALT の説明を聞いて理解し，わからなければ質問やさらなる説明を求めるといったインタラクションをさせたグループでは，日英語の単語列を渡して覚えさせたグループより，記憶の保持率がよかったと報告している．

　2000 年代になって，Ellis (2008) が第二言語習得研究の枠組みに ISLA を加えたため（表 1 参照），ますます教室における英語でのやり取りの重要性が注目されるようになり，学習者の英語学習プロセスに直接介入できる教師の役割もさらに注目されるようになった．このように teacher talk は理解できるインプットとしての役割だけではなく，教師と学習者とのインタラクションの機会を提供し促進するものでもあり，教室での第二言語習得に大きな役割を果たしているといえよう．教師がどういう英語を使ったら生徒は teacher talk を理解し，英語でやり取りすることができるようになるかが最大の課題である．意味交渉を起こす際の表現には以下のようなものがある．

You mean …, am I right?

Do you mean …?

<clarification request（明確化要求）>

What does it mean?

Can you rephrase that?

Good try. Have another try.

<comprehension check（理解の確認）>

I understand that …… Am I right?

3.3.　アウトプットを促す指導技術として

Krashen (1982) の第二言語習得に関する 5 つの仮説[2] のうち，インプット仮

---

[2] Krashen (1982; 1985) による第二言語習得に関する 5 つの仮説は以下の通りである.

(1)　The Acquisition-Learning Hypothesis（習得と学習は別ものであり，習得は子供の母語習得のように無意識のうちに言語が発達するプロセスであり，学習は意識的に学んで言語を発達させるプロセスであると主張した．その後，この仮説には批判が高まり，インターフェイスの立場からの議論が進み，学習は習得の域に達すると考える立場が優勢である．）

(2)　The Natural Order Hypothesis（文法形態素には一定の習得順序があり，母語の違い，年齢の違い，学習環境の違いにかかわらず，100% の一致度ではないにしろ，統計的に有意な一定の順序があると主張した．この仮説で取り上げられた文法形態素は ing 形，be 動詞，複数形 -s，冠詞，規則過去，不規則過去，三人称現在 -s，所有格 's といった学習や習得の初期にみられるものに限定されているが，第二言語習得研究の成果の 1 つである．後に，日本語母語話者には少し違った順序がみられることも発見されている．）

(3)　The Monitor Hypothesis（学習者が言語を発するときに働くのは acquisition により発達させた知識であるが，learning により蓄積させた知識は，発話の際のモニター，あるいは校正の役割しか持たないと主張した．これには後に第二言語習得のプロセスを主導した研究者からの批判を受け，意図的な学習により蓄積した明示的知識は暗示的知識を助け，習得を促す，との Ellis (1994b) の考え方が現在では定説になっている．）

(4)　The Input Hypothesis（理解できるインプットを受けると習得が起こると主張している．理解できることとは，メッセージを理解することである．学習者の現時点での習得レベルを i とすると，$i+1$ レベルのインプットを受けると習得が進むと説明している．インプット仮説には多少の定義の甘さに関する批判もあるが，理解できるインプットが必要であるとの Krashen の主張は基本的に受け入れられ，認められている．）

(5)　The Affective Filter Hypothesis（第二言語習得に必要な理解できるインプットをブロックするメンタルブロックをかけてはならないと主張している．学習者の心情をオープンなものにして，インプットを効率よく受け入れさせることが必要であると

説 (the Input Hypothesis) については多くの賛同が得られた．しかしインプットだけでは習得に不十分であることはすぐに明らかになり，Swain（1985）がアウトプット仮説 (the Output Hypothesis)³ を提唱し，アウトプットを促す指導が推奨されるようになった．理解できるインプットを豊富に与えるだけではなく，学習者にはアウトプットさせて，学習者自身の知識から出た言語（中間言語）に目標言語とのギャップに気づかせることの重要性を説いた Swain（1985）は，学習者がライティングやスピーチなどのような，内容にも言語形式にも注意を払うようなアウトプットをさせると，第二言語習得が進むと主張した．インプットを理解するときは学習者の頭の中では意味の処理が中心となるが，アウトプットしようとしている時は，中間言語を駆使してなんとか伝達行動を遂行しようとしている．その時，言語の統的処理が行われている．

　アウトプット仮説に基づいて学習者に授業中に英語を使わせようとするならば，教師自身が英語を使った授業を行い，生徒にも英語を使わせると効果が上がるとの報告が多々出ている．例えば，木村（2014）は日本の進学校（高校）でタスクを取り入れた授業を行って効果を実証している．受験対策に力を入れたグループと，タスクを取り入れて英語を使うことを経験させたグループとでは，仮定法過去を使う力はタスク・グループのほうが効果が長持ちした．生徒はタスク遂行を通してアウトプットし，気づきが起こり，自分の英語が通じて

の主張である．しかし，学習者の発話に間違いがみられた場合，それについて言及したり訂正したりすることは情意フィルターを上げてしまうから，誤りの訂正はしてはならないと主張したため，この点には批判が集まった．訂正フィードバックを提供することこそが教育の場の強みであり，訂正フィードバックは学習者が習得のために使うインプットの一種であることを示した Long & Robinson（1998）の説が広く支持されている．）

³ 学習者が発する言語はアウトプット (output) である．Swain（1985）は学習者がやり取りの相手に理解してもらおうと努力と工夫を重ねると理解できるアウトプット (comprehensible output) となり，第二言語習得が進むとするアウトプット仮説 (the Output Hypothesis) を提唱した．さらに Swain（1993）はアウトプットすることで内容を伴った意味のある発話の機会となり，発話の自動化が進んで流暢さが増し，インプットの意味処理をする時とは異なる統語処理システムが働くから，学習者にとってはアウトプットすると自分の知識の仮説検証の機会となり，第二言語習得が進むとの考えを主張した．以上をまとめて Swain（1995）はアウトプットの役割として次の 3 点を挙げている．

(1)　気づき機能 (the noticing / triggering function)：言語形式に意識を高める機能
(2)　仮説検証機能 (the hypothesis-testing function)：試しに発話して通じるか検証する機能
(3)　メタ言語機能 (the metalinguistic function)：自分の発話をふり返る機能

いる実感を持ち，通じにくい箇所についてはふり返りを行った．アウトプット，インタラクション，気づきにより，指導効果が長持ちする指導と学習の方法があるということは，教師にとって注目すべき研究トピックである．

　さらに，Saito, Dewaele, Abe & In'nami (2018) が日本の高校生を対象にどのような要素を整えたら高校生のスピーキング力が向上するか，探索的研究を行い，その結果を報告している．高校 1 年生が 2 学期の 3 ヵ月間，毎回英語で楽しい言語活動を行い，楽しく英語を使い，将来英語を使う自分像を持っていたグループは，英語スピーキング力が上がった．Saito らの分析によると，生徒が楽しいと思うこと，毎回の授業で言語活動を行うこと，生徒が英語を使う将来的な展望を抱いていることが成功の秘訣であると分析している．英語を話せる日本人を育てるヒントがここにある．

　このように，日本人の英語教師が英語で授業を行うとなると，理解できるインプットと個に応じたフィードバックの提供以外にも，生徒が英語を話そうとする動機づけ，英語によるコミュニケーションの相手，学習者としてのロールモデルなど，大きな役割を果たしていることがわかる．今後もさらに注目が必要なことは，教室で英語を使うためには，タスクのデザインが重要なカギとなるという点である．ペアワークを行うにしても一方が一方的に話しているだけではインタラクションは起こりにくい．双方がやり取りすると，意味交渉が起こりやすく，第二言語習得へとつながることが多くなるといわれている．

　なお，グループワーク等をさせるときの指示としては次のようなものが役に立つと思われる．

> Make groups of four.
> Make a line of desks facing each other.
> Sit back to back.
> Work in groups of four.
> Work individually, if you like.
> Would you and you work together?
> Can you join the other group?
> Stand up and go around the room and find a partner.
> Exchange opinions among the group members.
> Ask three people for a sound advice. Choose the best advice.

3.4.　訂正フィードバック (corrective feedback : CF)

　教師の役割として学習者の誤りを訂正したりフィードバックを与えたりといったことは広く行われていることであり，学習者からも求められている．ところが，1980 年代には Krashen（1982）が，学習者の間違いは訂正してはならないと主張し，その考え方が一時広まった．学習者が発する文法的逸脱を逐一訂正していたら，コミュニケーションしようという気持ちと話の腰を折ってしまい，心理的な障壁を作ってしまうからという理由であった．

　しかし，この主張にはすぐに批判が出て，訂正フィードバックも学習者にとってはインプットの一種であり，第二言語習得のために使うデータであることを Long & Robinson（1998）が主張した．さらに，Lyster & Ranta（1997）によって，訂正フィードバックは教室における第二言語習得を促進するものであることなどが理論的に提案されるようになり，訂正フィードバックはどのようなタイプが最も効果的であるかを探求する研究が盛んになった（第 10 章参照）．

　上述の Lyster & Ranta が訂正フィードバックの中でも prompt または elicitation と呼ばれる手法（例 1）で学習者から正しい言語形式を引き出して自己訂正を行わせることの有効性を実証した．その後，多くの研究者が訂正フィードバックの問題に取り組み，prompt 以外のタイプの訂正フィードバック，例えば，recast といって学習者が発した文法的逸脱を正しい形に直して言い（例 2），間違った箇所に気づかせるやり方などを使って，どのタイプの訂正フィードバックが第二言語習得をより促すかについての研究が盛んになった．

　しかしながら，現在までのところ，ほとんどの研究がカナダのイマージョン教育の場や，イギリス，アメリカ，カナダなど英語を生活言語としている環境に移り住んだ留学生を対象としており，焦点とする文法項目も，学習者の言語熟達度も様々であるため，どのタイプの訂正フィードバックがより効果的であるかについては結果が一定しておらず，recast が効果ありとする研究と，prompt のほうが効果ありとする研究とがある．研究参加者の英語レベルやその他の学習者要因を揃え，指導者要因も揃え，追実験を行う必要があろう．日本人中学生，高校生，大学生の英語レベルでの研究がまだ極めて少ないので，今後は積極的にデータを集めて分析を進める必要がある．日本人大学生を対象とした Loewen & Nabei（2007）については第 10 章を参照されたい．

　例1　prompt
　　　Student:　Why does he taking the flowers?
　　　Teacher:　Why does he …?
　　　Student:　Why does he take flowers?
　例2　recast
　　　Student:　How many people in your picture?
　　　Teacher:　How many people are there in my picture?　Er three people.

　なお，発音に関する訂正フィードバックは効果が上がるとの報告が 2010 年代になってからなされるようになり，注目を浴びている．Saito & Lyster (2012) は，日本人が苦手とする /r/ の発音も，教師が発音に焦点を当ててフィードバックすると，大学生であっても /r/ の音を出せるようになるとの結果を報告している．まさに教師の力の見せ所である．

　どのタイプの訂正フィードバックを実践に取り入れるかについては，表2 に示す Ellis (2009) の分類が参考になる．また，実践に取り入れる際のガイドライン（表3）も，教師として成長するうえで参考になる．教師としては誤りを訂正する際は，学習者の動機をそいでしまうような言い方をしないよう気をつけたい．

表2　訂正フィードバックの分類 (Ellis, 2009, p. 8)

	Implicit	Explicit
Input-providing	Recast	Explicit correction
Output-prompting	Repetition Clarification request	Metalinguistic explanation Elicitation Paralinguistic signal

表 3　訂正フィードバックのためのガイドライン（Ellis, 2009, p. 14）

(1) 訂正フィードバックに対する学習者の態度を確認すること．訂正フィードバックの価値を算定して学習者と目標について合意しておくこと．

(2) 訂正フィードバックは oral も written も効果があるので，恐れずに訂正フィードバックを提供すること．流暢さにも正確さにも効果がある．

(3) 全ての誤りを訂正するのではなく，焦点となる項目を決めて，それを集中的にフィードバックするとよい．

(4) 学習者には教師が学習者の誤りを訂正していることを知らせるとよい．

(5) 教師は様々なタイプの訂正フィードバックを使いこなせるようになっている必要がある．

(6) 訂正フィードバックを oral で与える場合は，その場で与えるか後ほど与えるかのタイミングを見計らうため，試してみるとよい．

(7) 訂正フィードバックを oral で受けた場合，学習者が訂正するかどうかは学習者に委ねるとよい．ライティングの場合は修正版を提出させる必要がある．

(8) 訂正フィードバックを個々の学習者がどう必要としているか，認知的，情意的必要性を教師は承知しておくべきである．

(9) ある特定の誤りについては，学習者がきちんと自分で整えることができるよう，何度か機会をとらえてしっかりと訂正するべきである．

(10) 訂正フィードバックが学習者にどの程度の不安（anxiety）を引き起こしているか，教師はモニターすべきである．不安は学習を容易にするものであって，弱体化するものではないということを保障するストラテジーを取るべきである．

4.　まとめ

　上述したように，学習者にとって teacher talk は教科書と並んで，音声面でも，統語面でも，英語を学ぶための教材でもある．教師は学習の支援者であり，意味のある英語のやり取り（コミュニケーション）の相手でもある．自然な第二言語習得と違って，教室での第二言語習得にはわかりやすくかみ砕いた英語で語りかけ，理解できる教材を提供し，誤りがあれば訂正し，フィードバックをくれる教師の役割は大きい．また，気づきを起こさせるという点で，教師と teacher talk の役割は極めて大きい．学習者としては自分が産出した英

語が正しいのか正しくないのか，適切なのか適切でないのかを把握し，振り返りをしたいので，教師からのフィードバックは強力な支援となる．

　また，教師が教室で英語を使って授業を行うと，生徒も英語を使う機会が増え，毎回の授業で英語を使う言語活動を行い，その活動を生徒が楽しいと感じて，生徒自身も将来的に英語を使うまたは必要な生活をしているとの自分像を持っていると，英語を使いこなす日本人が増えてくると期待したい．

　1960 年代中頃に第二言語習得研究が始まって以来，様々なアプローチが提案されたが，今や教室における第二言語習得のプロセスを研究する ISLA と呼ばれる分野が主流となっている．今後は，教室における習得を促進する教師の言動のどの点が特に第二言語の習得を推し進めるのかに関する解明が進み，教育の力がさらに大きくなる一助となることを期待したい．

引用文献

Chaudron, C. (1988). *Second language classrooms: Research on teaching and learning.* Cambridge, UK: Cambridge University Press.

Ellis, R. (1984). *Classroom second language development.* Oxford, UK: Pergamon Press.

Ellis, R. (1990). *Instructed second language acquisition.* Oxford, UK: Blackwell.

Ellis, R. (1994a). *The study of second language acquisition.* Oxford, UK: Oxford University Press.

Ellis, R. (1994b). The theory of instructed second language acquisition. In N. Ellis (ed.), *Implicit and explicit learning of languages*, (pp. 75-114). London, UK: Academic Press.

Ellis, R. (2008). *The study of second language acquisition (2nd ed.).* Oxford, UK: Oxford University Press.

Ellis, R. (2009). Corrective feedback and teacher development. *L2 Journal, 1*, 3-18.

Ellis, R., Tanaka, Y., & Yamazaki, A. (1994). Classroom interaction, comprehension and the acquisition of word meanings. *Language Learning, 44*, 449-491.

木村記子 (2014)「Focus on Form——学習者中心の授業とその効果：日本の高等学校 (EFL) における授業実践を通して」『英語展望 ELEC Bulletin』No. 121, 56-65.

Krashen, S. (1982). *Principles and practice in second language acquisition.* New York, NY: Pergamon.

Krashen, S. (1985). *The input hypothesis: Issues and implications.* New York, NY: Longman.

Loewen, S., & Nabei, T. (2007). Measuring the effects of oral corrective feedback on L2 knowledge. In A. Mackey (Ed.), *Conversational interaction in second language acquisition* (pp. 361-377). Oxford, UK: Oxford University Press.

Long, M. (1981). Input, interaction, and second-language acquisition. In H. Winitz (Ed.), *Native language and foreign language acquisition* (pp. 259-278). New York, NY: The New York Academy of Sciences.

Long, M. (1983). Native speaker/non-native speaker conversation and the negotiation of comprehensible input. *Applied Linguistics, 4*, 126-141.

Long, M. & Robinson, P. (1998). Focus on form: Theory, research, and practice. In C. Doughty & J. Williams (Eds.), *Focus on form in classroom second language acquisition* (pp. 15-41). Cambridge, UK: Cambridge University Press.

Lyster, R., & Ranta, L. (1997). Corrective feedback and learner uptake: Negotiation of form in communicative classrooms. *Studies in Second Language Acquisition 19*, 37-66.

Saito, K. (2011). Identifying problematic segmental features to acquire comprehensible pronunciation in EFL settings: The case of Japanese learners of English. *RELC Journal, 42*(3), 363-378.

Saito, K., & Lyster, R. (2012). Effects of form-focused instruction and corrective feedback on L2 pronunciation development of /r/ by Japanese learners of English. *Language Learning, 62*, 595-633.

Saito, K & van Poeteren, K. (2012). Pronunciation-specific adjustment strategies for intelligibility in L2 teacher talk: Results and implications of a questionnaire study. *Language Awareness, 21*, 369-385.

Saito, K., Dewaele, J-M., Abe, M., & In'nami, Y. (2018). Motivation, emotion, learning experience, and second language comprehensibility development in classroom settings: A cross-sectional and longitudinal study. *Language Learning, 68*, 709-743.

Swain, M. (1985). Communicative competence: some roles of comprehensible input and comprehensible output in its development. In S. Gass & C. Made (Eds.), *Input in second language acquisition* (pp. 235-253). Rowley, Mass: Newbury House.

Swain, M. (1993). The output hypothesis: Just speaking and writing aren't enough. *Canadian Modern Language Review, 50*, 158-164.

Swain, M. (1995). Three functions of output in second language learning. In G. Cook & B. Seidlhofer (Eds.), *Principles and practice in applied linguistics: Studies in honour of H. G. Widdowson* (pp. 125-144). Oxford, UK: Oxford University Press.

（佐野富士子）

第 10 章　**Corrective Feedback**

1.　はじめに

　生徒の作文を回収して枚数とミスの多さにため息が出ることはないだろうか．完ぺきに添削しようとするうち疲弊して，「今回は検印だけで返却してしまおう」という考えも頭をよぎる．英会話の先生には別の悩みがあるだろう．学習者の発話には多くの誤りが含まれるであろうが，会話を中断して修正すべきなのか，それとも盛り上がった会話を継続すべきなのか，難しい判断を迫られる．学習者の誤りを他者が指摘する試みを訂正フィードバック（corrective feedback: CF）という．本章では的確な CF の与え方について考えていきたい．

　CF の意義は第二言語習得（second language acquisition: SLA）の研究で紆余曲折を経てきた．Krashen（1982）は，文法学習やエラーの訂正では自然なコミュニケーション能力は身につかず，教師に期待されるのは生徒に理解可能なインプットを提供して，自然な習得を促進することだと主張した．それに対して Swain（1985）は，学習者はインプットだけでなくアウトプットを通して，文法処理のための認知的発達を遂げるのだと考えた．Long（1996）も習得のためには何が文法的かという知識（positive evidence）だけでなく，何が非文法的なのかという知識（negative evidence）も必要であると考えた．そしてことばのやり取りを通して，相手の反応，すなわち CF から自分の発話に問題がないのか確かめられるのだというインタラクション仮説を提唱した．それ以降 CF が教室での第二言語習得を促すと認識され，SLA の研究テーマとし

て注目されるようになったのである.

2. 口頭の CF

会話の中で学習者が誤りをおかしても，コミュニカティブな授業の中では明確に指摘されることは少なく，教室外ではなおさらである (Liming, 1990). しかし CF を広くとらえれば，インタラクションを通して学習者が受け取る CF はことのほか多いといえる. CF の類型については，名部井 (2015) がまとめたものが簡潔で参考になる.

(1) リキャスト (recast)：学習者の誤りを，正しい形に置き換え投げ返す試み.
I go to Osaka yesterday.
Oh, you WENT to Osaka yesterday.
(2) 明示的訂正 (explicit correction)：学習者の誤りを指摘して，正しい形を提供する試み.
I go to Osaka yesterday.
No, you should say, "I WENT to Osaka yesterday."
(3) 明確化要求 (clarification request)：誤りを犯した学習者に言い直しを求める試み.
I go to Osaka yesterday.
Pardon? Say it again?
(4) メタ言語的修正 (metalinguistic feedback)：文法の説明をして，修正させる試み.
I go to Osaka yesterday.
No, not "go." It's past tense.
(5) 誘導 (elicitation)：学習者が誤ったところでポーズを置き，自己修正を促す試み.
I go to Osaka yesterday.
Yesterday, you …?
(6) 繰り返し (repetition)：学習者が誤ったところを上がり調子のイントネーションで繰り返し，自己修正を促す試み.

I go to Osaka yesterday.

I go to Osaka yesterday?

(pp. 42-45)

以上の 6 種は教師が正しい形式を提供するインプット提供型（1 〜 2）と，インプットを提供せず学習者アウトプットを促すもの（3 〜 6）に大別でき，後者をプロンプト（prompt）と呼ぶことがある．インプット提供型の中でもリキャストは，手軽でコミュニケーションの流れを遮らず，学習者が自分のアウトプットと正しいことばの差異をその場で比較できる（Long, 2015）という利点がある．その一方，暗示的すぎて意識の低い，または英語力が不十分な学習者には気づかれにくいという問題点もある．その点，明示的訂正は気づきにつながりやすいが，コミュニケーションの流れが阻害されるなどの懸念もある．一方，プロンプトのほうは，学習者に自ら考える機会を与えるという利点があるが，こちらも必ずしも気づきにつながるとは限らず，とりわけ文法知識が限られる初級者が自己修正にまで至る場合は限られるであろう．

　様々な CF の効果を比較した研究に，Lyster & Ranta（1997）がある．カナダの小学校イマージョンクラスを観察したところ，教室内で最も頻繁に提供されるのはリキャストであるが，学習者が何らかの反応を示したのは約 30% で，正しく言い直せたのは全体のわずか 18% に過ぎなかったという．それに対して誘導は 46%，メタ言語訂正は 45% の割合で正しく自己修正に至っている．このことから自己修正を迫るプロンプトのほうが言い直しにつながり，言語形式への意識を高める効果が期待できると主張する．Loewen & Nabei（2007）は日本人大学生の疑問文の習得を調べるため，1）リキャスト，2）明示化要求，3）メタ言語的修正，4）CF なしの 4 グループに分け 30 分のインタラクションに従事させた後，様々な英文を聞かせてそれが文法的か否かを判断させるテスト（文法性判断テスト）を実施した．その結果 1）〜 3）は同様に 4）より効果があることがわかったが，学生が受け取った回数を比較すれば 1）と 2）が18 回以上あったのに対し，3）は 6 回未満であった．このことからメタ言語的修正のような明示的 CF は少ない回数で暗示的 CF と同様な効果をもたらすことが示唆される．

　一方 Profozic（2013）がニュージーランドの高校のフランス語の授業を観察したところ，リキャストは明示化要求より高い効果を示した．Profozic によ

れば，研究対象とした複合過去と半過去というフランス語の文法項目は形式が複雑で，インプットの提供なしで身につけにくいと説明する．Li（2010）は過去の CF 研究を概観し，文法説明を加える明示的 CF には短期的な効果が，リキャストなどの暗示的 CF には長期的な効果があるという傾向を指摘している．

　大切なことは，学習者や学習内容に合わせて CF の与え方を変えていくことである．明示的文法知識（例：go の過去形は went であるという知識）がない学習者の場合は，インプット提供型の CF が効率的であろう．逆に，明示的知識はあるものの自動化できていない学習者にプロンプトを提供すれば意識高揚の効果が期待できる．前述の Profozic（2013）は，明示化要求の効果が生徒の文法分析能力に左右されたことも指摘している．Lyster & Ranta（1997）が 4 人の教師を授業観察したところ，CF のバリエーションの多い教師の授業が最も効果的に気づきや自己修正につながっていて，状況に合わせて CF 提供することの重要性が示唆される．

　学習者同士で CF を与えさせることも可能であろう．Sato & Bellinger（2012）は，日本人大学生にリキャストやプロンプトの与え方を紹介しロールプレイで練習させるという指導を通して，学習者同士が効果的に CF を与えられるようになったと報告している．

3.　ライティングの CF

　CF 研究の多くは大学生を対象としているが，教師が個々の生徒とインタラクションの機会を持ちにくい中高の現場では，CF を与える最良の機会はライティングではないだろうか．生徒にとっても，口頭の CF よりもライティングの CF の方が，目で確認できて気づきにつながりやすく，記録が残るので復習することも容易なはずである．

　ところがライティング CF の効果については，口頭 CF と同様に研究者の見解が分かれている．Truscott（1996）は，作文に教師が CF を与えてもライティングの正確さにはつながらず，さらには誤りを恐れた学習者が複雑な文を作らなくなるという逆効果も指摘している．それに対して Ferris（1999）は，カギとなるのは CF の質であり，効果的な CF もあると主張する．この論争をきっかけに今世紀ライティングの CF 研究が盛んになったが，その多くは CF に何らかの効果を認めている．過去の研究に再検討を加えた Kang & Han

(2015) は，CF の効果は様々な要因に左右されるとまとめている．具体的には，教室外でも目標言語に触れられる ESL のほうが EFL より効果が高く，習熟度の高い生徒のほうが低い生徒より効果がみられると結論づけている．初級学習者は CF を通した文法知識を上手に処理する認知的余裕がないためであろう．

　CF の効果的な与え方にも研究が進んでいる．CF を大別すれば教師がエラーを直す直接的 CF と，エラーの存在を示すにとどめ学習者に自己修正を求める間接的 CF があり，前者は口頭 CF のインプット提供型に，後者はプロンプトにそれぞれ相当する．また誤りの指摘に文法解説を加えれば，メタ言語訂正に相当する．間接的 CF にはプロンプト同様，学習者に考えさせる効果が期待できるが，実証研究の多くは直接的 CF のほうが高い効果を発揮するとしている (Bitchener & Ferris, 2012)．間接的 CF を与えても，学習者が書き直しをしないまま終わってしまったり，自己修正できなかったりする場合が多いのであろう．間接的 CF の効果的な活用法の模索が続いている．

　また，すべてのエラーを修正する方法（非焦点的 CF: unfocused CF）より，修正すべきエラーを絞った方法（焦点的 CF: focused CF）のほうが，学習者の注意を引き付けて効果的であるという主張もある．だが，双方の効果を比較した研究はまだ限られ，焦点的 CF に効果があったとするもの (Sheen et al, 2009) と，差異がなかったとするもの (Ellis et al, 2008) が混在している．Bitchener & Ferris (2012) はこの比較には学習者のレベルや注意力が影響すると考えている．例えば文法知識がおぼつかない初級の学習者はすべてのエラーを直され原稿を真っ赤にされてもそれらを理解し処理することができず，さらに悪いことには学習意欲がそがれることもありうる．このような場合は焦点的 CF のほうが効果的であり，作文中に繰り返し現れるエラー，最近授業で扱ったばかりの文法事項に関わるエラー，単純明快なルールにかかわるエラー（例：不規則動詞の過去形）に絞った CF を推奨している．

　しかし，学習者の多くはすべてのエラーを直してもらうことを望むという矛盾もあり，さらには直接的 CF と間接的 CF の使い分けも難しく，現場教師の悩みは増すばかりである．そこで参考になるのが，日本の高校で教鞭をとる O'Flaherty (2016) の実践報告である．彼は個々の生徒に応じて直接的 CF と間接的 CF を使い分け，自己修正ができると判断した場合には間接的 CF を与えるが，再提出で直っていなければ直接的 CF に切り替える．個々の作文に

は焦点的 CF を与えるが，クラス全体の授業では幅広い文法エラーも扱って解説する．こうして様々な生徒の要求に応えた CF を提供しながら，彼らがそれをしっかり消化する機会も作り出している．むろんこの試みには多くの時間と労力を要するが，次から次へと作文を課して回収するより，1 つの題材で書き直しや振り返りまでじっくり取り組ませる指導も，ときには有効であろう．

　また，ライティングのフィードバックにもっと広い役割を持たせられないだろうか．CF に加えて内容についてコメント（例 I really like your description of the food. It makes me hungry.）すれば，学習者はコミュニケーションが成立していることに満足を覚えるであろう．さらには内容を深めさせるようなコメント（例 Your second point needs elaboration. What do you mean by —?）をすれば，学習者はさらに新たな資料からインプットを得て，段落構成や表現の工夫を加えて書き直すことになり，新たなアウトプットを体験することになる．文法の CF に否定的な Truscott（1996）も内容についてコメントすることは奨励している．Sano（2015）は，内容コメントを与えたグループとエラーをすべて直したグループを比較し，前者のほうがよりライティングの上達を示したと報告している．

　学習者同士の CF も検討したい．教師一人しか読まないライティングより，クラスの仲間と共有できるライティングのほうがコミュニケーションの醍醐味を感じられるはずである．むろん言語知識が発展途上の学習者同士の CF には不完全なものが多いであろう．しかし Bitchener & Ferris（2012）は，学習者による CF には見当違いなものは極めて少ないという研究結果をまとめている．そして，仲間からの「ここがわかりにくい．どういうことなの．」というコメントは明示化要求と同じ効果があり，それを受けて書き直すという経験は，教師によるダメ出しとは違った効果が期待できる．学習者同士の CF が効果を発揮するのであれば，教師の負担が軽減されることは言うまでもない．

4.　まとめ

　CF の効果に関する研究が数多く行われているが，いつでもどこでも効果を発揮する CF というものは，残念ながら存在しないようだ．我々現場の教師に求められるのは，学習者のニーズ，熟達度等の違いによって，CF を使い分ける技能を身につけることであろう．だからこそ，回収した作文にため息をつく

ことから脱却して，生徒同士の CF も含め，様々な可能性に挑戦することから
始めたい．

引用文献

Bitchener, J., & Ferris, D. R. (2012). *Written corrective feedback in second language acquisition and writing.* New York: Routledge.

Ellis, R., Sheen, Y., Murakami, M., & Takashima, H. (2008). The effects of focused and unfocused written corrective feedback in an English as a foreign language context. *System, 36,* 353-371.

Ferris, D. R. (1999). The case for grammar correction in L2 writing classes: A response to Truscott (1996). *Journal of Second Language Writing, 8,* 1-11.

Kang, E., & Han, Z. (2015). The efficacy of written corrective feedback in improving L2 written accuracy: A meta-analysis. *The Modern Language Journal, 99(1),* 1-18.

Krashen, S. (1982). *Principles and practice in second language acquisition,* Oxford, UK: Pergamon Press.

Li, S. (2010). The effectiveness of corrective feedback in SLA: A meta-analysis. *Language Learning, 60,* 309-365.

Liming, Y. (1990). The comprehensible output hypothesis and self-directed learning: A learner's perspective. *TESL Canada Journal, 8(1),* 9-26.

Loewen, S., & Nabei, T. (2007). Measuring the effects of oral corrective feedback on L2 knowledge. In A. Mackey (Ed.), *Conversational interaction in second language acquisition: A collection of empirical studies* (pp. 361-377). Oxford, UK: Oxford University Press.

Long, M. (1996). The role of the linguistic environment in second language acquisition. In W. C. Ritchie & T. K. Bhatia (Eds.), *Handbook of second language acquisition* (pp. 413-468). New York: Academic Press.

Long, M. (2015). *Second language acquisition and task-based language teaching.* Oxford, UK: Wiley-Blackwell.

Lyster, R., & Ranta, L. (1997). Corrective feedback and learner uptake: Negotiation of form in communicative classrooms. *Studies in Second Language Acquisition, 19,* 37-66.

名部井敏代 (2015).「教師のことばと学習者のことばと学習の機会――教室内談話からみた第二言語学習――」*Chart Network, 77,* 1-5.

O'Flaherty, D. (2016). Japanese high school students' attitudes towards and usage of corrective feedback on their written work. *The Language Teacher, 40.6,* 3-11.

Profozic, N. M. (2013). *The effectiveness of corrective feedback and the role of individual differences in language learning.* Frankfurt, Germany: Peter Lang GmbH, International Verlag der Wissenschaften.

Sano, F. (2015). Effectiveness of comprehensive error corrections on additional language writing. Symposium of Second Language Writing. Auckland, New Zealand

Sato, M, & Bellinger, S. (2012). Raising language awareness in peer interaction: A cross-context, cross-methodology examination. *Language Awareness, 22,* 157-179.

Sheen, Y., Wright, D., & Moldawa, A. (2009). Differential effects of focused and unfocused written correction on the accurate use of grammatical forms by adult ESL learners. *System, 37,* 556-569.

Swain, M. (1985). Communicative competence: Some rules of comprehensible input and comprehensible output in its environment. In S. Gass & C. Madden (Eds.), *Input in second language acquisition* (pp. 235-253). Rowley, MA: Newbury House.

Truscott, J. (1996). The case against grammar correction in L2 writing classes. *Language Learning, 46,* 327-369.

（原田　淳）

第 11 章　**Communication Strategy**

1.　はじめに

　英語の授業において発話能力を高めるには，どのような指導タスクやトレーニングが有効であろうか．日本の学習者は教室外で英語を使う機会がとても限られている．このため，教室における英語発話活動を中心とした授業で可能な限り意味のあるタスクに臨む必要がある．このような状況で有効と考えられているのがコミュニケーション・ストラテジー (Communication Strategy: CS) の活用である．この節では，授業内にオーセンティックな発話環境を作り出し，CS を意識的に使うメタ認知トレーニングを紹介する．この場合のメタ認知とは，学習者が特定の学習活動に自主的に取り組めるようになる能力である．まず，CS の活用が教室環境でなぜ効果的なのか述べる．続いて CS 使用の意識化を行う具体的なメタ認知トレーニングに基づく，有効なタスクの活用方法を見ていく．

2.　コミュニケーション・ストラテジーとは

　初期の研究で Canale & Swain (1980) は，CS をストラテジー能力と定義し，対話者間のインタラクションにおける様々な問題の対処方法とした．この対話中の問題に対応する手法として以下の 3 つの課題に対応するストラテジーが考えられている (例 Dörnyei & Scott, 1997)．

　　a.　自分自身の発話の不適切さなどの問題への対処
　　　（例）　自己修正（self-repair），自己言い換え（self-rephrasing），自己
　　　　　　編集（self-editing）
　　b.　対話の際の不適切な発話や互いの不理解によって起こる問題への対処
　　　（例）　様々な意味交渉のストラテジー（negotiation of meaning）
　　c.　発話にかかる時間が引き起こすコミュニケーションのギャップを埋める
　　　（例）　フィラーズ（fillers），ためらい（hesitation），繰り返し（repeti-
　　　　　　tion）

　ここでは，これら 3 つの問題に対処することで発話力を高める方略をコミュ
ニケーション・ストラテジーと定義する．

3.　話者間の意味交渉が目標言語の習得に有効な理由

3.1.　インタラクションにおける意味交渉

　人は，どうやって言葉を覚えていくのであろうか．この課題に多くの言語学
者が取り組み，研究を続けてきた．例えば，幼児が言語的刺激を受けるのは，
通常母親とのインタラクションの過程が中心である．初期段階において，一方
的に母親からの言語的刺激（言語のインプット）を受け，徐々に自らの発話の
準備をしていく．母親と幼児のインタラクションのプロセスを詳細に分析した
ものに Demetras, Post & Snow（1986）の研究がある．この調査において，
母親は幼児に様々な形で言語のインプットを行い，幼児の発話に対して積極的
にフィードバックを送っていることがわかった．
　母親は，幼児の言葉が適切なときには，「ポジティブ・フィードバック（pos-
itive feedback）」で対話を助長していた．一方，発話が不適切な場合は，「ネ
ガティブ・フィードバック（negative feedback）」を送り，誤りを気づかせよ
うとする傾向があった．特に，正しくない発話に対して，多くの場合は「リ
キャスティング（recasting）」といった手法をとり，幼児の発話を繰り返し，
上げ調子のイントネーションで誤りを暗示していた．しかしネガティブ・フィー
ドバックの多くは，幼児の文法形体の誤りよりは，発話内容が状況に不適切な
場合に送られることが多かった．以上のことは，母国語を習得する過程で，幼
児が母親との意味交渉を通して言語を発達させていくことを示唆している．

外国語の場合も母国語のように，目標言語話者からのインプットが必要であるという前提をもとに，Krashen (1982) はインプット仮説を展開した．彼は，言語の習得には「理解可能なインプット (Comprehensible input)」という，学習者の現状の能力より少し難度の高いレベルの目標言語によるインプットが欠かせないと主張した．この理論は，従来の外国語学習が単語や文法規則の暗記を強調していたのに対して，目標言語でのインタラクションの重要性を説いた点で特筆すべきである．しかし，理解可能なインプットを受け取る環境の条件について明言しなかったことに，この考えの限界があった．

さらに Swain (1985) は，理解可能なインプットだけでは，学習者が目標言語を習得するには十分でないという見解を示した．これは，仏語・英語が公用語であるカナダにおいて，目標言語によって様々な教育を行う教育のイマージョン・プログラムの効果を詳細に調査した成果である．この結果，学習者がどれほど目標言語のインプットを多く受け取っても，中間言語の域を脱していないことを確認した．学習者の発話能力は，聴解，読解，作文能力などに比べて向上がみられなかった．これは理解可能なインプットを受けることばかりに注目して，目標言語で直接対話を行う機会が少なかったことによるものであった．

この結果から，教室環境において学習者は，聞き手に対して「理解可能なアウトプット (Comprehensible output)」を行う機会を得られない限り，目標言語の習得は実現できないと結論づけた．理解可能なアウトプットとは，伝えたい内容を聞き手に理解してもらうため，少し複雑な言葉を使ったり，まだ使用したことのない表現を試みたりする行為である．

3.2.　意味交渉が起こる条件

それでは，対話者はどのような場面で理解可能なインプットを受けたり，アウトプットを行ったりするのであろうか．インタラクションの重要性を認識した Long & Crookes (1992) は，一連の研究で，英語ネイティブ・スピーカーと学習者の対話を注意深く分析した結果をまとめた．この中で，話者はコミュニケーションの困難に直面した時，対話がスムーズに続くように様々な手段を用いていることがわかった．特にネイティブ・スピーカーは，学習者が対話中に理解困難のシグナルを送った時，簡単な文体，わかりやすい表現，繰り返し等を使っていた．つまり彼らは，学習者が理解しやすいように表現を変え，コミュニケーションを成立させていたのである．Long は，この対話における交

渉を「会話調整（modified interaction）」と定義し，これこそが理解可能なインプットを受け取る条件であると主張した．

　会話調整には 3 つのストラテジーがある．これらは，「明確化の要求（clarification requests）」，「発話内容の確認チェック（confirmation checks）」そして「聞き手の理解チェック（comprehension checks）」である．明確化の要求とは，聞き手が話し手の発話の内容を十分に理解できない時に，発話者に対して意図の明確化を求めるものである．発話内容の確認チェックは，聞き手が話し手の内容を確認し，自分の理解を促進する方法である．聞き手の理解チェックは，話し手が自分の発話の意図を，聞き手が理解しているか確かめる方略である．

　ネイティブ・スピーカーと学習者が互いの対話を理解し，コミュニケーションを成立するためには，以上 3 つの会話調整の構成要素を駆使して，「意味交渉（negotiation of meaning）」を行う必要があると考えられている．

　Mackey & Gass（2015）は，聞き手が話し手の発話の内容を確認したり，説明を求めたりする行為が「きっかけ（trigger）」となり，話し手が自分の「会話調整に伴う言い換え（modified output）」をする時に，理解可能なアウトプットが可能になると主張した．そして，このような意味交渉こそが発話能力を向上させると考えた．聞き手の要求に従って，文の構造を変えたり，表現を言い換えたりすることで，より高いレベルの発話を試みる機会が与えられるからである．

　会話調整の構成要素は，学習者が目標言語でのコミュニケーションにおいて困難に直面した時に導入される．そして，学習者に理解可能なインプットを受け取る機会を多く提供する．また，聞き手がこれらを使用することで，話者は互いの理解を促進するために，理解可能なアウトプットを生成する機会を求められる．つまり，インタラクションにおけるコミュニケーションをスムーズに行うための意味交渉は，学習者にとって目標言語を習得する重要な活動と考えられる．

　このように，多くの研究者によって，学習者がいかに理解可能なインプットや理解可能なアウトプットを経験できるのか，インタラクションに注目したタスクの調査が続けられている．しかし，コミュニケーションを目的とした英語学習機会が少なく，発話能力も低い日本人学習者が，外国語として会話調整を運用することは困難が予想される．このためか，日本において実際の教室にお

ける意味交渉の談話分析は少ない．また，会話調整の効果についても，それほど多くの検証が行われていない理由もそこにあるのかもしれない．

3.3.　意味交渉を促進するタスク

　意味交渉に注目し，タスクの有効性という命題に答えようとしたのが Gass et al. (2011) のグループである．彼女たちは，単純なインフォメーション・ギャップ，インタビュー，ジグソー，ディスカッション等の様々なタスクで意味交渉を検証してきた．結果としてタスク次第で，英語圏における第 2 言語としての英語 (ESL: English as a Second Language) 学習者は，ネイティブ・スピーカーと意味交渉を頻繁に行うことが確認されている．また，学習者同士でも会話調整を行えることも報告している（例 Mackey, Oliver & Leeman, 2003）．

　Sinclair (1984) によると，教師が中心となり教壇から指示を出すタスクは，参加者中心に発話を行うものに比べて意味交渉が最も少ない．一方，情報を双方向で交換し，インタラクションが必要で，同じゴールに向かって，決まった 1 つの結果を求めるタイプのタスクが一番有効であると考えられてきた．代表的な例としては，ジグソー活動が挙げられている．これは参加者全員が 1 つのゴールを目指し，時には話者となり，聞き手となり頻繁にインタラクションを行う必要があるからである．しかし，このタイプのタスクが必ずしも最適ではないという報告もなされている．それは，局部的な会話調整だけでなく，談話全体として意味交渉を行えるようなタスクのほうが有効ではないかという主張に基づいている (Nakatani, 2010a)．

　Nakahama, Tyler & van Lier (2001) では，1 つの結果を求めるインフォメーション・ギャップのタスクと，自由会話における談話を詳細に比較した．これは，従来の意味交渉の定義である，局部的な会話調整に限定せず，談話全体の中で意味交渉に関連する言い換えを行う場面も調査した．この結果，自由会話では従来の会話調整はあまり行われないが，様々な形で談話を成立させるためのストラテジーが多用されることがわかった．学習者は談話全体を通しての，広い意味での意味交渉を行い，より良い発話の言い換えの機会を得ていることが確認された．被験者の数は少ないが，今までの意味交渉に関する考え方を修正する提案となった．つまり，会話調整のみで発話力の向上を望むのではなく，対話を成立させるための様々なストラテジーを使い，談話全体の中で交

渉するタスクを通して学ぶことの有効性を指摘したのである.

このことは, Clennel (1995) の行った学習者の談話分析の結果を裏付ける
ものとなった. 彼は, 意味交渉の定義として, 談話全体を成立させるためのコ
ミュニケーション・ストラテジーの必要性を示唆していたのである. 以上のこ
とから, 意味交渉は, 単独の会話調整だけで有効なのではなく, 他のストラテ
ジーと併用すればより効果があると考えられる.

3.4.　教室というディスコース・アリーナ

日本の英語学習者は, 授業が活動の中心であり, 限られた英語使用機会しか
ない. この中で, 談話全体を成立させるための意味交渉に焦点を当てた授業が
実施可能なのであろうか. その場合, どのようなタスクが有効といえるのだろ
う. ごく一部の上級の学習者を除けば, 英語による自由会話, ディベート,
ディスカッションのようなタスクは困難であろう.

教室という学習環境に注目したのは, Di Pietro (1987) や Sinclair (1984)
である. 語学の授業は他の科目とは異なり, 目標言語を使いながら学ぶことが
可能である. つまり, 英語学習では, 英語の使用が手段であり目的でもある.
彼らは, このユニークな環境で, 考えを自分の言葉で表現することの重要性を
強調している. Sinclair はこのような状況をディスコース・アリーナ (dis-
course arena) と呼び, 自分の意志で談話を行うことの重要性を訴えた. 単な
るパターン・ドリルやロールプレイでは, 言語形体のパターン練習で終わって
しまう. また, 参加者に同じ結果を求めるインフォメーション・ギャップでも,
自分自身が本当に欲求した目的のための発話でないので十分でないと考えた.

Crookal & Oxford (1990) は, 教室における談話をオーセンティックにす
るものとして, シミュレーション・タスクの有効性を主張している. これは,
目標言語が使われる擬似コンテクストを教室内に作り出すものである. この状
況下で, 学習者に目標言語で考えさせ, 自由に自分の言葉を使いゴールを達成
することが可能なのである. さらに Di Pietro (1987) は, 教室という談話環
境をうまく利用する方法として, シミュレーションの一種と考えられるシナリ
オ・タスクを提案した. シナリオとは, 日常の状況でよくある予期せぬ場面を
作り出し, その場を切り抜けるために自分の言葉で交渉するものである. 例と
して, 旅行代理店において, 予約していたものと違う旅程を提供されるタスク
がある. 参加者は対話者と会話してみて初めてこの問題に気づく. そして, 自

ら考えて交渉し，事態を解決しなければならない．知っている目標言語の語彙や文法を総動員し，様々なストラテジーを駆使して対話を実施するのである．このようなタスクを繰り返し経験することで，身につけた受動的な知識を，現実の対話場面で活用する訓練を積むことができる．

これらシナリオやシミュレーションでは，双方向のインタラクションが必要で，一定のゴールに基づき多様な結果を可能にするものとみなせる．Williams, Inscoe & Tasker（1997）が行った教室における学習者の対話の観察も，結果の多様性を持つタスクの有効性を示唆している．この調査では，科学を学ぶための手段として英語を使う談話において，意味交渉がかなり行われることも確認されている．これは，1つの結果を求めるタスクではなく，授業の理解という目的のために，対話を自らの言葉で行うものである．これらのタスクは，学習者が談話を成立させるためのストラテジーを多く使用する機会が要求される．

結論として，日本人英語学習者の場合，ある一定のゴールがあるタスクの中で，状況や対話者の反応に合わせて，自由に情報を交換できるタスクが望ましいのではないだろうか．例えば，レストランで自由に注文を行うといったシミュレーション・タスクの場合，レストランで注文をするという決まったゴールはある．しかし，その方法や対話の中身は，実際に使用されているメニュー等の材料を使い，自らの意志で決められる．コミュニケーション・ストラテジーを積極的に使用し習得するためには，このようなタスクの中でパートナーと協力して談話を作り上げる訓練が必要だと考えられる．

対話において積極的に意味交渉を行うことにより，最終的に英語発話の熟達度を改善することが可能だと考えられる．それでは，この重要な意味交渉のためのストラテジー等を身につけるには，どのような学習プログラムが有効なのであろうか．次の節では，この課題に対処するための CS を活用したメタ認知トレーニングを紹介する．

4. CS を意識的に使うメタ認知トレーニング

Ommagio（1993: 485-490）は既存の教授法に関する研究を調査し，外国語コミュニケーションの指導における 6 つの必須事項をまとめている．それらを参考に Nakatani（2010b）で日本の英語学習者が CS を活用するトレーニングに有効な観点を下にまとめた．

(1)　コースの内容は学習者の熟達度に適応し，目標到達レベルは現実的に
到達可能なものとする．

(2)　トレーニング・タスクは熟達度にあったものを選び，最大限にレベル
を向上させられるようなものを選ぶ．

(3)　学習者が，目標言語が使われる環境で実際に遭遇するようなコンテク
ストを設定し，その言語を使用する機会をできるだけ多く提供する．

　これら 3 つの観点を考慮したタスク中心のプログラム案を以下に示す．こ
こでは，学習者間のインタラクションを発展させるタスクを活用することで，
海外旅行などで役立つ英語能力の向上を目指すものである．

4.1.　コースの目標

　最初の授業で，教員と参加者の目標を共有するために，以下のようなゴール
を提示する．
「学習者は，英語圏における基本的な生活や海外旅行での対話における質問や
応答ができるようになる．ホテルの予約，レストランでの注文，旅行代理店で
の予約など英語でのサービスの利用ができる．目的に合った必要な対話を適切
に行える程度の流暢さを身につけ，自分の対話に対して自信を持って取り組
む．オーセンティックなタスクにおける対話者とのインタラクションにおいて
自ら柔軟に発話を行い，目的に合わせ積極的に談話を成立させることができ
る．自分の目標とする到達目標のタスクに関して実行できること，できないこ
とをあらかじめ認識し，学習後に目標を達成できるようにする．」

4.2.　タスクの選定

　CS を実際に活用するためにもオーセンティックなタスクの導入が不可欠で
ある．ここではまず，オーセンティックの概念（authenticity）をより明確にし
ておく．これは研究者によって，このタームは異なった意味で使用されている
からである．多くの場合，教材など実際に英語圏で使用されている物を利用す
ることが，オーセンティックなタスクであると誤解されている．この中で
Sinclair (1984) は，教室における発話練習のタスクを 3 種類に分類した．

　1 つ目は，オーディオリンガル教授法等で多用されたパターン・ドリルで，
言語形体のトレーニングが中心であり，全くオーセンティックではない．2 つ

目はロールプレイやドラマで，教師等から与えられた他人の役を教室内で演じるものである．このタスクは動機づけに有効とされ，教師の中では好んで利用する人もいる．しかし，想像上の人物を演じるので，学習者自ら考えた言葉で談話が行われることは少ない．3つ目は，他の教科とは違う，外国語の授業の特殊性を利用したものである．英語の授業では，教室で使用される，学ぶ「手段である」言語が学習の対象でもある．この特性を活かし，学習者が教室というディスコース・アリーナで，自分の言葉で，自分について表現し，他人と協調し，時には競い合うタスクが有効である．現実に交わされる談話の中で既習の目標言語を応用し，予期しない状況にも柔軟に対応させる．この Sinclair が提起した第3のタスクが最も効果的であることは理解できる．しかし，実現はそれほど容易ではない．

　この問題の解決策を示したのが前述の Di Pietro（1987）の提唱したシナリオ（scenario）を扱うタスクであろう．シナリオは，シミュレーションの一種であり，教室内の談話を中心に据えた共同で行うタスクで，与えられた役割ではなく，自分自身の考えを述べて実施するものである．

　このタスクは重要なので，よく理解してもらうため具体例を紹介する．参加者は2組に分かれ，異なる役割に従事しインタラクションを行う．外国の日常の状況でよくあるトラブルに出くわし，対話者と目標言語で問題解決をしなければならない．例えば，レストランのオーダーを取るコンテクストにおいて，客は代金をクレジット・カードで支払うように指示される．一方，給仕役の者は，外国人の客からは現金でしか代金を受け取らないよう制限される．このような答えのない問題に談話者間で対処するため，自ら考え発話を行い，状況を解決していかなければならない．

　このように，シナリオは場面さえうまく設定すれば有効であり，Sinclair の述べている第3のタスクとして最もオーセンティックとなりうる．以上のことから，このプログラムでは，前述の授業目標に合った，海外旅行でよく経験する問題を中心にシナリオ・タスクを利用することとする．

4.3.　メタ認知トレーニングを重視した教授法

　適切なタスクを導入するだけでは，コミュニケーション・ストラテジーの指導はうまく機能しない．メタ認知トレーニングを取り入れることが大切だと思われる．Di Pietro 自身もシナリオを中心にストラテジック・インタラクショ

ン（Strategic Interaction）というシステムを構築している．しかし，これは
ESL の状況を念頭に置いたものである．ディスカッションやプレゼンテーショ
ンのスキルがかなり要求され，日本の授業では導入が容易ではない．また，彼
のシステムには，明確な体系だったメタ認知トレーニングは導入されていな
い．このため，コミュニケーションにおいて運用できる個々のストラテジーを
発達させるには，あまり適しているとはいえない．日本の EFL の状況に適し
た教授法を導入する必要性がある．

　メタ認知トレーニングの特徴は，目標言語の習得プロセスをいかに学習者自
身が「意識化」できるかということである（Nakatani, 2005）．既存の認知スキル
であるスキーマを発達させ，言語情報のインプットを行い，新しい知識を定着
させる．そして，最終的に CS を自然に運用できるようになることがその目的
である．しかし，単に教師が授業中に学ぶポイントを強調しただけではうまく
機能しない．一連の明確なシステムを作り，それに従い学習者自らが積極的に
ストラテジーを運用できるようにならないと「意識化」は成功しない．基本的
には，毎回の授業において授業目標のオブジェクティブを明確にし，タスクの
前，最中，後で有効な CS，および言語材料の運用を適切に認知する必要があ
る．以下に，これらの点を踏まえた実践的なモデルを提唱したい．毎時限利用
する，ストラテジー能力向上のトレーニングに必要な特殊教材の使用法につい
て解説した後，具体的な授業システムについて述べる．

4.3.1.　コミュニケーション・ストラテジーシートとダイアリー

　これらの教材は，コミュニケーションにおけるストラテジーの習得を促進す
る認知トレーニングに使用する．さらに，学習計画から授業の反省に至るまで
の，授業における「意識化」を進め，学ぶ姿勢自体を形成させるメタ認知ト
レーニングとの融合を実現するためのものである．

　認知トレーニングでは，コミュニケーションに関するストラテジーを認識し
ていない学習者に，毎回の授業で利用できる具体的なストラテジーや，運用方
法を提示する．タスクに入る前に実際に特定のストラテジーを使用させてみ
て，その有効性を確認させる．このため授業中に使用すべき対話の継続や意味
交渉に役立つ適切なストラテジーを選定し，表 1 のように簡単な一覧表にし
た．

　この表 1 のシートは，コミュニケーションのためのストラテジーを大きく 8

つに分類し，各自の使用を確認できるものとして作成した．学習者はタスクを経験するたびにこのシートを参照し，各ストラテジーが有効に使えるよう訓練をする．

表 1　コミュニケーション・ストラテジー・シート

1. **Appeal for help**（補助を求める）
   I don't understand. / I don't follow you. / What does ...mean?
2. **Asking for repetition**（繰り返しをお願いする）
   Sorry? / Pardon? / Can you say that again, please?
3. **Comprehension checks**（理解を確認する）
   Do you understand? / Do you know what I mean? / Is it OK?
4. **Confirmation checks**（相手の発話内容を確認する）
   You mean .../ Is that ...?
5. **Clarification requests**（内容の明確化を要求する）
   What did you say? / What do you mean?
   Could you explain that again?
6. **Using fillers**（間を埋める）
   Well ... / Let me see ... / Um ... / Mm ... / Uh...　How can I say?
7. **Response for maintenance**（対話を維持する）
   Right. / I see. / That' s great / good.
   Is that right? / Oh yeah?　Oh really?
8. **Offering assistance**（相手に補助を提供する）
   I mean ...
   It's like / It's a kind of

さらに，メタ認知トレーニングがスムーズに行われるように，表 2 のストラテジー・ダイアリーを作成し，訓練をシステム化する．この内容は，前回の振返り，タスク・オブジェクティブの明確化，ストラテジー使用準備，運用モニター，使用評価という一連のメタ認知トレーニングを簡単にできるよう工夫したものである．

　また，このダイアリーは，タスクで必要な言語材料の準備，使用確認，学習事項の定着の評価や，授業の困難点，学んだ文化を記述できるようにも構成している．

表 2　ストラテジー・ダイアリー

Strategy　Diary　　　　　　　　　Date

Review: What did you learn last week?

Objectives of this lesson

1. Useful expressions and Grammar

2. Words and Phrases

Metacognitive Training

1. Before the task.　Preview your performance:

   Goal and procedures:

   Required linguistic resources:

   Planning how you should react to your partner:

   Advance organisation: Utilise your knowledge of the context.

2. During the task.　Interact with your partner:

   (1) Attending to the oral communication strategies

   Appeal for help:　　　　　　　*Asking for repetition:*

   Confirmation checks:　　　　　*Comprehension checks:*

   Clarification requests:　　　　*Using fillers:*

   Response for maintenance:　　*Offering assistance:*

   (2) Monitoring

   Monitor your comprehension and production.

3. After the task: Self-assessment

   Review your performance and evaluate your oral communication strategy use.

   Evaluate your task objectives.

4. Assimilation: Reflect on what you learned.

　表 3 に，表 1，表 2 の認知，およびメタ認知トレーニング教材を導入した指導システムをまとめてある．このようなメタ認知トレーニングを行い，CS を活用する授業は効果的だという成果も得られている (Nakatani, 2005)．

表3　コミュニケーション・ストラテジー指導モデル

---

1)　振返り
・前回取り組んだタスクを別のペアと行う.
・練習したストラテジーや単語, フレーズ等がどれだけ定着しているか自分
　で確認する.
・経験済みのタスクを再度実施することで, 不安を取り除き, 新しいタスク
　のウォーミングアップを行う.

2)　教師によるガイダンス
・授業目的およびタスクの目標を明確にする.
・学習者が理解しやすいように目標言語のコンテクストを示す.
　例) 該当テーマに関する説明とストラテジー使用の実例

3)　タスク前の意識化トレーニング
・ストラテジー・シートに基づき, 当該タスクで有効と思われるストラテ
　ジーを各自が選び使用できるよう練習する.
・必要な言語材料を各自ストラテジー・ダイアリーに書き出す.
・同じグループ内で, 予想される質問および受け答えの対話練習を行う.

4)　タスク実施
・タスクに基づきコミュニケーション・ストラテジーを意識して運用しなが
　ら, 積極的にインタラクションに取り組む.
・1人目のペアとの対話が終わると, ペアを変え再度タスクに取り組む. 2
　回目では臨場感は下がる. しかし, 最初のペアとの談話によるフィード
　バックを活かすことができる. また, うまくいかなかった点を改めたり,
　ストラテジーの有効な使用法を改善する機会を得る.
・タスク実施中, 自分のストラテジー使用をストラテジー・ダイアリーに
　沿ってモニターし修正する.

5)　自己評価
・タスク終了後すぐにストラテジー・ダイアリーに, 何も見ずにその日使用
　した英文をできるだけ多く書き出す.
・ストラテジー・ダイアリーに基づきタスクゴールの達成度を自己評価する.
・役に立ったストラテジーを書き出し, その理由を記入する.
・難しく感じた点や, 日本語を使ってしまった所を振返り, その理由を書く.
・自分が身につけた英語表現や文化的事項をまとめる.

5.　まとめ

　この節では，意識して CS などのストラテジーを使うことの重要性を確認した．外国語の学習は複雑な認知スキルが要求され，かなりの精神的・内面的な意識的行動を導入しなければならない．特に，外国語を産出するスピーキングは，学習者にとって困難で不慣れなものであり，瞬時に様々なストラテジーを使い問題解決をしなければならない．

　Schmidt（1990）が指摘しているように，認知面の意識化が外国語の習得に重要な役割を果たす．目標言語の情報が学習者のスキーマ組織に取り入れられる度合いは，学習プロセスにおいて，その情報をどれだけ明確に認識できるかによる．学習者がインプットの一定の特徴を頻繁に認識すればするほど情報を獲得しやすくなる．また，インプットの特徴が概念的に，より明確になればなるほど意識化に影響を与えることが可能になる．つまり，新たな情報の確認頻度と特徴の明確化が，目標言語のインプットを理解習得するための必要条件なのである．また，目標言語を産出する際，学習者はコミュニケーションの目標を認識し，自分の不十分な中間言語システムを補う必要がある．このためには，意図的にストラテジー知識やコンテクストの知識を総動員して，話者と協力して対話を成立させなければならない．これらのことを実現し，発話の熟達度を向上させるためには，認知能力を改善させるための活動を積極的に行い，CS を発達させることが大切である．

　しかしながら，多くの日本人学習者は，言語学習の認知的行動に不慣れである．発話のどの部分に意識を高めたり，集中すればよいのかわからない．また，ストラテジーを使い機能的に英語を生産することに慣れていない．コミュニケーションで直面した問題を解決するため，コンテクストの知識をいつ利用したらよいのか見当がつかない者も多い．

　このため，日本人学習者は，発話の中にある特定の言語的・社会言語的ヒントに注意を向ける必要がある．そしてインプットの理解を可能にし，スキーマに統合するために，これらの手掛かりを意識し，分析する訓練が必要である．また自らの中間言語システムを活用し，自分の発話をコントロールし，インタラクションを維持する努力を意図的に行う必要がある．これらの目標は，特定のストラテジーを使いこなし管理することの認識を高め，ストラテジー能力を発達させることによって可能となる．

以上のことを実現するためには，ここで紹介したようなメタ認知トレーニングに意識的に取り組む必要がある．対話において CS を使い意味交渉を行うことで，現状の聴解能力より少し困難な情報も理解できるようになる．また，少し複雑な形体の発話を試す機会を得ることも可能となるのである．

引用文献

Canale, M., & Swain, M. (1980). Theoretical bases of communicative approaches to second language teaching and testing. *Applied Linguistics, 1*, 1-47.

Clennel, C. (1995). Communication strategies of adult ESL learners: A discourse perspective. *Prospect, 10*, 4-20.

Crookal, D., & Oxford, R. (1990). *Language learning through simulation/gaming.* New York: Newbury House.

Demetras, M., Post, K., & Snow, C. (1986). Feedback to first language learners: The role of repetitions and clarification requests. *Journal of child language, 13*, 275-292.

Di Pietro, R. (1987). *Strategic Interaction.* New York: Cambridge University Press.

Dörnyei, Z., & Scott, M. L. (1997). Communication strategies in a second language: definitions and taxonomies. *Language Learning, 47*, 173-210.

Gass, S. M., Mackey, A., & Ross-Feldman, L. (2011). Task-based interactions in classroom and laboratory settings. *Language Learning, 61*, 189-220.

Krashen, S. (1982). *Principles and Practice in Second Language Acquisition.* New York: Pergamon.

Long, M. H., & Crookes, G. (1992). Three approaches to task-based syllabus design. *TESOL Quarterly, 26*, 27-56.

Mackey, A. & Gass, S. (2015). Interaction approaches. In B. VanPatten & J. Williams (Eds.) *Theories in Second Language Acquisition.* New York: Routledge.

Mackey, A., Oliver, R., & Leeman, J. (2003). Interactional input and the interaction of feedback: An exploration of NS-NNS and NNS-NNS adult and child dyads. *Language Learning, 53*, 35-66.

Nakatani, Y. (2005). The effects of awareness-raising on oral communication strategy use. *The Modern Language Journal, 89*, 75-90.

Nakatani, Y. (2006). Developing an oral communication strategy inventory, *The Modern Language Journal, 90-2*, 151-168.

Nakatani, Y. (2010a). Identifying strategies that facilitate EFL learners' oral communication: a classroom study using multiple data collection procedures. *The Mod-

ern Language Journal, 94-1, 116–136.

Nakatani, Y. (2010b). *Improving Oral Proficiency through Strategy Training—Focus on Language Testing, Learners' Corpus and Cognition.* Lambert Academic Publishing.

Nakahama, Y., Tyler, A. & van Lier, L. (2001). Negotiation of meaning in conversation and information gap activities: A comparative discourse analysis. *TESOL Quarterly, 35*, 377–405.

Omaggio, A. H. (1993). *Teaching Language in Context. 2nd Edition.* Boston: Heinle & Heinle Publishers.

Schmidt, R. (1990). The role of consciousness in second language learning. *Applied Linguistics, 11*, 129–158.

Sinclair, J. H. (1984). The teaching of oral communication. *Nagoya Gakuin Daigaku Gaikokugo Kyoiku Kiyo, 10*, 1–12.

Swain, M. (1985). Communicative competence: some roles of comprehensible input and comprehensible output in its development. In Gass, S. M., & Madden, C. (Eds.), *Input in Second Language Acquisition*. Mass.: Newbury House.

Williams, J., Inscoe, R., & Tasker, T. (1997). Communication strategies in an interactional context: the mutual achievement of comprehension. In Kasper, G., & Kellerman, E. (Eds.), *Communication strategies*. Essex: Longman.

（中谷安男）

第 12 章　**Skit**

1.　はじめに

　スキットは会話の実例を示すために演じられるものである．「聞くこと」と「話すこと」を学んだ後，相手と対話することで，学んだことを実際に使うことができる重要な活動である．授業で是非とも扱いたい．

2.　スキット・話すこと（やり取り）の定義と重要性

　新学習指導要領では4技能が5領域となり，「話す」の中に「やり取り」と「発表」が加わった．「発表」では原稿を用意できるプリペアードスピーチを行うことが予想できるが，「やり取り」では原稿を用意せず，即興で相手と対話することが予想される．

　ではなぜ「やり取り」が必要なのか．Krashen は理解可能なインプットを学習者が潜在的な知識として蓄積することで，言語習得が可能になると主張した．しかし，インプットだけでは不十分であり，アウトプットも言語習得には不可欠であると考えるのが Swain のアウトプット仮説であった．さらにLong はインタラクション仮説でノンネイティブ・スピーカーの学習者がネイティブ・スピーカーとのインタラクションを通して，第二言語がどう効果的に学習されるかを説明した．インタラクションというのは，お互いに自分の言ったことが相手に伝わっているか確認したり，自分の理解が正しいか相手に確認したり，あるいは相手の発話が明確でない時に再度の発話を要求したりするこ

とと定義される。インタラクション仮説によれば，インタラクションを通して，インプットが学習者にとって適度に修正されることで，理解可能なインプットとなり，学習者にとって言語習得が可能な環境が得られると考えられる。以上のような理由で「やり取り」は言語習得にとって大変重要な活動となる。

3. 英語が身につくために効果的な「スキット・話すこと（やり取り）」の特徴

　授業などで学んだ語彙や文法を使ってスキットを行うことが基本である。授業で学んだ知識を技能に変えることを目標にスキットの練習を行うことが大切である。したがって，スキットの練習は各課の最後に行うのがよいであろう。さらに，学習した事項だけを使った定型化したスキットだけではなく，生徒自身のことが表現できるスキットを行わせることでインタラクションが生まれ，英語が身につく。定型表現にもう一言付け加えさせると自分の気持ちが表現でき，対話が模擬的行為ではなく，より現実の行為に近くなる。次の中学校1年生の教科書の例を見てみる。

A:　I can ski well. But I can't skate well. How about you?
B:　I can snowboard well. But I can't ski well.

(NEW HORIZON English Course 1, TOKYO SHOSEKI)

このスキットに何か加えさせたいところであるが，"I want to ski." といった不定詞は中学校1年生では学習しない。この課の前に Let's を使った表現を学習済みなので，次のように，Let's を使った一言を加えることができる。

A:　I can ski well. But I can't skate well. How about you?
B:　I can snowboard well. But I can't ski well.
A:　Then let's go to Niigata. I can ski there and you can snowboard there.

以上のように，定型表現に自分のことを一言加え，スキットで自分のことを話させると，より現実に近い対話にすることができ，英語を身につける一歩となる。

4. スキット作成指導

それでは，どのようなスキットを作らせればよいのか．中学校および高等学校の教科書記載のスキットと，加えさせたい一言を見ていく．

(1) 中学校 1 年生　　　(*NEW HORIZON English Course 1*, TOKYO SHOSEKI)

第 1 課

   A: Hi, I'm Ando Saki. Call me Saki.

   B: Hi, Saki. I'm Ito Kota. Call me Kota.

ここまでが教科書のスキットであるが，次の一言を加えられる．

   A: Hi, I'm Ando Saki. Call me Saki.

   B: Hi, Saki. I'm Ito Kota. Call me Kota.

   A: <u>Kota, I like your name.</u>

第 11 課

   A: Did you ski?

   B: Yes. I did.

   A: When did you ski?

   B: I skied during winter vacation.

教科書のこのスキットに，次の一言を加えてさらに会話が続けられる．

   A: Did you ski?

   B: Yes. I did.

   A: When did you ski?

   B: I skied during winter vacation.

   A: <u>Did you have a good time?</u>

(2) 中学校 2 年生　　　(*NEW HORIZON English Course 2*, TOKYO SHOSEKI)

第 1 課

   A: Are you ready? Our class starts in a few minutes.

   B: Just a second! ... OK. Let's go.

   A: What were you doing?

B:　I was looking for my pencil case.

A:　Oh, did you buy that? It's nice.

B:　Thanks. I bought it yesterday at the back-to-school sale.

　ここまでが教科書のスキットである．この先に話を続けるためには，後半の応答に少し手を加えるとよいであろう．例えば "It's nice." を削り，"Did you buy that?" には "Yes." と答えることにし，次の一言を加えれば自分の気持ちを表すスキットを作ることができる．

A:　Are you ready? Our class starts in a few minutes.

B:　Just a second! ... OK. Let's go.

A:　What were you doing?

B:　I was looking for my pencil case.

A:　Oh, did you buy that?

B:　Yes. I bought it yesterday at the back-to-school sale.

A:　What a cute pencil case!

B:　Thank you.

第 7 課

A:　I think soccer is a very exciting sport.

B:　I think so, too. I think soccer is the most exciting sport.

　教科書のこのスキットに，次の一言を加えてさらに会話が続けられる．

A:　I think soccer is a very exciting sport.

B:　I think so, too. I think soccer is the most exciting sport.

A:　Which team do you like the best?

B:　I like the S-PULSE the best.

(3)　中学校 3 年生　　　(*NEW HORIZON English Course 3*, TOKYO SHOSEKI)

第 1 課

A:　Was the castle built by Toyotomi Hideyoshi?

B:　Yes, it was.

ここまでが教科書のスキットである．これは城の名前を当てるゲームとして
教科書に載っている．さらに一言加えて会話が続けられる．

A: Was the castle built by Toyotomi Hideyoshi?
B: Yes, it was.
A: When was it built?
B: It was built in 1598.
A: It is still beautiful.

第 5 課
A: Are you interested in robots?
B: Yes, especially robots made in Japan.
　　Do you know what they can do?
A: I heard some of them can walk, talk, and even kick a ball.
B: That's right. Not long ago, robots like those were just a dream.
A: I know what you mean. Our dreams are becoming reality.
B: Exactly.

教科書のこのスキットに，次の一言を加えて会話が続けられる．

A: Are you interested in robots?
B: Yes, especially robots made in Japan. Do you know what they can
　　do?
A: I heard some of them can walk, talk, and even kick a ball.
B: That's right. Not long ago, robots like those were just a dream.
A: I know what you mean. Our dreams are becoming reality.
B: What do you want them to do?
A: I want them to help people. For example, they can help people in
　　case of fire.

(4)　高等学校 1 年生

高等学校の「コミュニケーション英語 I」の教科書は難易のレベルがおおよ
そ 3 つあり，それぞれの教科書によって異なるが，物語調の本文が載せられ
ており，対話がない場合も多くある．次は一番やさしいレベルのプレレッスン

にある中学校の復習の文である.

Hi! My name is Kimura Yui.

I'm fifteen years old.

I'm from Tokyo.

I'm not a member of the music club, but I'm a member of the art club.

These are my paintings.

Are you interested in art or music?

(*All Aboard! English Communication I*, TOKYO SHOSEKI)

　以上が教科書本文であるが, be 動詞を使って次のような対話を作り, 練習させることが可能である.

A: Where are you from?

B: I'm from Sydney, Australia.

A: Oh, I've never been there. What's it like?

B: It's a beautiful city with a harbor and a bridge. It also has the Sydney Opera House.

　これは ALT との対話を想定しているが, "What's it like?"「それはどんなところ」が良い質問例になる. これを参考にして, 生徒同士で対話練習させるとよいであろう. このように, 教科書で学習した内容を使い, 対話練習させることが英語を身につける一歩となる.

　一方, 高等学校の「英語表現 I」の教科書にはたくさんの対話が載せられている. 例えば, 次は「英語表現 I」の後半の課の対話文である.

A: Yuma, can you imagine life with a robot like Doraemon?

B: Yes, of course. We are living with robots even now.

A: What do you mean?

B: Well, there are some robots that help elderly or disabled people who need special care. Some such robots are devices which help them walk or carry heavy things. Others talk like human beings, and even respond to you.

A: So the future we dreamed of has already begun. I'll be able to meet a Doraemon soon!

B:　Well, ….

(*NEW FAVORITE English Expression I*, TOKYO SHOSEKI)

　この対話を理解させ，練習させるには難しい場合もあるが，最後に一言付け加えさせるとただの暗記に終わらせない，意味のある対話になる．

A:　Yuma, can you imagine life with a robot like Doraemon?

B:　Yes, of course.　We are living with robots even now.

A:　What do you mean?

B:　Well, there are some robots that help elderly or disabled people who need special care.　Some such robots are devices which help them walk or carry heavy things.　Others talk like human beings, and even respond to you.

A:　So the future we dreamed of has already begun.　I'll be able to meet a Doraemon soon!

B:　What would you want to do with the robot?

A:　I would want to fly in the sky with him and see foreign countries.

このように，一言加えると，自分のこととして対話を考えられる．

　生徒に対話練習を行わせる場合は，年度当初に生徒が英語を話しやすくする雰囲気作りが大切である．音楽を流して雰囲気作りをする先生方もいるが，大変効果的だと考えられる．また，教室の前で，あるペアにデモンストレーションさせる場合は，1 回目のペアのパフォーマンスが大切である．年度当初に元気のありそうな生徒を見つけておき，授業前に発表を頼んでおくことも一案であろう．始めのペアがうまくいくと大体 1 年間はうまくいくものである．

(5)　発展的な例

　教科書の本文は説明文の頁も多いが，説明文であっても，相づちを入れるなどの工夫を加えれば対話文になることを生徒に体験させるのも一案である．

第 1 課

　Horyu-ji is one of the most famous temples in Japan.　The temple is in Ikaruga, a suburb of Nara.　It is visited by many junior and senior high school students every year. It was built by Prince Shotoku in the Asuka era.

　The temple has a lot of wooden buildings. The five-story pagoda is one of them. It was built in the 7th century. It is known as the oldest wooden building in the world.

(TOTAL ENGLISH 3, GAKKO TOSHO)

以上の説明文から対話文を作るグループワークを生徒に指示するにあたり，説明を聞いて相づちを入れる人はだれか，会話はどのような場面・状況かをグループで考えさせるとよい．例えば，修学旅行で奈良に来ている中学生 (S) が外国人旅行者 (V) に話しかけて法隆寺を説明する，という設定や，最初はまず何と言って話しかけるか，例えば "Are you visitors?" "Would you like some information about Horyu-ji?" "May I tell you something about Horyu-ji?" などをグループで考えさせる．

S:　Horyu-ji is one of the most famous temples in Japan.
V:　Great. It looks old.
S:　Yes, it was built in the 7th century.
V:　Fantastic! And it's still there!
S:　It was built by Prince Shotoku in the Asuka era.
V:　I see.
S:　The temple has a lot of wooden buildings. The five-story pagoda is one of them.
V:　Wow, look at that!
S:　It is known as the oldest wooden building in the world.
V:　Amazing!

このように，場面や状況の設定も含めて対話をグループで楽しませると，実生活の中で英語を使う予行演習になり，より深い学びにつながる．

5.　パフォーマンス評価

　授業中に対話を練習させても，試験をしたり評価をしたりしないと，次第に

生徒はやる気を失ってしまう．そこで，練習した対話をリスニングテストに出題するとか，ペーパーテストで書かせるテストを行ったり，パフォーマンステストで評価したりすることが必要になる．パフォーマンステストでは生徒同士で行わせると，相手の良し悪しで生徒の対話の出来が変わってくる．英語を話すのが得意なパートナーに当たるとリズムよく，楽しく対話ができるが，英語を話すのが得意でないパートナーだと対話が途切れ途切れになり，ぎこちないものになってしまう．そこで，パフォーマンステストは教師や ALT がパートナーとなって行うと不公平がなくなる．また，パフォーマンステストの際にはテストをビデオ録画し，後から冷静な目で見て評価をするとよいであろう．

　パフォーマンステストの評価項目は語彙・文法・発音といった English，アイコンタクト・話す姿勢・ジェスチャーといった Delivery，内容の Contents の 3 点から評価するとよいであろう．評価の段階も区別のしやすさから 3 段階程度が適当だと考えられる．5 段階だと Extremely well, Very well, Moderately well, Slightly well, Not at all well となり，それぞれの区別が難しくなる．例えば Extremely well と Very well の違いを区別することは困難な場合が出てくる．そこで，A (Excellent)，B (Average)，C (Poor) の 3 段階で上記 3 項目を評価すると公平な評価ができるようになる．以上の評価項目を評価カードにすると以下のようになる．

Dialog Evaluation Sheet

Speaker _____

A…Excellent　B…Average　C…Poor

English	A	B	C
Delivery	A	B	C
Contents	A	B	C

Comments:

　普段授業中に教室の前でペアにデモンストレーションさせる場合も，聞き手に評価カードを配り，評価させると，発表者のやる気を引き出せるばかりでなく，聞き手の聞く意欲も引き出せる．その場合は上記評価カードの下のほうに

クラス，番号，氏名を書く欄を設け，書いたコメントに責任を持たせる．また，誹謗中傷がある可能性もあるので，教師はコメントをよく読んで，不適切なコメントがないことを確認したうえで，発表者に手渡すことが必要である．

6.　まとめ

　新学習指導要領に盛り込まれた「やり取り」は単に教科書本文を理解したり，理解した本文を音読するだけではできない，言語習得にとって大変重要な活動となりうる．

　対話がうまくいき，成功体験ができると，生徒はどんどんやる気を出してくれるものである．また，生徒が話せば話すほど，場面や物事のイメージが頭に残ることが予想されるので，単語帳を丸暗記する学習よりも語彙が自分のものとなりやすい．また，自分の発話が実際相手に伝わるか体験できる．生徒は音読とは異なる自然の会話で発音をするので，教師は音声変化などの発音指導をする良い機会となり，生徒もその練習が可能となる．そしてさらに英語が上手になることが予想される．そうなると，生徒は自主的に練習をするようになり，自律学習につながる．

　以上のように，スキット練習の効果はたくさんあり，生徒のためになるので，是非多くの機会を設けて練習をさせたいものである．

引用した教科書

笠島準一・関典明 (2016) *NEW HORIZON English Course 1*, 東京書籍.
笠島準一・関典明 (2016) *NEW HORIZON English Course 2*, 東京書籍.
笠島準一・関典明 (2016) *NEW HORIZON English Course 3*, 東京書籍.
矢田裕二・吉田研作 (2016) *TOTAL ENGLISH 3*, 学校図書.
清田洋一 (2019) *All Aboard! English Communication I*, 東京書籍.
中邑光男 (2017) *NEW FAVORITE English Expression I*, 東京書籍.

（浅見道明）

第13章 **Speech**

1. はじめに

　毎年，経験することであるが，スピーチコンテストに出たいと意気込む生徒・学生には，これから大きく伸びようとする勢いと熱いエネルギーを感じる．スピーチ原稿を作り上げるまでの苦労はあるが，何とか書き上げ，何度も練り直して完成させ，声に出して練習を重ね，ついに，コンテスト出場を果たしたときの安堵と充実感あふれる表情を見るにつけ，その後に自信を持って勉学に勤しむ姿を見るにつけ，大きな成長には目を見張るものがある．特に英語を話す際の自然さの点で伸びる人が多い．このような長期的な成長があるため，スピーチコンテストに出場する経験自体が，生徒の英語力，特に音声で伝達する力を押し上げるきっかけになっていると実感するのは，指導経験のある教師であればだれでも経験していることであろう．

　しかし，スピーチを行うということは，表面上は暗記した英文を壇上で声に出して言うだけの，一方通行でコミュニカティブではない活動のようにも思えてしまう場合があるかもしれない．スピーチ活動は生徒・学生が自分の考え弥主張を表明する場ではあるものの，プリペアドスピーチであるので，生徒・学生が自由に即興的にやり取りをする活動とは様相が異なる．そこで本章では，スピーチ活動が英語力を押し上げる原動力になっているのか，深い学びがあるのか，英語の習得が起こるのかについて検討し，解説し，スピーチ指導の実践例と評価の例を紹介する．

2.　スピーチとは

2.1.　スピーチの定義

　スピーチとは，*Random House Unabridged Dictionary* によると，'a form of communication in spoken language, made by a speaker before an audience for a given purpose' とあるように，伝達しようというある特定の目的を持ったコミュニケーションの一形態である．また，「高等学校学習指導要領解説—外国語編・英語編」（平成 30 年 7 月文部科学省）によると，スピーチとは「あるテーマについて自分の考えや主張をまとまりのある形で述べる活動のことである」(p. 88) とあるように，単に英語で書いた原稿を暗記して声に出して述べるだけではないことがわかる．さらに，学習指導要領の高校「論理・表現 I」に記載されている科目の内容を読むと，より具体的に理解できる．その学習指導要領によると，スピーチとは，相手に伝えたい内容，相手が耳を傾けて聞きたいと思うような内容を相手に理解してもらえるよう，話の流れを論理的に構成し，相手に伝わる語彙を選択して，自分の主張を理解してもらうように伝達する活動である．

2.2.　スピーチ活動の目的と意義

　スピーチはコミュニケーションの一形態であるため，スピーチ活動は実生活の中でのコミュニケーションを教室で疑似体験する学習活動の 1 つであるといえる．英語はもはや国際的な場における共通語（ELF: English as a Lingua Franca）としての認識を持って学ぶ時代になってきている．そのため，日本のような英語が日常的に使われていない環境にある学習者にとって，英語を使う場としての教室の果たす役割は大きい．「話す」ことはことばの「やり取り」だけではなく「発表」することも含んでいる旨が学習指導要領には明記されており，英語スピーキング力を育成することが目標とされている．国際的な場で自分の意見や見解を述べることができる人材を育成することが目標であり，教室での指導の深まりが期待されている．

2.3.　主体的・対話的で深い学びとしてのスピーチ活動

　スピーチ原稿を作成するとき，原稿としてまとまった長さの英文になるので，文章を書くプロセスに沿って原稿を準備するとよい．生徒・学生は

1)　自分が話したい話題やテーマを創出し，いくつか書き出す
2)　テーマを取捨選択して 1 つに絞り込み，仮題を立てる
3)　仮題を念頭に話の筋道を立て，「イントロ，主張，具体例 1，具体例 2，具体例 3，まとめ」のように論理的に構成する
4)　各部分に何を盛り込むか，さらに深く考え，聴衆に伝えたいことがらを優先してアイディアを取捨選択する
5)　全体の骨組みがほぼ出来上がったら，書き留めた日本語と英語が混在するメモを，全て英文にしていく
6)　全体を読み直して情報の過不足を点検し，話の流れも必要があれば修正し，英語の正しさや適切さについても訂正して全体を整える

　以上はライティングのプロセスと同じであるが，学びの認知プロセスは Bloom の認知プロセス（Anderson, et al., 2001）の通りに進んでいることがわかる．

1)　自分の言いたいことを表す英語，英単語，文法，構文を記憶から呼び起こす（remember）
2)　主張と具体例の整合性が取れているか考え，話題に応じて分類，比較などの手法を用いて，聴衆の理解を得られるよう，まずは自分がよく理解しておく（understand）
3)　話の論理性の組み立て方や，英語のパラグラフの構成に関する知識などを取り入れてドラフトを作成する（apply）
4)　各パラグラフ内のまとまりだけでなく，原稿全体の流れやまとまりを点検する（analyse）
5)　ドラフトが出来たら，全体を読み直して，語彙の選択や文法の使い方などの正確さ，適切さについても点検する（evaluate）
6)　スピーチ原稿全体の首尾一貫性を確認して，声に出して読みにくいところは無いか，再点検する（create）

　以上のように，スピーチ原稿作成のプロセスは，ライティングのプロセスと同様，思考力，判断力，表現力の育成になっており，学びの認知プロセスに沿って深い学びが起きていることも理解できる．

2.4.　外国語学習の発達段階におけるスピーチ活動の位置づけ

　スピーチ活動は第二言語習得の観点から見ると，学習者としては自らの英語力だけでは表現しきれない部分をプッシュ（辞書を引く，先生の支援を得るなど）したアウトプット（pushed output）である．Swain（1985）のアウトプット仮説（the Output Hypothesis）によると，限られた L2 能力を持つ学習者が他の人に理解してもらえる L2 を産出するとき，自分が L2 を受容するときとは異なるプロセスで言語処理を行っているという．つまり，意味を理解するための意味処理から文を組み立てるための統語処理に変わるという．学習者の L2 到達度がまだ高くない場合はなおさら，1）言語形式に関する意識を高めて，どのような表現を使うかということに意識を当て，使いたい語彙が思い浮かばないときは自分の知識に穴があることに気づき，2）自分の英語力で通じるかどうかを試し，3）文法や語彙にもどかしさを感じたときは言語知識をふり返る．これら 3 点を Swain（1995）はアウトプットが持つ重要な 3 つの役割であると主張している．

　さらに Ellis（1994）によると，学習者は L2 を産出しようとするとき，図 1 で示すように，2 つのタイプの知識を使うという．自動的に使えるようになっている暗示的知識（implicit knowledge）から言葉は比較的たやすく出てくるが，暗示的知識からだけでは思うようにアウトプットできないため，もどかしさを感じたときは明示的知識（explicit knowledge）を援用するという．スピーチ用の原稿を書くときは，学習者は明示的知識を何度も呼び起こしては原稿を作成する．明示的知識を何度も使っているうちにその処理速度が速くなり，あたかも L1 の知識であるかのようなスピードで明示的知識を処理することもあるという．結果として学習者の英語運用力を押し上げる現象が起こる．

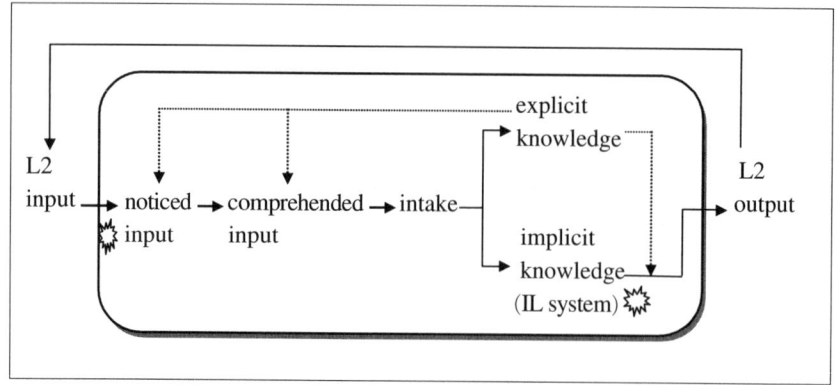

図 1　L2 習得のプロセス（佐野他 , 2013, p.5; Ellis, 1994, p.349 に基づく）

　以上の L2 発達プロセスに関して学習者の認知面に着目した見解を述べた Skehan（1998）は，アウトプットの重要性を以下の 6 点にまとめ，理解できるインプットをたくさん与えるだけではなく，アウトプットさせる指導も合わせることが外国語指導の成功に導く必要条件であると主張している．

(1)　より良いインプットを創出する
(2)　統語的処理をさせる（トップダウンだけでなく，ボトムアップ処理も両方させる）
(3)　学習者の「仮説」を検証する
(4)　言語使用の自動化を発達させる
(5)　談話スキルを発達させる
(6)　学習者の自分の声を発信する力を育成する　　　　　　　　（p. 19）

3.　スピーチの指導

3.1.　原稿作成を始める前に

　スピーチの肝は聴衆をいかに魅了して共感を得るか，という点にあり，スピーチのトピックを何にするかによって，観客に興味を持って聞いてもらうことに関する適切性が決まってしまう．まず，スピーチとは何であるかを認識させるところから始めたい．何でも話せばよいということではなく，上述のスピーチの定義を改めて理解させたい．また，良いスピーチの特徴についても十

分に理解させたい.

3.2.　良いスピーチの特徴

　良いスピーチには聴衆に訴える力（伝達力）があり，力強く伝達する力は以下の特徴で表すことができる．以下の特徴を踏まえることは，スピーチの原稿作成のコツでもある.

1)　聴衆にアピールする内容
　　内容が興味深く，思わず最後まで聞きたくなるような内容であれば，耳を傾けてもらえる.
2)　明確な主張
　　何を言わんとしているかが明確に述べられていると，聴衆の理解と賛同を得やすい.
3)　説得力，論理性がある
　　主張の裏づけが 2 〜 3 点あり，裏づけとしての妥当性のあるものであれば，聴衆は深い理解を示す.
4)　聞いていてわかりやすい
　　わかりやすさは内容と構成だけではなく，英語の言語的側面も影響することが多い．例えば，聞き慣れない語彙，発音が不明瞭といった要素が加わると，聴衆にとってそのスピーチは "わかりにくい" ものになってしまう.
5)　主張の位置
　　スピーチのはじめのほうで要点が述べられていると全体像のイメージをとらえることができる．日本人の発想の影響により，言わんとすることを後まわしにすることがあるため，この点は気をつけたい.

3.3.　スピーチを行うまでの指導と学習

　英語でスピーチを行うという活動は，自分の意見や主張を表出し，伝達するというコミュニケーションの一形態であることを，まず生徒に理解させたい．聴衆へ伝えることを念頭においたアイディア創出，話の流れの整理，構成の練り直し，ドラフト作成，修正と校正といった一連の考える活動と連動したライティング活動，文言を吟味するという語彙・文法の深い学び，繰り返しリハー

サルすることによる発音や滑らかさの向上など，スピーチ活動は英語の多技能を統合的に伸ばすことができる．まさに思考力，判断力，表現力の統合的な育成である．以下に指導手順の例を示す．

1) スピーチのメッセージを選択して決める
スピーチで何を言わんとしているかが明確に伝わるよう，伝えたいメッセージを決める．そのためには，生徒の自由な発想による自由な考えの創出，アイディアの整理と取捨選択を支援する（＝発想力，思考力の育成）
2) 下調べして内容に深みを持たせる
原稿に盛り込む内容に厚みを持たせるため，下調べは必須であることを生徒に理解させる（＝探求力，思考力の育成）
3) ドラフト作成
ドラフト作成に向けて案を練り，構成を考え，トピックを膨らませて内容を充実させ，考えを英文にする（＝思考力の育成，英語に関する明示的知識の活用）
4) ドラフトの練り直し，修正
ドラフトを何度も読み返して練り上げ，学習により蓄積した明示的知識を参照し，ドラフトを修正し，言語形式に焦点を当てて言語形式も整える（＝判断力の育成，明示的知識の活用）
5) 完成原稿の音声化
一応の完成原稿を音読し，言いやすさを確認し，耳で聞いて英語の自然さを他者にチェックしてもらい，発音を直してもらう（＝英語の音声に関する明示的知識の活用と明示的学習）
6) トータルなパフォーマンスとしての仕上げ
発音，声量，姿勢，ジェスチャー，アイコンタクトなど，英語のスピーチとして仕上げ，自然な英語を話せるよう気持ちを込めて何度も練習とリハーサルを重ねる（＝明示的知識活用から暗示的知識活用へ向けた練習）

このように，一見コミュニカティブではないようにも見えるスピーチ活動は，言語活動の特徴を段階別に分析的に捉えると，以下の理由でコミュニケーション活動であるといえる．（1）メッセージの伝達がある．一方通行型の伝達

活動になる場合が多いが，スピーチ終了後に質問が出たり，ディスカッション
に発展したりすれば，双方向型の伝達活動にも発展させることができる．(2)
スピーチを行うということは，聴衆に理解してもらって共感してもらうことを
主眼においているため，話者と聞き手との間に意味理解の交流があるコミュニ
ケーションである．実生活におけるスピーチはタスクであり，生徒にとっても
教室またはスピーチコンテスト会場において行うタスクである．聴衆の注意を
引きつけ，自分の意見や主張を理解してもらい，共感してもらうことがタスク
である．

4.　スピーチの評価

　スピーチは英語によるパフォーマンスであり，パフォーマンスをどう評価す
るかについては様々な意見がある．以下に現在よく用いられている評価法を紹
介する．

4.1.　総合的評価 (holistic rating)

　総合的評価とは，評価者の印象に基づき，評価を数字で表す方法である．ス
ピーチを聞いて総合的に判断し，評点（数字または A, B, C など）をつける方
法であるので，評価する作業に時間はかからない．そのため，スピーチコンテ
ストのような，限られた時間の中で次から次へと評点を出していかなくてはな
らない状況では，時間効率がよく，主催者側には運営上の利点がある．しか
し，評価を印象に基づいて行うため評価者の主観が入りやすく，なぜそのよう
な点数になったかについて質問が出た場合には客観的な説明が難しいことがあ
りうる．

4.2.　分析的評価 (analytic rating)

　評価者が複数いる場合は，評点のばらつきを抑え公平を期すために，評価者
同士で話し合って，評価の観点をいくつか決めることが多い．観点別に評価
し，その合計をもって評点とする評価法を「分析的評価」と呼ぶ．例えば，雄
弁さ，内容の興味深さ，話の流れ，英語の正確さと適切さなど，評価者が重要
であると考えている観点について評価基準を定める．評価者がそれぞれの評価
シートに自分が評価した結果を書き込み，途中で評価者の確認のためのブレイ

クをとり，評価者間の評価にぶれがないか信頼性を確認し，最後に照らし合わ
せて整合性を確認したり，平均点をもって最終評価としたり，評価者による偏
りや不公平がないようにする．

　また，スピーチコンテストの出場者と指導者に前もって分析的評価の評価
シートを渡しておけば，どのような点に重点を置いてスピーチの準備を進めれ
ばよいかをよく理解してもらうことができる．また，スピーチコンテスト実施
後に分析的評価を書きこんだ評価シートを出場者に渡せば，出場者は自分のス
ピーチのどこが良くてどこが不十分であったかを理解することができ，その後
の学習の指針とすることができる．

4.3.　ルーブリック (rubric)

　ルーブリックとは，スピーチ，プレゼンテーション，ライティングなどのパ
フォーマンスの評価基準について観点別に尺度と具体的到達内容を記述した表
である．メッセージを伝達するために，メッセージや主張そのものが明確でわ
かりやすいこと，その根拠が順序よく 3 点ほど裏付けとして示されているこ
と，話の筋に一貫性があること，全体として論理的な構成になっていること，
聴衆が理解できることばで表現されていること，聴衆に向かって熱心に話しか
けていることがわかる表情，姿勢，声の出し方をしていることなどが伝達力と
して大切な評価の観点である．それらのうち，スピーチコンテスト開催者が特
に大切であると考えるいくつかの点を取り上げて，段階別に具体的なパフォー
マンスの出来具合をルーブリックのマス目に記入し，ルーブリックを作成す
る．表 1 にルーブリックの例を示す．このように，伝達力そのものが評価さ
れているということを生徒にも理解させるために，ルーブリックを指導のはじ
めに配布するとよい．

　ルーブリックを活用するメリットは以下の通りである．

①　評価者と学習者の間で情報の見える化が図られるので評価の公平性を
　　保つことができる．
②　達成すべきゴールが明確になり，学習も指導も基準と方向性を理解し
　　やすい．
③　評価者の作業もルーブリック表に印をつけるだけなので，迅速に学習
　　者へフィードバックできる．

表1　スピーチ評価のためのルーブリックの例

	Excellent	Good	Fair	Poor
Content	聴衆を魅了する感動的な内容である.	論点がよくわかる内容である.	一応の合格点である.	内容が薄く,公開するに相応しくない.
Organization	論理的に筋道が通っている.	やや論理性が不十分な点がある.	ほぼ論理が通っているが曖昧な点もある.	論理の欠如がある.
Clarity	主張や論点が明確に述べられている. 聞き取りやすい発音である.	主張や論点がやや曖昧な点がある. 発音に不明瞭な点が少しだけある.	主張や論点はやや脆弱ではあるが,一応の主張はある.発音やその他の音声面は一応の合格点である.	全体的に不明瞭でポイントをつかむことが難しい. 発音の誤りや不明瞭さが目立つ.
Delivery	聴衆に目線を配り,声量も十分である.姿勢よく立っている.	目線が聴衆のほうに向いていないときもある.	聴衆を見ていない.	聴衆を見ていない.姿勢も不自然である.
Audience awareness	聴衆を意識したトピックと内容である.	一応は聴衆を意識している.	聴衆に対する配慮が不十分である.	一人よがりで書いている.
Comments				

④　学習者側にも,どの側面が伸びていて,どの側面がまだ達成できていないのかが・目瞭然である.

⑤　複数の評価者がいる場合は評価や評価結果に関する共通理解を持つため,評価者間の判断のずれは少なくなる.

　しかし,ルーブリック作成の困難さというデメリットもある.何を観点として立てるのかは,教師それぞれの教育観,その背景になっている専門領域,指導経験などが異なると,意見の一致が難しい場合がある.また,ルーブリック作成と評価に慣れていないと,何を観点としてよいか迷う場合もある.しかし,ルーブリック作成を英語科担当者全体で話し合い合意を得る絶好の機会ととらえるならば,教育観の振り返りと指導技術の向上にも役立つであろう.

また実用面でも時間的制限に留意する必要がある．伝達力を厳密に詳細に考えて評価の観点を多く立ててしまうと，実際のスピーチコンテストの場で評定をつけることに時間がかかりすぎ，コンテストの運営上，時間の統制が難しくなる．評価の観点を絞り込み，ルーブリックのマス目の中に書き込む記述を単純化しておくと使いやすいルーブリックとなる．

5.　パフォーマンス評価の活用

パフォーマンスを評価したら，その後の指導や動機づけに役立てることを考えたい．例えば，ルーブリックは「ことば」で評価を示す場合が多いので，学習者全体の様子や，学習者個人の伸びを理解するためには，評価基準を数値に置き換えて表計算ソフトを使って保存し，グラフ化すると便利である．以下の表 2 はクラス内のスピーチコンテテストを実施した際のルーブリック評価を点数化した例である．Excellent や A を 5，Good や B を 4，Fair や C を 3 に置き換えて個人の平均点を出す．

通時的に測定して，学習者個人の一定期間の伸びを把握したい場合には，表 3 のように一定期間の評価を保存し，伸びを示したい時期がきたら，数字を図 2 のようにグラフ化することで，伸びを視覚情報として把握，理解することができる．伸びのグラフが右肩上がりであれば，学習者は自分で自覚できていなかった伸びを理解することができ，伸びが十分ではない観点があれば，今後の努力目標を自覚することができる．このやり方は自律的学習者の育成にもつながり，次のプロジェクトやタスクへのさらなる動機づけにもつながる．

表 2　参加者全体のパフォーマンスの記録の例

	Student 1	Student 2	Student 3
Content	5	5	3
Organization	5	4	3
Clarity	5	3	3
Delivery	3	4	5
Awareness toward audience	3	4	5
average	4.2	4	3.8

表 3　学習者個人の伸びを記録する例

スピーチ力の伸び　　　学籍番号＿＿＿　氏名：＿＿＿＿＿＿＿			
	5 月	6 月	7 月
内容	4	4	5
構成	3	4	5
明確さ	2	3	5
目線・姿勢・声量など	2	3	3
聞き手に対する意識	3	4	5
合計（25 点満点）	14	18	23

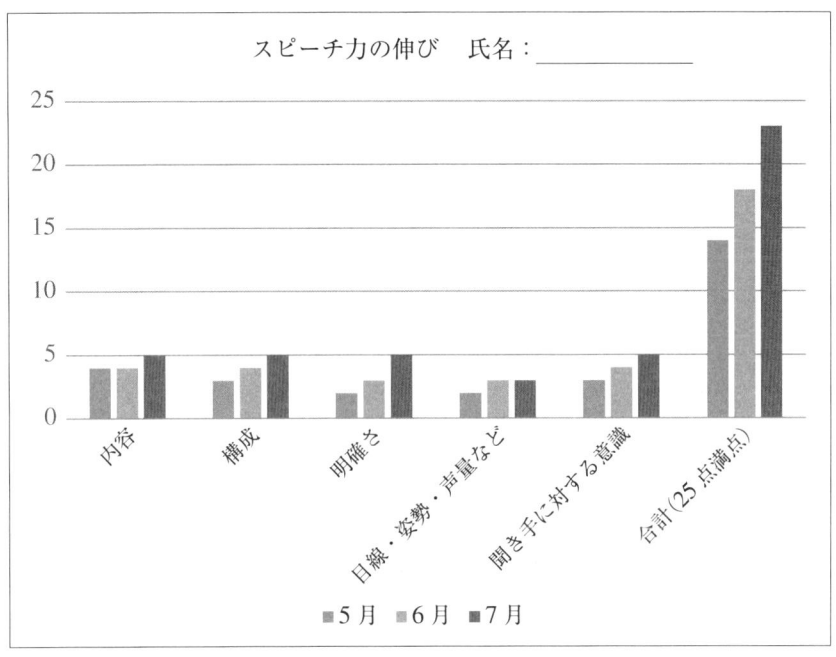

図 2　学習者に渡すグラフの例

　以上，どの方法で測定・評価・評定するにしても，一貫したアプローチを取る必要があり，評定者間の評定のずれがないこと（評定者間信頼性／inter-rater reliability）や，時間の経過による評定者内の揺れがないこと（評定者内信頼性／intra-rater reliability）に留意する必要がある（石川, 2011）．確かな信頼性

を確保するためにどこの試験機関でも行うのは，評価者の訓練である（Luoma, 2004, p. 177）．学校教育の場でも，正しく評価ができるよう教師が訓練を受ける，または評価の経験を積む必要があろう．なぜならば，その評価を基に，学習者それぞれの成長を把握して，学習者を褒め，励まし，アドバイスなどのフィードバックを提供することが教師の務めだからである．

6.　まとめ

　スピーチは生徒・学生にとって決して容易なタスクではないが，生徒は明示的知識を頻繁に使用しなければならず，その結果，言語知識の処理速度が増し，明示的知識をかなり自由に使えるようになる．さらにスピーチ活動は生徒の暗示的知識を増やし，総合的な英語力を伸ばし，結果として外国語（英語）習得が促進される．

　加えて，生徒にスピーチを経験させることの利点として，その後の実生活において英語を使う自信にもつながりやすいことが挙げられる．生徒はスピーチ活動を通して自らの英語力の伸びを自覚し，その自覚は自信につながり，さらに英語を学ぼうとする動機につながる．スピーチ活動はこのような良い効果をもたらすため，スピーチ活動の様々な要素を含むスピーチコンテストは，その規模の大小にかかわらず，生徒の出場を大いに奨励したい．

引用文献

Anderson, L. W., Krathwohl, D. R., Airasian, P. W., et al. (2001). *A taxonomy for learning, teaching and assessing: A review of Bloom's taxonomy of educational objectives*. New York, NY: Longman.

Ellis, R. (1994). The study of second language acquisition. Oxford, UK: Oxford University Press.

石川祥一（2011）「スピーキングの測定・評価」石川祥一・西田正・細田知里（編）『英語教育学体系第 13 巻　テスティングと評価——4 技能の測定から大学入試まで』（7 章 2 節 pp. 188-204）東京：大修館書店.

Luoma, S. (2004). *Assessing speaking*. Cambridge, UK: Cambridge University Press.

文部科学省（2018）「高等学校学習指導要領解説 外国語編・英語編」．

佐野富士子・金子朝子・齋藤英敏（2013）「第 1 章　概観」JACET SLA 研究会（編著）

『第二言語習得と英語科教育法』(pp. 1-23) 東京：開拓社.

Skehan, P. (1998). *A cognitive approach to language learning.* Oxford, UK: Oxford University Press.

Swain, M. (1985). Communicative competence: Some roles of comprehensible input and comprehensible output in its development. In S. M. Gass & C. Madden (Eds.), *Input in second language acquisition* (pp. 235-256). Rowley, MA: Newbury House.

Swain, M. (1995). Three functions of output in second language learning. In G. Cook, & B. Seidlhofer (Eds.) *Principle and practice in applied linguistics: Studies in honour of H. G. Widdowson* (pp. 125-144). Oxford, UK: Oxford University Press.

（佐野富士子）

中学生向けの配布資料の例

上手にスピーチするコツ

佐野富士子（常葉大学）

1. スピーチとは

　スピーチとは「あるテーマについて自分の考えや主張をまとまりのある形で述べる活動」です．聞き手がいます．そのため，普段から自分の考えや主張を表明する機会を持つこと，どう言ったら相手にわかってもらえるか考えることが大切です．自分から率先して自分の意見を自分のことばで表明するよう心がけましょう．その場合は，ただ「…と思います」と言うだけではなく，なぜそのように考えるのか，なぜそのような主張をしたいのか，裏付けとなる情報も一緒に述べると説得力が出ます．裏付けとなる情報とは，理由，事実，出来事，エピソードなどです．　　　（高等学校学習指導要領解説 p. 88）

2. よいスピーチの特徴

a. メッセージ（考えや主張のポイント）がわかりやすい——わかりやすい言葉，明瞭な発声・発音

b. 内容が興味深く，「このスピーチは最後まで聞こう」と聴衆に思わせるような内容である——聴衆が思わず聞きたくなるような深い話，興味深い話

c. スピーチの最初のほうで意図や目的がわかる——最初のほうに話のポイントが表明されている

d. 考えや主張を裏付ける情報が3点ほど提供される——聴衆が聞いていて，「その通りだ，賛成だ」と思うような情報が，話の流れに沿って順序良く並んでいる

e. スピーチの最後でポイントの確認がある——同じ内容のメッセージを別の言い方で再度述べる．聴衆としては聞いた内容のふり返りができる．

3. スピーチ原稿作成のコツ

1) 何を言わんとするのか，メッセージを明確にする

2) 聞き手は誰であるかを念頭におく

3) 構成（話の流れ）に筋道を通す

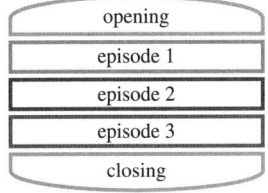

4. 英語のスピーチとして仕上げる

1) 発音をクリアにしよう　　正確な発音，イントネーションを心がけ，強調したいところはゆっくりはっきり，声に出して練習しよう．リハーサルを繰り返そう．

2) ジェスチャーを効果的に使おう　　聴衆にスピーチの内容をわかってもらう支援です．

3) 表情，笑顔，目線，姿勢も意識して練習しよう　　言語外のメッセージが伝わります．

Creating A Good Speech

1.　What is a Speech?
A speech is 'a form of communication in spoken language, made by a speaker before an audience for a given purpose' (Random House Unabridged Dictionary) in which a person shares his or her opinion or makes a claim about a topic in an organized format.　There is an audience more than usual; you have the chance to express your ideas and assertions to other people.　Thinking about how to express your opinions in a way that is easily understandable by your listeners is incredibly important.　Keep in mind that you should take the initiative to express your own thoughts in your own words.　Just saying "I think …" is not enough. Persuading your audience is the key to make your speech impressive.　Information that you can use to support your claims includes reasoning, evidence, facts, events, and personal experiences.

<based on the Ministry of Education (2018, p. 88)>

2.　Characteristics of a Good Speech
a)　The message (the main point of your ideas or claim) is easy to understand. It uses vocabulary that is easily understood, clear speech, and clear pronunciation.
b)　The content sparks interest and makes listeners think, "I want to hear this speech until the end." The topic should be interesting and make the audience want to hear more.
c)　From the very beginning of the introduction, the audience should be able to understand the aim of the speech.　It should start with a strong topic sentence that shows the point of the speech.
d)　Contains at least 3 points of supporting information that reinforces your ideas or claims.
e)　The closing paragraph should summarize your points.　It should rephrase the content of your speech for the audience to review and confirm their understanding of your message.

3.　Formatting an Original Speech
1)　Clearly state your message and arguments
2)　Keep in mind who your audience is
3)　Organize the flow of your speech in a logical order

Introduction
Point 1
Point 2
Point 3
Conclusion

4.　Creating a Polished English Speech
1)　Use clear and accurate pronunciation.　Keep in mind your intonation.　Practice saying the points you want to emphasize slowly and clearly.　Rehearse your speech many times.
2)　Use natural gestures.　They should support the audience's understanding of the content of the speech.
3)　Consciously practice your facial expressions, smile, eye contact, and posture.

（日本語資料作成：佐野富士子，翻訳：静岡市教育委員会）

第 14 章　**Discussion**

1.　はじめに

　平成 30 年告示の高等学校学習指導要領では，外国語科目に「話すこと」，「書くこと」を中心とした発信力の強化を図るため，特にスピーチ，プレゼンテーション，ディベート，ディスカッション，まとまりのある文章を書くことなどを扱う選択科目として，新たに「論理・表現 I」，「論理・表現 II」，「論理・表現 III」が創設された（文部科学省, 2019）．「論理・表現 I」では，話すこと［やり取り］，話すこと［発表］，書くことの 3 つの領域別に目標がそれぞれ 2 つずつ設定され，(1) 話すこと［やり取り］のイは次のように明記されている．

> 日常的な話題や社会的な話題について，使用する語句や文，対話の展開などにおいて，多くの支援を活用すれば，ディベートやディスカッションなどの活動を通して，聞いたり読んだりしたことを活用しながら，基本的な語句や文を用いて，意見や主張などを論理の構成や展開を工夫して話して伝え合うことができるようにする．（文部科学省, 2019）

　ここでは，ディベートやディスカッションなどの活動を扱う指導における目標について示している（文部科学省, 2019）．「論理・表現 II」の目標の (1) 話すこと［やり取り］のイもディベートやディスカッションなどの活動を扱う指導における目標について示されており，「一定の支援を活用すれば，…多様な語句や文を用いて，意見や主張，課題の解決策などを論理の構成や展開を工夫して詳しく話して伝え合うことができるようにする」と「論理・表現 I」よりも

発展した記述になっている．「論理・表現 III」でも同様に，「支援をほとんど活用しなくてもディベートやディスカッションなどの活動を通して，複数の資料を活用しながら，多様な語句や文を目的や場面，状況などに応じて適切に用いて，意見や主張，課題の解決策などを，聞き手を説得できるよう，論理の構成や展開を工夫して詳しく話して伝え合うことができるようにする」と示されており，「論理・表現 I」から「論理・表現 II」，「論理・表現 III」へと進むにつれてより高度な活動を行うことが求められていることがわかる．本章では，ディスカッションについて扱い，ディベートについては第 16 章を参照されたい．

2.　ディスカッションの定義，重要性

　文部科学省 (2019) は，ディスカッションについて次のように定義している．

> 　ディスカッションとは，互いに情報を交換したり，意見を出し合ったり，話題に関する理解を深め，互いの意見や主張の優れている点や改善すべき点を伝え合ったりする活動である．ペアで簡潔な意見をやり取りしたり，グループで司会などの役割を決めて行ったりするなど，様々な方法で行うことが可能である．ディベートと同様に，やり取りの目的や話題，生徒の習熟の程度などに応じて，適切な方法や形式を設定する必要がある．(p. 88)

　この定義から明らかなように，ディスカッションはペアやグループの中で行われる活動で，1 つの問題について話し合いをする活動である（金谷，2012）．「知識及び技能」，「思考力・判断力・表現力等」，「学びに向かう力，人間性等」の資質・能力を育成するともに主体的・対話的で深い学びの実現に向けた授業改善の 1 つの手段として取り組むことができる活動であるといえるだろう．

　ディスカッションは，ペアやグループ内における話し手の立場や最終目的地が決まっていないので，相手の意見を聞いて納得したら，自分の意見を変えてもよい（金谷，2012）．その際，司会者の役割やディスカッションを進める手順などを明確にして，生徒が意見を出し合いやすいように配慮することが大切である（文部科学省，2019）．

3.　ディスカッションの指導

　ディスカッションを行う場面としては，聞いたり読んだりした内容について，自分の意見を理由などとともに述べて他者と意見を交換する簡単なディスカッションを行う活動などが考えられる（文部科学省, 2019）．Harmer (2015) は，読んでいるテキストの内容をグループ内で予想させたり，読後感を語らせたりする活動を挙げている．筆者は教科書の本文の中に，It is a country where 60 percent of the population lives on less than \$1.00 per day. (*Unicorn English Communication 1 NEW EDITION*, p. 52) と書かれている場合，前日の日本の円と米ドルの為替レートがいくらで，その日本円でどんなものを購入することができ，そのことから何が言えるのかをペアやグループで話し合わせ，クラス全体で共有している．テキストの内容を絶えずペアやグループで話し合い，その結果をクラスで発表する活動を頻繁に設定することがディスカッションの成功の鍵である（米山, 2011）．

　ディスカッションによっては，生徒にとって身近であるような話題（例,「授業中の携帯電話の使用を禁止するべきか」「制服の上にパーカーを着用して登下校してもよいか」など）や，教科書のレッスンの内容に関連する話題（例,ゴミ問題を扱ったレッスンでは「コンビニのレジのプラスチック袋は廃止するべきである」など）をテーマとして設定することも可能である．設定したテーマに基づいてグループ内で役割を与え，金谷（2012）に基づき，次のような手順で指導を行うことも考えられる．

(1)　問題の現状把握.
(2)　良い解決策を出すために案を出し合い，与えられた役割の立場から考える.
(3)　出された案の比較検討.
(4)　最も効果が大きい解決策を合議のうえ，決定する.

　ディスカッションで用いられる定型的な表現として，文部科学省（2019）は次の 6 つの表現を例示している．

(1)　意見を主張するときの表現
　　In my opinion, ... / The major point I'd like to make is that .... / We

strongly believe that 〜 because ….

(2)　相手の言うことを確認するときの表現

Do you mean …? / Would you clarify that? / Am I right to say that …? / What do you mean by …? / Could you explain it in more detail?

(3)　賛成するときの表現 / 部分的に賛成するときの表現

I agree with you. / I think that's a very good idea. / I agree on that point. / I agree with you except for a few points.

(4)　反論するときの表現 / 部分的に反論するときの表現

I disagree. / I can't agree with you. / That sounds interesting, but …. / You are right when you said …, but ….

(5)　付け加えるときの表現

May I add something? / Besides that, …. / In addition, …. / Another point is that ….

(6)　まとめるときの表現

In conclusion, …. / Let me sum up what we've discussed so far. / For all these reasons, we insist that ….

ただし，反論するときは I'm afraid I can't agree with you. や I don't know if I agree with you. のように相手の立場を傷つけないような表現も指導したい．また，グループの中で司会を決めてディスカッションを行う場合には，進行役を務める生徒には，次のような表現も指導したい．

(7)　ディスカッションを始める表現

Let's talk about …. / Let's discuss ….

(8)　相手に発言を促す表現

What do you think of …? / Do you have any (other) comments [suggestions]?

(9)　グループ内の次の話者を指名する表現

Would you like to go first, …? / It's your turn to speak, …. / You are next, …. / How about you, …?

次は，4人グループによる「空飛ぶ自動車」についてのディスカッションの例である．

Hajime: There's a lot of talk about flying cars. Some big companies have already started investing huge amounts of money in developing flying cars. There's a strong possibility that you will be able to see lots of cars flying in the sky, in the near future. What do you think about flying cars? Do you have any ideas, Aya?

Aya: Yes. No matter what time I have to get to school, my father always drives me to the nearest railway station. We have to leave home before 7 o'clock. If we leave after 7 o'clock, we are bound to be caught in a traffic jam. If flying cars become a reality, we won't have to worry about traffic congestion anymore because there will only be a few cars running on the roads. This will reduce congestion. If that happens, I won't have to leave home before 7 o'clock. My father will be able to bring me here from my home, directly! What's more, I'll be able to sleep in longer in the morning!

Hajime: You mean flying cars could solve the problems you experience in daily life, right?

Aya: Yes, that's right.

Hajime: That's interesting. Junko, what do *you* think?

Junko: Aya has a good point, but I'm worried. If flying cars become a reality, there may be no congestion on the roads in the morning, but there will probably be traffic congestion in the sky, instead. What is worse, there's a higher risk of mid-air collisions. If two flying cars collided with each other in the sky, they would both fall to the earth, possibly crashing into houses or people. There might be a disaster. Tens of thousands of people could be killed by flying cars falling from the sky. I don't think we should develop flying cars.

Hajime: So, are you saying that you are concerned about another type of traffic congestion, and also about the safety of flying cars?

Junko: Exactly.

Manabu: Junko has a valid point, but he has overlooked the advantages of flying cars, mentioned by Aya. Aya said that her father would be able to bring her from her home to school. Flying cars would allow us to take more direct routes to our destination. They would be very convenient, and we could use our time much more efficiently. Junko is worried that flying cars might fall from the sky and hit houses or people, but, in fact, I've heard that the actual number of airplane crashes is far smaller than that of car accidents per year around the world.

Hajime: Thank you, Manabu. Your point is that flying cars have many advantages, and also that they are safer than motor vehicles. Let me present another positive view. As Aya mentioned, if we had flying cars, there would be less road congestion. However, as Junko pointed out, there could still be aerial traffic jams or collisions between flying cars, because people could fly their cars anywhere in the sky. I think governments should enact a law that regulates flying cars, to prevent these things from happening. For instance, they could set up specific skyways where flying cars can travel safely in the sky. Or they could introduce "skyway taxes" and impose them on drivers of flying cars. They could then utilize the tax revenue they receive for air safety. We would no longer have to worry about the high cost of road construction, so we could then spend this revenue on areas such as welfare.

Aya: That's a good idea. Your proposals are very interesting.

Hajime: Thank you, Aya. Now, let me sum up what we've discussed so far. Flying cars would be convenient in terms of time efficiency. They would not be as dangerous as motor vehicles on the road, because, in reality, the number of airplane crashes is far smaller than those of car accidents. Flying cars might solve the problem of road congestion but cause other problems such as aerial traffic jams or collisions between flying cars. To prevent these from happening, governments should do something, for instance, enact a law or introduce new taxes for air safety. Am I correctly summarizing our discussion?

Aya:　　　Yes.

Junko:　　I think so.

Manabu: Well done, Hajime.

　このようなディスカッションができる教室は少ないかもしれない．グループによっては意見がなかなか出てこないという場合もあるだろう．設定したテーマに基づいて，問題の現状および解決策を個人で付箋やノート等に書き出させ，グループ内でアイディアを共有し，ディスカッションを行わせるということも考えられる．こういった場合，教師がアイディアを引き出すような発問をして，グループに支援を行う必要があるかもしれない．

　ディスカッションを行ううえで，司会者の役割やディスカッションを進める手順などを明確にして，生徒が意見を出し合いやすいように配慮することが大切である（文部科学省, 2019）．

4.　評価の例

　文部科学省（2019）は，学習指導要領が示す目標に基づいて各学校が学習到達目標を定めることにより，「面接やスピーチ，プレゼンテーション，ディベート，ディスカッション，エッセイ等のパフォーマンス評価などにより，『言語を用いて何ができるか』という観点から評価がなされることが期待され，さらなる指導と評価の一体化とその改善につなげることができる」と述べている（p. 126）．生徒のスピーキングを評価するときに使う評価（採点）基準をルーブリックと呼んでいる（小泉, 2016）．小泉・印南・深澤（2017）を参考にディスカッションのテーマに基づいてグループ内でディスカッションを行う際のルーブリックを表1のように作成してみた．

表1　ディスカッションのルーブリック：総合的評価

4	テーマに対して，①その解決方法および②そのもたらす効果，影響の双方について，論理の構成や展開を工夫して，意見を述べることができる．
3	テーマに対して，①その解決方法および②そのもたらす効果，影響の双方について，意見を述べることができる．
2	テーマに対して，①その解決方法および②そのもたらす効果，影響のいずれかについて，意見を述べることができる．
1	テーマに対して，①その解決方法および②そのもたらす効果，影響について，意見を述べようとしているが，いずれも伝わりにくい．
0	テーマに対して，意見を述べようとしない．ディスカッションに参加しない．

　これは一例であり，ディスカッションの目的や話題，生徒の習熟の程度などに応じて，適切な方法や形式を設定する必要があるだろう．40 人のクラスサイズでは1度に全てのグループの評価を行うのは現実的には難しいので，ディスカッションを実施するたびに，評価するグループを絞って行うことになるのではないだろうか．また，教師からの評価だけでなく，グループ内の生徒同志や個人による振り返りを通じて，生徒に評価を行わせることも考えられるだろう．ディスカッションを活発に行わせるために，あえて教師は評価を行わず，生徒の活動を観察しているだけでも構わないかもしれない．

5.　まとめ

　ディスカッションはペアやグループでの意見交換を通じて，「知識及び技能」，「思考力・判断力・表現力等」，「学びに向かう力，人間性等」の資質・能力を育成するともに主体的・対話的で深い学びの実現に向けた授業改善の1つの手段として取り組むことができる活動である．他人の意見を聞いて刺激を受けたり，自分とは異なる意見を持つ他人の意見に耳を傾けることで，自分の考えを深めたり改めたりして，他人に配慮した意見の表明の仕方などを学ぶことになり，人間的な成長にもつながるものと思われる．聞いたり読んだりした内容について，自分の意見を理由などとともに述べて他人と意見を交換する簡単なディスカッション（文部科学省, 2019）からまずは始めてみてはいかがだろうか．意外な方向に授業が発展し，活発なディスカッションが展開するかもしれない．

引用文献

Harmer, J. (2015) *The practice of English language teaching*, 5th ed. Essex, UK: Pearson Education.

市川泰男・高橋和久・石井康毅・棚橋昌代・桃尾美佳・Hestand, J. R.・株式会社文英堂編集部 (2017)『Unicorn English Communication 1 NEW EDITION』文英堂.

金谷憲（編集代表）(2012)『［大修館］英語授業ハンドブック〈高校編〉DVD 付』東京：大修館書店.

小泉利恵 (2016)「ルーブリックを使ったスピーキングの評価」『英語教育』第 65 巻 10 号，34–35.

小泉利恵・印南洋・深澤真（編）(2017)『実例でわかる英語テスト作成ガイド』東京：大修館書店.

文部科学省 (2019)『高等学校学習指導要領（平成 30 年告示）解説 外国語編・英語編』開隆堂出版.
Retrieved August 23, 2018, from
http://www.mext.go.jp/component/a_menu/education/micro_detail/__icsFiles/afieldfile/2018/07/13/1407073_09.pdf.

米山朝二 (2011)『新編 英語教育指導法辞典』東京：研究社.

（甲斐　順）

第 15 章　**Presentation**

1.　はじめに

　学習指導要領における外国語科は，聞く，読む，話す，書くの 4 技能のうち，話すことをさらに「やり取り」と「発表」の 2 つに分けて「5 つの領域」として，それぞれに目標を設けている．英語教育において，話すことが特に重視されていることの表れである．「やり取り」も「発表」も即興で話すことが求められているものの，「発表」では，話す内容を整理して聞き手にわかりやすい構成を考えさせることに重点が置かれている．この目標を達成する手段として，プレゼンテーションの活動を授業に取り入れることは理にかなっている．

　高等学校の学習指導要領では，スピーチとは「あるテーマについて自分の考えや主張をまとまりのある形で述べる活動」,[1] プレゼンテーションとは「聴衆に対して情報を与えたり提案したりする活動」[2] と定義されている．プレゼンテーションの定義は，専門家によって重視する点に多少の違いがあるが，多くの専門家が参考にした根本的な定義は，「相手に対し，意思を正しく認識させ，納得させ，説得し，信頼感を持ってもらうこと」(箱田, 1991, p. 19) である．これを参考にしたうえで，筆者が携わったプレゼンテーションの授業では，話し手としての心構えを重視して，「プレゼンテーションでは，話し手から聞き手に情報というプレゼントをあげて，聞き手から好意を返してもらう．それに

---

[1]　文部科学省 (2018)『高等学校学習指導要領解説　外国語編・英語編』p. 88.
[2]　文部科学省 (2018)『高等学校学習指導要領解説　外国語編・英語編』p. 89.

より，話し手と聞き手の間に新しい信頼関係を築く．プレゼンテーションはそのために行う双方向のコミュニケーションである」（谷口，2002, p. 67）と指導している．聞き手の説得の有無によってスピーチと区別する考え方は，多くの専門家に共通している．その点で，学習指導要領の定義は，簡潔に要点を押さえていると考えられる．

　プレゼンテーションの枠組みをうまく授業に取り入れることができれば，高校の授業はもちろん，中学校のスピーチの活動にも大きな効果が期待できる．授業の活動として行うプレゼンテーションやスピーチでは，専門的な定義にこだわる必要はない．枠組みを効果的に取り入れることを念頭に解説するとともに，インターネット上で閲覧できるものから，参考となる実践事例を紹介する．

2.　枠組み

　プレゼンテーションは，話し手から聞き手に情報というプレゼントを贈ることによって始まる．プレゼントを準備する際に，贈り手が気を遣う要素は，大きく分けて3つある．相手が喜ぶものを思いやる気持ち，予算の範囲内で形にするプレゼントの中身，素敵な包装やメッセージを添えて手渡す演出である．

　この3要素は，プレゼンテーションの話し手にも当てはまる．聞き手がどのような情報を喜ぶかを思いやる．プレゼントの場合，何を贈るかを決めたら，インターネットで調べ，店に足を運んで実際に品物を選ぶ努力をする．プレゼンテーションの場合は，いろいろと調べて原稿を書き，何度も推敲して話す内容をまとめる．その話をわかりやすくするための資料を準備し，アイコンタクトやジェスチャーを加える演出も考える必要がある．プレゼンテーションの話し手が留意する3要素は，思いやり，内容，演出の3つである．これらが，プレゼンテーションの枠組みの半分を構成する．

　次に聞き手について考える．聞き手は話し手からプレゼントをもらい，好意を返して新しい信頼関係の構築に協力する．好意を返すための具体的な手段は4つある．聞き手が話し手を見るアイコンタクトによって，話し手と聞き手の気持ちがつながる．うなずくことで，話し手に対して「あなたの話を理解しています」という積極的な反応を返す．[3] メモを取ることも，「あなたの話に興味

---

[3] 異文化の話し手に対しては，十分に理解できていないにもかかわらずうなずいてしまうと，

があります」という前向きな反応として話し手に伝わる．もちろん，より良い質問への準備にもなる．最後に，質問をしてフィードバックを返し，お互いの理解の差を埋める．プレゼンテーションを成功に導くために聞き手ができる協力の要素は，アイコンタクト，うなずく，メモを取る，質問するの4つである．これらがプレゼンテーションの枠組みの残り半分である．

3.　話し手の準備

　話し手は，聞き手がどんな情報を聞きたいのかを思いやる．だが，生徒たちのプレゼンテーションに，常にそれを要求することは難しい．授業の一環として行うプレゼンテーションでは，仲間が知らないことであれば十分である．

　次に話を組み立てる．その際には，序論，本論，結論の三段構成を心がける．序論でテーマを述べる．本論では，話し手の身近に起こった事柄を述べる．そして，なぜそのようなことになったのかを説明する．最後に，話し手がどのように考えたかを述べて結論とする．

　原稿ができたら，どのように話すのか，その演出を考える．話をわかりやすくするために資料を用いることも重要だが，英語の授業で取り入れるプレゼンテーションでは，アイコンタクトとジェスチャーをより重視するべきである．アイコンタクトの基本は，聞き手の誰か1人を見ることと，後方の列から前方の列にかけて，左右を交互に見ることである．聞き手を見ることができない生徒もいるはずである．そのような生徒には，自分の右側と左側から1人ずつ，うなずいてくれる聞き手を見つけて，その2人と視線を合わせるよう促すだけでよい．

　ジェスチャーは，この点だけはわかってほしいという箇所に絞って，どのような手の動きを加えるかをあらかじめ考えておく．授業でのプレゼンテーションなら，結論の部分に何か1つジェスチャーを加えるように指示すればよい．

　自分の身近な事柄を話題とする．聞き手にわかりやすく述べる原稿を書く．もちろん，即興で話す訓練をする場合は書かせる必要はない．そして，左右の誰か1人を見て話すことと，結論にジェスチャーを1つ入れる．そこまでで

誤解が生じる恐れもある．十分に聞き取れたり，メモが取れたりして理解できたことにうなずき，理解できない場合は，安易にうなずかないよう指導することも必要である．

きれば，英語の授業で行うプレゼンテーションの準備としては十分である．

4.　聞き手の準備

　プレゼンテーションの聞き手が，話し手に反応を返す手段は4つある．アイコンタクト，うなずき，メモ，質問である．これらのうち，授業でのプレゼンテーションで特に留意するものは，アイコンタクトと質問である．

　アイコンタクトは，うなずきとともに話に対する興味と理解を伝え，話し手の語る意欲を高める．メモを取ることは質問に役立つが，メモを取ることを強調すると，話し手を見なくなってしまう．メモはキーワードのみにして，できる限り聞き手を見てうなずくことを大切にする．話し手が語り終わったら，聞き手から積極的に質問する．質問は話し手を追いつめるようなものではなく，お互いの理解を深めるものにする．

　プレゼンテーションの聞き手がすることのうち，特にアイコンタクトと建設的な質問の影響力が大きい．プレゼンテーションは話し手からの一方的な情報提供ではなく，双方向のコミュニケーションである．お互いの理解を深めるコミュニケーションであることをあらかじめ指導しておけば，聞き手のアイコンタクトと質問が，プレゼンテーションを成功に導く可能性も大きくなる．

5.　教師の準備

　高いレベルの英語プレゼンテーションをすることを目指した授業の準備は，かなり手の込んだものになる．それらについては，後に紹介する先進的な事例から学んでいただきたい．ここでは，プレゼンテーションの枠組みを取り入れるための準備について，次のようにまとめておく．

① 　テーマ

　プレゼンテーションに慣れさせ，即興で話すことを練習させるためにも，生徒たちの身近な話題で，仲間たちが知らない情報を含むものにする．

　　例：　今日の私の朝ご飯（生徒が，内容を説明しやすい，それぞれの生活
　　　　　事情が異なる，自分の意見が述べやすいといった利点が考えられる）

② 話し手

　即興で話す練習なら，授業中の短い時間で考えさせてもよい．テーマを述べる文，自分の身近に起こった事柄を説明する文，なぜそれが起こったのかを説明する文，それに対して自分がどう考えたかを述べる文の，合わせて 4 文ぐらいを宿題として準備させてもよい．

・テーマを述べる：　I'm going to talk about ～.
　　　　　　　　　　　The subject of my presentation is ～.
・事柄を述べる：　I usually have ～, but today, I have….
　　　　　　　　　I do ～ every day, but yesterday, I didn't do ～.
・理由を述べる：　It is because ～.　　　　The reason is that ～
・考えを述べる：　I found that ～, and it was a very good experience for me.
　　　　　　　　　I'm really happy that I could do ～.

　考えを述べる際に，その事柄からわかったことを述べるように指導する．難しい場合は情緒的な感想のみでもよいが，できれば自分なりの発見を述べるよう促す．そうすると，生徒たちの伝えたい意欲を高めることにつながる．

③ 聞き手

　お互いのプレゼンテーションを見て生徒たちの学び合いを促すためにも，下の表1のような簡単な評価シートを準備するとよい．メモの欄はキーワードが書ける程度のスペースでよい．むしろ，励ましの助言を書くよう促すことで，聞き手の立場からどのような話をどのように語るとわかりやすいかを考えさせることができる．

表 1　評価シートの例

評価シート　　　　　　番号　　　　　　． 氏名　　　　　　　　　　　．					
評価　4: 非常に良い　3: 良い　2: 改善の余地がある　1: 改善の必要がある					
	序論	本論	結論	アイコンタクト	ジェスチャー
評価					
要点メモ					
メッセージ					

＊序論，本論，結論に分けず，内容（話全体）とすることも考えられる．

6.　参考となる指導例

　プレゼンテーションを取り入れた英語の授業の先進事例には優れたものがた
くさんある．インターネット上で簡単に検索できる例から，先生方のそれぞれ
の状況に応じて参考にできるものを 5 つ紹介する．いずれも，2019 年 7 月 17
日現在で，ポータルサイトから注のリンクを順にたどるか，ポータルサイトに
表題を入力して検索すれば見つけることができる．

6.1.　「中学生・高校生のための科学英語プレゼンテーションの手引き」

　岡山県のスーパーサイエンスハイスクール，岡山県立倉敷天城高等学校で，
科学英語のプレゼンテーション指導の経験から作成された手引きである．役に
立つオンライン辞書の紹介，原稿の作文の実例，スライドを作る際の留意点，
日本人が苦手な音の発音の指導方法などが紹介されている．高いレベルでの指
導の成果だが，プレゼンテーションを取り入れた英語の授業を準備するために
大いに参考となる情報がたくさん盛り込まれている．[4]

6.2.　「英語プレゼンテーション活動の 2 年間の継続的学習成果——プレゼン テーション活動は 4 技能の何を最も伸ばすのか——」

　2013 年度に，第 11 回 21 世紀ぐんま教育賞の優秀賞を受賞した研究である．
発表者が発表した後で，自分の話した内容をもう一度書く活動を取り入れてい
る点が大きな特徴である．この実践にすべて倣うことは難しいかもしれない
が，先生方のそれぞれの状況に合わせて導入できそうな工夫が多く紹介されて
いる．[5]

6.3.　「皆野町立皆野中学校　第 2 学年 3 組英語科学習指導案」

　埼玉県の北部地区学力向上授業研究会による 2013 年度の実践報告である．
中学 2 年生が自分の興味があることについて，比較級・最上級を使った表現
を用いてプレゼンテーションする授業の指導案である．全部で 16 時間の指導

---

[4] http://www.amaki.okayama-c.ed.jp/SSH_2015/00A_ssh2016/presentations_2016_7.pdf
倉敷天城高等学校ホームページ→ SSH →研究開発成果物
[5] http://www.nc.center.gsn.ed.jp/?action=common_download_main&upload_id=735　群馬県
総合教育センターホームページ→ぐんま教育賞→第 11 回 21 世紀ぐんま教育賞入賞論文（原稿）

計画のうち，8 時間がプレゼンテーションの準備と実践に当てられており，この指導案は 15 時間目のものである．周到な準備をしたうえでのプレゼンテーションの実践について，授業の進め方の実例がわかる．[6]

6.4. 「効果的な英語プレゼンテーションを行う指導にあたって」

大阪女学院大学教授の中井弘一先生の授業研究ノートである．様々なテーマで，英語の指導にプレゼンテーションを取り入れるためのアイディアが，教材の具体例とともに紹介されている．自己紹介する，写真を説明する，好きな諺の理由を述べる，教科書の内容を活用して自分の考えを述べる，日本の文化を紹介するなど，生徒の学習進度に合わせて取り入れられるテーマと進め方が報告されている．[7]

6.5. 「英語表現 II における発表活動とその評価――伝える力の育成を目指して――」「英語表現 II における表現力の育成と評価――プレゼンテーションによる発信――」

いずれも，2014 年度の愛知県総合教育センター研究紀要第 104 集に掲載された研究授業の実践報告である．聞き手に発表する Show & Tell，あるいはプレゼンテーションの活動について，その進め方から評価まで詳しい報告がある．使用された教材や評価のルーブリックの工夫も紹介されている．また，生徒に対するアンケート結果に基づく教育効果の考察があり，大変に参考になる報告である．[8]

---

[6] https://www.pref.saitama.lg.jp/g2203/documents/606142.pdf　埼玉県ホームページ→組織情報→教育局→北部教育事務所→平成 29 年度学力向上授業研究会→指導案・指導実践事例紹介→平成 25 年度北部地区学力向上授業研究会→【英語科】皆野町立皆野中学校

[7] http://www.wilmina.ac.jp/oj/wp/wp-content/uploads/2014/08/5-4.pdf　大阪女学院大学ホームページ→教員養成センターの HP はこちら→機関誌→バックナンバー Vol.5 →授業研究ノート

[8] http://www.apec.aichi-c.ed.jp/kenkyu/chousa/kiyo/104syuu/104eigo/26eigo_jissen5.pdf
http://www.apec.aichi-c.ed.jp/kenkyu/chousa/kiyo/104syuu/104eigo/26eigo_jissen6.pdf
愛知県総合教育センターホームページ→研究部の事業→調査研究→研究紀要→平成 26 年度第 104 集　外国語（英語）科における言語活動中心の単元構想と評価の在り方に関する研究→実践報告 5　実践報告 6

7.　終わりに

　自分が持つ情報を聞き手にわかりやすく構成して伝えるというプレゼンテーションの活動の枠組みが，英語教育に活用されることには大きな意義がある．その一方で，先生方が相手にする生徒たちは多様であり，また，その多様性を尊重しようとする時代となった最近では，授業の工夫が以前よりも一層，一筋縄ではいかなくなっている．そんな時代に，多くの先生方がそれぞれのお立場で熱心な取り組みをなさり，その成果を公開してくださっている．そのような貴重な事例に学ぶことは意義深い．そうした事例から学んだ事柄を，自分の置かれた環境に合わせて授業に活用することで，筆者自身も教師力を向上させていただいている．読者の先生方にも有益なヒントとしていただけるはずである．

引用文献

谷口茂謙 (2002)「プレゼンテーション技法に焦点をあてたパフォーマンス教育の実践」『パフォーマンス研究』第 9 号，63-76. 国際パフォーマンス学会.
箱田忠昭 (1991)『成功するプレゼンテーション』東京：日本経済新聞社.
文部科学省 (2018)『高等学校学習指導要領解説　外国語編・英語編』http://www.mext.go.jp/component/a_menu/education/micro_detail/_icsFiles/afieldfile/2018/07/13/1407073_09.pdf

参考文献

臼田朱美・川西依子 (2002)『プレゼンテーション能力トレーニングテキスト』東京：すばる舎.
大島武 (2006)『プレゼンテーション・マインド「相手の聞きたいこと」を話せ!』東京：マキノ出版.
大島武 (2010)『プレゼン力が授業を変える!』東京：メヂカルフレンド社.
樫葉みつ子 (2008)『英語で伝え合う力を鍛える! 1 分間チャット & スピーチ・ミニディベート 28』東京：明治図書出版.
佐藤綾子 (2014)『非言語表現の威力 パフォーマンス学実践講義』東京：講談社.
田中真紀子 (2014)『英語のプレゼンテーション スキルアップ術』東京：研究社.
長尾和夫，アンディ・バーガー (2016)『英語で話す力. 141 のサンプルスピーチで鍛える!』東京：三修社.

藤尾美佐（2016）『20 ステップで学ぶ　日本人だからこそできる英語プレゼンテーション』東京：DHC.

　　　　　　　　　　　　　　　　　　　　　　　　　　　　　　　（谷口茂謙）

第 16 章　**Debate**

1. はじめに

　学習指導要領では，各教科の目標と内容に，「知識及び技能」，「思考力，判断力，表現力等」，「学びに向かう力，人間性等」の 3 つの柱を設けている．さらに，「主体的・対話的で深い学び」の実現に向けて，ダイナミックな授業改善を求めている．ディベートでは，与えられた論題について，生徒たちが主体的に調べ，自分たちの主張を思考し，論理的に表現する．そして，お互いの人間性を尊重しつつ対話（議論）し，それぞれの主張の説得力を判断する．ディベートを通して，生徒たちは積極的な学びに取り組む．学習指導要領がディベートを取り入れさせる理由もそこにある．

　学習指導要領では，ディベートは「賛成又は反対の立場を明確にして，自分の立場の意見や考えがより妥当性や優位性があることを述べる活動」と定義されている．[1] また，ディベートの普及を支援する複数の団体がそれぞれの定義を掲げているが，日本におけるディベート研究の第一人者である松本茂氏は著書（1996）の中でディベートの定義について，「ひとつの論題に対し，2 チームの話し手が肯定する立場と否定する立場とに分かれ，自分たちの議論の優位性を聞き手に理解してもらうことを意図したうえで，客観的な証拠資料に基づいて議論をするコミュニケーションの形態」と示している．筆者も自身の授業ではこれを引用している．学習指導要領の定義も松本（1996）の定義を簡潔に

---

[1] 文部科学省（2018）『高等学校学習指導要領解説　外国語編・英語編』p. 87.

表現したものと考えてよい.

　ディベートは，相手と弁論で対決して，相手を論破することと受けとめられ
がちである．しかし，ディベートの狙いは相手を倒すことではない．社会に
とってより良い結果をもたらそうとすることにある．教育者としては，ディ
ベートの目的が相手を言い負かすことではない点を強調する必要がある．あく
までも思考力，判断力，表現力などを訓練するための手段であり，お互いの人
間性を尊重しつつ能力を向上させる練習であることを理解させるべきである.
お互いを尊重した議論を通して，傾聴力や批判的思考力も向上する.

　実際の教室でディベートを指導する際，生徒の英語到達度が十分でない場
合，ディベートの専門的な定義にとらわれる必要はない．学習指導要領の定義
を踏まえ，1つの論題について，賛成と反対の立場から議論し，それぞれの主
張の優位性を述べることを意識すればよい．この点を押さえて，通常の授業で
ディベートの枠組みを取り入れることを念頭に解説する．そして，インター
ネット上で閲覧できるものから，参考となる実践事例を紹介する.

2.　枠組み

　ディベートにはいくつかの異なる形式があるが，全国教室ディベート連盟[2]
が主催するディベート甲子園（全国中学・高校ディベート選手権）で採用され
ている形式が典型的なものである．詳しくは，連盟のサイトを参照していただ
きたい．ディベート甲子園をはじめ，正式な試合では各ステージに決められた
時間があるが，授業でディベートを取り入れる場合，肯定側・否定側とも各ス
テージで同じ時間であれば，授業の事情に合わせた時間をそれぞれに与えれば
よい．上述の松本（1996）は，話し手と聞き手の集中力を考慮すると，高校生
の場合，初めから終わりまで最長でも40分程度を推奨している．[3] また，反駁
では，立論で扱われていない新たな議論を持ち出さないというルールも押さえ
ておくとよい．双方の議論をよりかみ合ったものにすることにつながる．あと
は，肯定側の立論で始まり，肯定側の反駁で終わるというそれぞれのステージ

---

　[2] http://nade.jp/material/beginners/howto　全国教室ディベート連盟ホームページ→ディ
ベートを学ぶ→ How to debate?
　[3] https://www.benesse.jp/kyouiku/201508/20150817-9.html　ポータル→「松本茂　ディ
ベート　ベネッセ」→大学教授にきく『ディベート』をする意義とは？

の順序を守ることである．次のような流れである．

　　・肯定側立論→否定側質疑→否定側立論→肯定側質疑→否定側第一反駁→
　　　肯定側第一反駁→否定側第二反駁→肯定側第二反駁

　これらの形式と基本的なルールは，ディベートを本格的に導入する際には心得ておかねばならない．だが，英語の授業でその枠組みを活用するなら，形式やルールに縛られる必要もない．例えば，肯定側立論，否定側立論，否定側第一反駁，肯定側第一反駁だけにすることも考えられる．あるいは，まずは，自分の考えを論理的に簡潔に英語で述べさせるなら，思い切って双方の立論だけを導入することがあってもよい．それぞれの授業の狙いに合わせて，ディベートの枠組みのうち，活用できる部分を取り入れればよい．

3.　話し手の準備

　ディベートの話し手はディベーターと呼ばれる．ディベーターは，本来，肯定と否定のどちら側に立つかは，開始の直前までわからない．相手の議論に対して反論を加えたり，相手の反論に対して論拠を示して答える必要もある．しかも，その準備をする時間は極めて限られる．ここまで本格的にディベートの枠組みを取り入れる段階に進むと，あらかじめ相手の反論の内容を予想して，対応できる答えを考えておく必要がある．そのためには，可能な限り肯定と否定の両方の立場から意見を英語で準備させることが理想的である．

　その一方で，ディベーターは議論の途中で立場を変えることはない．英語の授業で行う場合，無作為に立場を決めたうえで，自分の立場だけの論拠を準備させることも初期の段階ではありうる．次の時間までに自分たちの主張を準備させるとともに，相手の反論を予想してそれに答える英文を 3 つ準備する宿題を出すといった工夫も考えられる．

　生徒たちの英語力がある程度ついた段階では，相手の主張を聞いて，その場で短い時間のうちに反駁の準備をさせることも大切になる．即興で話すことを練習するなら，むしろその点を重視する必要がある．しかし，そこまで至らない段階，例えば，傾聴力や批判的思考力を養おうとする段階でも，ディベートは取り入れられる．相手の主張にしっかり耳を傾けさせてから，しばらく時間を与えて反駁を英語で準備させることもできる．それぞれの段階における狙い

に合わせて，活用する要素を選択すればよい．

4.　聞き手の準備

　ディベートにおける聞き手はジャッジと呼ばれる．ジャッジは，論題に対する自分の個人的な意見に影響されてはならない．例えば，自分はこの論題に対して否定側の立場なので，否定側の勝ちとするような結論を出すことはできない．論理の一貫性，論拠の妥当性，反駁の適切さなどを基に，どちらのディベーターの議論がより優れていたかを判断しなければならない．自分の判断について，ディベーターにきちんと説明できることも必要である．だが，この役を英語の授業で生徒たちに務めさせることは，極めて難しいはずである．

　授業でディベートを導入するためには，ジャッジを務める生徒の負担を教員が軽くしてやらなければならない．そのための工夫は，評価シート（表 1 参照）を作ることである．それぞれの評価項目に 4 段階（1 ～ 4 点）の点数をつけるようにする．3 あるいは 5 段階にしない理由は，「どちらでもない」という中立の判断を許さないためでる．レベルが高くなるにつれて，その点数をつけた根拠も必要となる．それぞれの基準に対して，きちんとメモを取らせる工夫も考えるべきである．

　ただし，日常の英語の授業では，常に必ずジャッジを設ける必要もない．勝敗を明らかにすることよりもむしろ，両者の主張をしっかり聴き取り，どちらの論理により説得力があるかを判断する訓練をさせることがより重要となる．そのためには，メモを取ることの指導をより重視するべきであろう．

5.　教師の準備

　ディベートそのものを英語で行うことを目指した高いレベルの授業の準備は周到に行う必要がある．それらについては，後に紹介する先進的な事例を参照していただきたい．ここでは，ディベートの枠組みを取り入れるための準備について，次のようにまとめておく．

① 論題
　初歩の段階や即興での応答を重視するなら，深く調べなくても各生徒がそれ

それに賛否の考えや理由が述べられる論題にする．

　　例：　文化祭に地元で活動している「（タレント）」を招いたライブ（or 講
　　　　演会）を行う．賛成か反対か．

② 話し手

　即興での応答の練習なら，授業中に短い時間を与えて考えさせてもよい．宿
題として，自分たちの主張を述べる文，根拠を説明する文，相手の反論を 3
つ予想してそれらに答える文を合わせて 5 文ぐらい準備させると進めやすい．

　　・主張を述べる：　From our standpoint, we should ～.
　　　　　　　　　　　Our opinion is that ～.
　　・根拠を述べる：　The main reason for ... is ～.
　　　　　　　　　　　～ is a good example for ....
　　・質問する：　We understand that ～.　Do you have anything to prove
　　　　　　　　that ～?
　　　　　　　　You mentioned that～.　Could you give us any examples
　　　　　　　　that ～?
　　・反論する：　We agree with you that ～, but we disagree with you that
　　　　　　　　～.
　　　　　　　　We're for your idea that ～, but we can't support that ～.

　質問や反論をする場合は，お互いの人間性を尊重することを踏まえ，相手の
考えをしっかり聞き，理解できること，あるいは，受け入れられる事柄を述べ
たうえで，さらに説明を求めたり対立する考えを述べたりするようにさせる．

③ 聞き手

　ジャッジを設ける場合，生徒たちの負担を軽くするために，表 1 のような
簡単な評価シートを準備するとよい．先にも述べたように，メモを取ることの
重要性を指導するためにも，メモの欄を設けるべきである．そして，聞きながら
キーワードをメモして，後で評価の理由を簡潔な文にするよう指示するとよい．

表1　評価シートの例

評価シート　　　　　番号＿＿＿＿．氏名＿＿＿＿＿＿＿＿＿＿＿＿．				
評価　4: 非常に良い　　3: 良い　　2: 改善の余地がある　　1: 改善の必要がある				
	肯定側		否定側	
	要点メモ	評価	要点メモ	評価
立論				
質問				
応答				
反駁				

＊評価の項目は，取り入れるもののみ（例：立論と反駁のみなど）でよい．

6.　参考となる指導例

　ディベートを取り入れた英語の授業の先行事例には優れたものがたくさんある．インターネット上で簡単に検索できる例から，先生方のそれぞれの状況に応じて参考にできるものを5つ紹介する．いずれも，2019年7月17日現在で，ポータルサイトから注のリンクを順にたどるか，ポータルサイトに表題を入力して検索すれば見つけることができる．

6.1.　「Let's Speak English! (Classroom English, Debate マニュアル, Discussion に役立つ表現集)」

　高知県教育センターが，ディベートやディスカッションを英語の授業に導入しようとする教員を支援するために，2014年2月にまとめた資料である．ディベートの枠組みや進め方を説明したマニュアルに加えて，ディベートとディスカッションに使える表現，さらに，クラスルームイングリッシュが，教員用のものだけでなく生徒用のものまで，例文の形で豊富に収録されている．小学校から高校まで，幅広い層の教員がそれぞれの生徒のレベルに合わせて利用できる資料である．[4]

---

[4] http://www.pref.kochi.lg.jp/soshiki/310308/letsspeakenglish.html　高知県庁ホームページ→組織から探す→教育センター→研修ツール

6.2. 「自分の『使える英語』でディベートを体験してみよう」

　大阪府で 2011 年度から 2013 年度にかけて行われた「使える英語プロジェクト事業」の一環として，中学校 3 年生を対象にディベートを取り入れて行った研究授業の実践報告である．直前の人の主張を聞いて反論の意見を述べることにより，肯定側と否定側が交互に意見を出すピンポンディベートという活動がある．これを日本語と英語の両方で行うことにより，ディベートの雰囲気に慣れさせたうえで，「中学生の昼食は弁当か給食か」を論題にディベートをしている．better や because を使った初歩的な英語表現で実践した指導の流れがわかりやすい．[5]

6.3. 「Lesson7 A Vulture and a Child, LET'S TALK 5『それはいい考えね』」

　岐阜県教育委員会が 2001 年度から 2003 年度にかけて行った「英語コミュニケーション・パワーアッププラン」で開発された英語学習プログラムで，中学校 3 年生を対象に，異なる論題でディベートの練習を繰り返す授業の指導案である．教科書を使って賛成・反対を言う表現を理解させることから始まり，「夏に行くなら海か山か」「暮らすなら田舎か都会か」などの論題でディベートの練習を繰り返す．そして，最後に「カーター氏（カメラマン）はまず子供を救うべきであった．是か非か」というより高度な議論を考えさせるディベートにつなげている点が特徴である．[6]

6.4. 「ディベートやロールプレイを取り入れた授業の実践例」

　2014 年度に，岐阜県の「グローバル人材育成を目指した高校英語教育改善研究委員会」が，英語教育イノベーション戦略事業として取り組んだ研究成果の 1 つである．普通科文系のコミュニケーション英語 II の授業で，授業を締めくくるディベートに向けて，帯活動として 10 〜 15 分の小ディベートを行う練習を積ませていることが特徴である．テーマを直前に発表し，原稿は書か

---

[5] http://www.pref.osaka.lg.jp/shochugakko/erueigo/index.html 　大阪府ホームページ→教育・学校・青少年→教育内容（小学校・中学校・幼稚園）→使える英語プロジェクト事業→「英語を使うなにわっ子」育成プログラム→【実践編】第 5 章中学校実践事例 (11)

[6] http://www.gifu-net.ed.jp/ssd/sien/hyouka/eigo/eigotop.htm 　岐阜県総合教育センターホームページ→関係資料を読む→教科等のページ→英語→英語コミュニケーション・パワーアッププラン（平成 13 年度〜 15 年度）→「中学高校英語学習プログラム開発」報告〈中学校〉

せずにメモのみで即興に行うとのことである．最後のディベートも，「英語使
用の場面確保のための授業ディベート」ととらえ，立論と反駁に絞り，その後
に自由討論を加える工夫がある．指導案とともに教材も紹介されており大変に
参考になる．[7]

6.5.　「『CAN-DO リスト』を活用した授業と学習意欲を高める自己評価活動 （情報教育 H25）」

　滋賀県で 2013 年度に，「英語科における学習意欲を高める自己評価の工夫」
をテーマに行われた研究授業の実践事例である．高校 2 年生を対象に，教科
書を使いながら英語で授業を進め，さらにディベートの枠組みを導入したもの
である．全ての時間の指導案と授業で使われたワークシートを見ることができ
る．後から学ぶ者にとって大変に参考になる事例である．締めくくりの活動と
してのグループディベートに向けて，即興スピーチやミニディベートの練習を
重ねるなど，周到な準備をする授業の流れが詳述されていることが特徴であ
る．[8]

7.　終わりに

　論題に対して主体的に調べ，意見をまとめ，論理的に表現する．相手の意見
に耳を傾け，建設的に批判して対話を深める．ディベートの枠組みが授業に活
用されることにより，生徒たちの能動的に学ぶ姿勢が訓練される．この意義は
大きいが，その一方で，多様な生徒たちを尊重しようとする時代では，授業の
工夫が，以前よりも一層難しくなっている．それでも，多くの先生方がそれぞ
れのお立場で熱心に取り組み，その成果を公開してくださっている．そのよう
な貴重な事例には是非とも学ぶべきである．筆者にはもちろんのこと，読者の
先生方にも，意義深い学びの機会にしていただけると確信している．

---

　[7] http://www.gifu-net.ed.jp/ssd/sien/gakuryokusougou_suisin/koutokugakkou/H26/16eigo
H26/H26_eigo_index.html　岐阜県総合教育センター→関係資料を読む→教科等のページ」→
英語→岐阜県英語教育イノベーション戦略事業（平成 26 年度〜）→高等学校「グローバル人
材育成を目指した高校英語教育改善研究」〈高校 H26〉
　[8] http://www.shiga-ec.ed.jp/www/contents/1438577722074/index.html　滋賀県総合教育セ
ンター→教育学習情報→指導案・実践事例→高等学校→外国語→研究成果物

引用文献

松本茂（1996）『頭を鍛えるディベート入門――発想と表現の技法』東京：講談社.
文部科学省（2018）『高等学校学習指導要領解説　外国語編・英語編』http://www.mext.
　　go.jp/component/a_menu/education/micro_detail/__icsFiles/afieldfile/2018/07/13/
　　1407073_09.pdf

参考文献

樫葉みつ子（2008）『英語で伝え合う力を鍛える！ 1分間チャット & スピーチ・ミニ
　　ディベート 28』東京：明治図書出版.
加藤心（2015）『教室に魔法をかける！ 英語ディベートの指導法』東京：学芸みらい社.
佐藤綾子（2014）『非言語表現の威力 パフォーマンス学実践講義』東京：講談社.
西部直樹（2009）『はじめてのディベート 聴く・話す・考える力を身につける』東京：
　　あさ出版.
松本茂・鈴木健・青沼智（2009）『英語ディベート 理論と実践』町田：玉川大学出版部.
茂木秀昭（2001）『ザ・ディベート――自己責任時代の思考・表現技術』東京：筑摩書房.
森秀夫（2016）『英語で論理的に賛成・反対が言えるトレーニング』東京：ベレ出版.
吉田和志（1995）『ディベートをどう指導するか』東京：明治図書.

（谷口茂謙）

第Ⅲ部 授業外業務編

第 17 章　ALT 対応：生活面のサポート

1.　はじめに

　各自治体に配置された ALT（Assistant Language Teacher：外国語指導助手）の拠点校となる学校は，その ALT の学校内外の生活が軌道に乗るまで，全面的にサポートを担うことになるであろう．新しい ALT が日本に来るのは 8 月なので，年度の初めに各校で ALT の担当者も決めておくとよい．ただし，4 月の段階では ALT の性別もわからないため，男性 1 名と女性 1 名の担当者を付けておくのがよいかもしれない．部屋の中まで入り，また買い物に付き合うなど共に行動する時間が多いことを考えると，男性の ALT なら男性の教員，女性の ALT には女性の教員がその担当となるのが好ましい．

　本章では，ALT との来日前の E メールでのやり取りと最初の出会いから，勤務校への挨拶で必要とされる表現を紹介する．さらに，日本で生活を始めるにあたって必要な手続きを確認し，それぞれの場面で求められる表現も紹介する．

2.　ALT を初めて迎えるにあたって

2.1.　来日前に E メールを送る

　ALT にとって，初めての日本の生活は不安かもしれない．そこで，日本に来る前に，住居，学校，そして地域のことは，あらかじめ E メールなどで伝える必要がある．E メールでの簡単なやり取りを紹介する．

Dear Ms. Sumnar,

Hello. I'm XXXX, from ABC High School. I'm the head of the English Department. I've heard you are coming to our school. We will be very glad to welcome you as a member of our staff.

I hear that you've never been to Japan, so I guess you are concerned about life here. Please don't hesitate to ask me if you have any questions. I look forward to hearing from you soon.

Best regards,

XXXX

　このようなメールをきっかけに，ALT 担当者は彼・彼女たちの日本の生活について質問の窓口になる．来日する前に学校や地域の様子を伝え，なるべく不安を少なくしてあげるのがよいであろう．

2.2.　来日後の生活費について

　ほとんどの ALT の来日が 8 月初旬であるため，最初の給与が支給されるまでにかなりの日数がある．そのため，ある程度の現金を持ってくる必要があることを E メールで伝えておくとよい．また，クレジットカードを所有していれば，日本に来てからの携帯電話の契約など，その手続きが極めてスムーズに進むことが多い．クレジットカードは，世界にまたがって使用できる大手の国際ブランドがよいだろう．クレジットカードは日本での生活に大変有利に作用し，社会的な信用度を高めてくれるのは間違いない．残念ながら来日後にクレジットカードを作るのは容易なことではないので，これは事前に伝えておくべきである．

Dear Ms. Sumner,

Hello. I need to give you a tip about life in Japan. You will definitely need to make a contract with a mobile phone provider in Japan. In the process of making a contract for the phone, you will have your eligibility checked. If you have a credit card which is valid worldwide, a lot of providers will decide you're highly creditworthy. This may well make

you eligible for a contract. I recommend, therefore, that you should
have a credit card issued before coming to Japan if you haven't already
got one. That will help you a great deal.

Best regards,

XXXX

2.3. ALT の来日

ALT は来日してすぐ，日本の学校や生活についてのオリエンテーションを
受ける．そのオリエンテーションの終了後，配属が決まった各自治体へと向か
うことになる．たいていは ALT の拠点校となる学校の教員が指定された場所
に迎えに行く．場所については都道府県によって異なり，空港で迎えたり，県
庁にて対面する場合などがある．この日は ALT が生活する市町村まで一緒に
移動し，住居まで無事に送り届けることが主な業務となる．おそらく，ALT
は長い移動で疲労し，時差ぼけも十分に解消されていないことから，歓迎会な
どは避けて，休息させてあげることが大切であろう．到着後は食料品が購入で
きる身近なコンビニやスーパー・マーケットを教えておくと，しばらくは安心
して生活ができる．

　なお，拠点校に来た翌日が平日であれば，その日は勤務日になるため，学校
までの道順や出勤時間と退勤時間を伝える必要がある．

2.4. 最初の挨拶

ALT に日本語の名前を覚えてもらうためには，何らかの工夫をしないと難
しいかもしれない．例えば，名前の意味を一緒に教えて，"*Tera* means temple
and *ta* means rice field, so my name means temple rice field." とするとよい．
あるいは，"Please call me Yoshi." とニックネームで呼んでもらうよう伝える．
別に無理して流暢な英語で話そうとする必要はない．ゆっくり丁寧に話せば，
相手もゆっくり丁寧に回答してくれるはずである．

・Hi. Welcome to Ibaraki. My name is Yoshihiro Terada. Please call
me Yoshi. I am your supervisor at our school. Nice to meet you. We
have been looking forward to working with you. (こんにちは，ようこそ

茨城へ. 私の名前は寺田義弘です. Yoshi と呼んでください. 学校であなたの指導担当です. お会いできて嬉しいです. 一緒に働けることを楽しみにしていました.)

· Is this your first visit to Japan? (日本へは今回初めてですか.)

· How was the flight? (飛行機はどうでしたか.)

· When did you arrive in Japan? (いつ日本に到着したのですか.)

· Where did you stay last night? (昨夜はどちらに滞在したのですか.)

· Oh, then you must be tired. I'm sorry but it may be a long day today.
(それはお疲れに違いない. お気の毒ですが, 今日は長い一日になりますよ.)

2.5.　車の中の会話

　あらかじめ, 車の中で何を話すかを準備しておくとよい. たくさん質問することは, 相手に興味を持っていることを示すことになる. 会話の中で興味ある共通の話題が見つかればよいが, 年齢も違い, 文化も違うと難しいかもしれない. 初めての地に来た ALT に安心感を持ってもらえるよう, 車中での会話は大切である. できる限り沈黙は避けたい.

· Do you speak any Japanese? (あなたは日本語を話しますか.)

· Great! (それは素晴らしい.)

· Where did you study Japanese? (どこで日本語を勉強されたのですか.)

· How long have you been studying Japanese?
(どのくらい日本語を勉強されたのですか.)

· Only one year? Amazing. You have a gift for languages!
(たったの 1 年！すごいですね. 語学の才能があるんですね.)

· Do you speak any other language? Great. I envy you.
(他の言語も話せるのですか. 素晴らしい. 羨ましいです.)

· I've been teaching English for more than twenty years and I'm still studying it. But my English still has a long way to go. (私は英語をもう 20 年以上教えていますが未だに英語を勉強中です. でも私の英語はまだまだです.)

· After I introduce you to the key staff members, including other English teachers, we are going to go out and eat lunch. What do you want to eat? (英語教員を含めて主な職員にあなたを紹介したら, お昼ご飯を食べに行きましょう. 何か食べたいものありますか.)

・Today I will treat you! Do you have any favorites?
（今日は私がおごりますよ. 好きなものは何ですか.）
・If not, I'll take you to a place I recommend. Do you like *Tempura*?
（あるいは私のお勧めのところにでも行きますか. 天ぷらは好きですか.）
・You don't know *Tempura*!? It's a very famous Japanese dish. It's deep-fried fish and vegetables in a light batter.（天ぷらをご存知ないのですか. 天ぷらとは有名な日本食で, 軽い衣をつけた野菜や魚のフライのことです.）

2.5.1.　1 日の流れを説明する

・When we get to our school, please give a simple self-introduction to the principal and vice-principal.（学校に着いたら, まず校長と教頭に簡単に挨拶をお願いします.）
・Maybe you should also meet the office manager because you will need to rely on him very often for office procedure.（それと事務長にも. 彼には事務手続きでとてもお世話になるはずですから.）
・They don't speak English, so let's prepare it in Japanese. I'll help you later. Don't worry about it.（彼らは英語を話しませんので日本語で準備しましょう. 後で私が教えますからご心配なく.）
・Tomorrow you are supposed to come to school. Your work begins tomorrow.（明日から勤務日が始まりますから, 学校へ出勤することになります.）
・You have to work in school from 8:30 to 16:45.
（出勤時間は 8:30 で退勤時間は 16:45 になります.）

2.5.2.　個人的なことを聞く

・Do you have any siblings?（兄弟／姉妹はいますか.）
・What do they do? Are they still students?
（ご兄弟／姉妹は何をしているのですか. まだ学生ですか.）
・What about your parents? What do they do for a living?
（ご両親は何をされているのですか.）
・What was your major at college?（大学での専攻は何だったのですか.）
・What are you going to be in the future?（将来は何になるつもりですか.）

・What made you decide to come to Japan?

（なぜ日本に来ようと思ったのですか．）

・Do you have any teaching experience?（教えたことはありますか．）

・Do you have any hobbies?（趣味はありますか．）

・Do you cook? There are lots of convenience stores around your apartment.（料理はしますか．あなたのアパートの周りにはコンビニもたくさんありますよ．）

　以上のような個人的な質問は，相手との共通点を見つけ，同僚としての距離感を縮める会話にもっていくこともできるが，プライバシーに注意して，差し支えない程度でとどめておくべきである．相手のことを聞く前に，"I have a sister. She is studying abroad in New Zealand. Do you have any siblings?" のように，自分のことを先に言えば，相手のことを聞きやすくなる．

　また，日本に来たからといって，相手が日本についてある程度のことは知っているだろうという前提で質問をするのは避けたい．自分がよく知っている日本のことで共有点を見つけるのではなく，相手の国や文化のことで共有点を見つけられるとよい．例えば，相手の出身地が Iowa 州だとわかれば，自分が Iowa 州について知っていることを述べ，自分から相手の方に歩み寄っていくような会話にしていきたい．

2.5.3. 日本語での自己紹介練習

　学校が近づいてきたら，日本語での自己紹介をすることを勧めてみて，相手が応じればその練習をしてみるとよい．例えば，「はじめまして．」「○○○（氏名）です．」「□□□（出身国）から来ました．」「どうぞよろしくお願いします．」の 4 つくらいの簡単なフレーズなら，試みてよいかと思う．

・Please memorize four Japanese phrases for self-introduction.

（自己紹介用に 4 つの日本語フレーズを覚えてみましょう．）

・（日本語で）はじめまして．マリア・サムナーです．アメリカから来ました．どうぞよろしくお願いします．

・"Hajimemashite" is like your "Nice to meet you." When you meet someone for the first time, you can use this phrase. Literally it means "it is the first time". (「はじめまして」は "Nice to meet you." みたいなもの

で，人に初めて会うときに使います．直訳は「はじめてです」ということになります.）

· "Maria Sumner *desu*" means "I am Maria Sumner."

· "America *kara kimashita*" means "I came from the United States."

· "*Dozo yoroshiku onegaishimasu*" is very difficult to translate but it implies, "I am looking forward to working with you", if you use it in a self-introduction.（「どうぞよろしくお願いします」は訳すのがとても難しいですが，自己紹介で使うと，「一緒に働くのを楽しみにしています」という意味です.）

· "*Yoroshiku*" is a very useful phrase. Literally it means "to take care of something."（「よろしく」はとても便利な表現ですが，直訳すると「世話をしてください」となります.）

· Anyway, please memorize these four phrases.
（とにかく，この4つのフレーズを覚えましょう.）

2.6.　学校に着いたら

　学校に着いたら，まずは管理職に紹介することになる．英語教師は進行役を務め，必要に応じて通訳になり，2 ~ 3 回の言葉のキャッチボールができるとよい．ここでは，日本語で紹介する場合の例を示す.

2.6.1.　校長・教頭・事務長に ALT を紹介する

（校長に）　校長先生．新しい ALT の先生がいらっしゃいました.

（ALT に）　This is our principal, Mr. Hara.

校長：　あなたを我が校の一員に迎えられて嬉しいです．楽しみにしていました.

（ALT に）　He says, "We are looking forward to working with you. We are very happy to have you as part of our team."

（教頭に）　教頭先生．新しい ALT の先生がいらっしゃいました.

（ALT に）　This is our vice principal, Mr. Kikuchi.

教頭：　早く慣れて，本校のために尽力してください.

（ALT に）　He says, "I hope you'll get used to this new environment as soon as possible and exert a positive influence on our school."

（事務長に）　事務長．新しい ALT の先生がいらっしゃいました．

（ALT に）This is our clerical supervisor, Mr. Suzuki.

事務長：　事務的なことはここで行いますね．どうぞよろしく．

（ALT に）He says, "This is the room where you sometimes fill in some official papers for the JET program. Nice to meet you."

2.6.2.　学校内の案内

- OK now, I'll show you around our school. Put your bags here. This will be your desk. （では学校を案内します．荷物はここに置いてください．ここがあなたの机です．）

- This is the teachers' room. We are supposed to be here when we have no class. （ここは職員室です．授業がないときはここにいてください．）

- The vice principal will always be in here as long as he has no "*shutcho*." Oh, you should know the word "*shutcho*." It means a business trip. （教頭先生は出張の日以外はいつもこの部屋にいます．そうだ「出張」という言葉は覚えておきましょう．"business trip" という意味です．）

- And my desk is here. Please don't hesitate to ask me any questions, anytime. （そして私の席はここです．遠慮せずにいつでもなんでも質問してください．）

- This is the office. When you need help with translation, feel free to ask me. （ここは事務室です．通訳が必要なときは私に気軽に言ってくださいね．）

- This is the principal's office. We don't often need to go into this room. （ここは校長室です．めったに私たちは入りません．）

- This is the nurse's room.　But when you feel sick or get injured, please tell me first. （ここが保健室です．でも具合が悪いときや怪我したら，まず私に言ってくださいね．）

- This is the gym. Do you play any sports? Did you belong to any sports club when you were a high school student? （ここが体育館です．スポーツは何かなさいますか．高校時代は何か運動部に入っていましたか．）

- This is the library. You can borrow a book if you want. Just fill in this card when you find one you want to read.　There are some English books. （ここは図書室です．もし本の希望があれば借りられます．このカードに書くだけです．英語の本もあります．）

・This is the entrance hall for teachers.　Please use this shoe locker. This is the box you put your shoes in when you change them. （ここが職員玄関です．この下駄箱を使ってください．ここがあなたの場所で，靴を履き替える場合はここに入れてください．）

・By the way, you need another pair of shoes.　As you probably know, we change shoes when we enter the school. （ところであなたはもう 1 足の靴が必要ですね．おそらくおわかりでしょうが，学校に入るときは靴を履き替えます．）

・This is the place where we eat lunch.　Of course, you can also eat it at your desk. （ここは昼食を食べる場所です．もちろん自分の机でも食べられます．）

・In Japan, students don't usually move to take lessons, but teachers move each period, to teach their subject.　Therefore, students have a regular classroom and their own desk. （日本では授業を受けるために教室を移動したりしません．先生方が授業しに移動します．なので生徒は自分の教室と机があります．）

・Are you going to bring lunch?　You can buy some bread or a packed lunch at the school store.　It opens only at lunch time though. （お昼は持ってくるつもりですか．パンや弁当を購買で買うこともできますよ．昼食の時間しか開いていないのですがね．）

3.　生活一般への対応（ALT に同行して）

　ALT は，それぞれの市町村に来たその翌日から生活を始める手続きを開始しなければならない．そのため，ALT の担当教員は忙しい日が続くことになるだろう．日本は日本語が話せないとあらゆる手続きが先へ進まない国でもある．必ず英語が話せる日本人の教員が同行する必要がある．また，ALT の通訳を務めるだけでなく，書類も日本語で書く必要があることから代筆することもある．役所や銀行での手続きは，本人の直筆でないと書類が認められないこ

ともあるから，本人が間違いなく転記できるよう，必ず日本語で ALT の住所や氏名を記したものを携行するようにしたい．

3.1.　住民登録と銀行口座の開設

　日本で生活を始めるにあたり，まずは生活基盤を整えなければならない．来日後，すぐにしてほしいことは，それぞれの自治体の役所で「住民登録」をすることである．これは，最初に済ませなければならない．

　次に必要なのが「銀行口座の開設」である．銀行口座は給与の支払い，家賃，公共料金，携帯電話の使用料の引き落としなど，生活を支えるためになくてはならないものである．口座を開設するには「住民票の写し」「印鑑」「パスポート」さらに「所属する学校の職員であることを証明する文書」を用意しなければならない．

　「住民票の写し」は，登録を済ませたときに，何通か発行してもらえばよい．「印鑑」は，本人が来日する前に，できれば作成しておきたいところである．文字はファーストネームを「カタカナ」で表記することが多い．最後に「所属する学校の職員であることを証明する文書」だが，これはそれぞれの学校独自で作成することになるであろう．これに校長印を押印し，銀行へ提出する．

・Today we are going to the city/town office in order to have you registered as living here. Please bring your passport and ID card with you. They are both necessary for today's procedure. （今日はこれから住民登録をするために役所に行きます．その際に，パスポートと在留カードが必要になりますので持参してください.）

・You need to have some resident cards printed in order to set up your bank account. （住民票は後に銀行口座を開設するときに必要になりますから，発行しておきましょう.）

・We will then go to the nearby bank so that you can open a bank account. （では，続いて銀行口座を開設しますので，近くの銀行へと向かいましょう.）

・You need to prepare a copy of your resident card, your stamp, your passport and a document which shows you are an official member of staff of our school. （銀行口座の開設には「住民票の写し」「印鑑」「パスポー

ト」さらに「所属する学校の職員であることを証明する文書」が必要です.）

・Your salary is transferred to your bank account every month. You may pay your utilities, your rent and your cell phone bill directly from your account. （銀行口座には給与が振り込まれ, 公共料金, 家賃そして携帯電話の料金もそこから引き落とされます.）

3.2.　アパートの契約

ALT の住居は, 学校に教員住宅があればそこに入居することが多い. また, 教員住宅に空き部屋がなければ, 民間のアパートに住むこともある.

教員住宅で生活する場合は, 学校の事務職員と連携して手続きを進めることになるが, それほど難しいものではない. 毎月の家賃を忘れずに支払いさえすればよい. 支払い方法は都道府県によって異なるが, 例えば北海道では 12 ヶ月分の振り込み票が本人に手渡され, 1 ヶ月ごとに支払うという仕組みになっている.

次に, 民間のアパートの賃貸契約では, 日本のシステムについて説明する必要がある. 特に礼金は日本特有のものなので, 誤解のないように理解してもらいたいところである.

いずれの場合も, ALT が到着した当日から入居できるように準備しておかなければならない. ALT が来日するまでの期間で, 手続きを十分に進めておく必要がある.

・I'll tell you how to rent an apartment in Japan.
（日本のアパートの契約についてお話しします.）
・Besides the rent for your room, you are supposed to pay a deposit and 'key' money to the landlord. （「家賃」以外にも「敷金 (deposit)」「礼金 (key money)」を支払わなければなりません.）
・The deposit is the money which can cover damages which may be caused by you while living there. （敷金 (deposit) は, 何かあったときのために大家さんに預けておくお金です.）
・When you cancel your contract and leave your apartment, the landlord will deduct a cleaning fee and the cost of any damages from the deposit and pay the balance back to you. （退去時には, 破損した箇所の修繕

費がそこから引かれます．）

・The 'key' money, a cultural custom, is a token of gratitude to the landlord for allowing you to rent an apartment. （礼金（key money）は，昔からある慣習の 1 つで，部屋を貸してくれる大家さんにお礼の気持ちを込めて渡すお金です．）

・Please bear in mind that the key money will not be returned to you when you cancel the contract. （この礼金は退去時に戻ってくることはありません．）

・The sum of the deposit and the key money is usually equal to about two months' rent. （敷金と礼金は家賃の 2 ヶ月分を支払うことが多いです．）

・However, there is a possibility that you may have to pay a total of approximately six months' rent to the landlord when you sign your contract. （ですから，アパートの契約時には家賃 6 ヶ月分は必要になる場合があります．）

3.3.　ゴミの分別

その他に説明しないといけないのは「ゴミの分別」であろう．それぞれの地域でルールが定められているため，事前に伝えておく必要がある．このルールを知らないと，周辺住民とのトラブルにもなりかねない．

・Please follow the garbage sorting rules in this area. We have to sort our garbage into combustibles, incombustibles, plastic containers, plastic bottles, glass bottles and cans. （ゴミは捨てる前に分別しなければなりません．大きくは「燃えるゴミ」「燃えないゴミ」「プラスチック」「ペットボトル」「ビン」「缶」に分かれています．）

・Garbage collection days are fixed for each sort of garbage. We take our garbage to the nearby garbage collection point. Please remember what kind of garbage you can take out. （ゴミの収集日はゴミの種類によって異なります．必ず定められた日に捨てるようにしてください．捨てる場所は近隣のゴミ置き場です．）

・Make sure all your trash is in the correct bags. We have to pay for some of the garbage bags at supermarkets and convenience stores

around here.（ゴミの種類によって，使うゴミ袋が異なります．定められたゴミ
袋を使用してください．ゴミ袋の中には有料のものもあり，それは近隣のスー
パーやコンビニで購入することになっています．）

・If you break the rules, the waste collection workers will refuse to take
your garbage bag and will put a rather noticeable red sticker on it.（も
し，ルールを守らないでゴミを捨てると，回収業者が赤いステッカーを貼り，回
収してくれません．）

3.4.　電気，ガス，水道の使用

　続いて，電気，ガス，水道の使用についてだが，これは使用を開始する際
に，それぞれ届け出をしなければならない．電気は電力会社へ，ガスはガス会
社へ，そして水道はそれぞれの市町村の役所または水道局に電話をして，使用
開始を伝える．ガスの供給開始には，ガス会社の職員の立ち会いが必要になる
ことがある．電話のやりとりや職員の立ち会いが必要な場合は，日本に来て間
もない外国人にとっては困難なことであるため，日本人が側にいて，通訳した
りなど仲介役を買って出ないといけない．

・I'll tell you what you should do when starting to use electricity, gas,
and water services.（これから電気，ガス，水道を使い始めるときの手続きを
お話しします．）
・Please contact the electricity company, the gas company and the water
company and let them know that you would like to start using each
service.（まずは，電力会社，ガス供給会社，そして水道局に電話をしましょう．）
・If you have difficulty communicating with them, I can call instead of
you.（相手と日本語でやり取りするのは難しいと思いますので，私が代わりに電
話します．）
・The staff from the gas company will visit you to open up the gas sup-
ply. I can be with you and help you communicate with them at that
time.（ガスは供給を開始するときに，ガス会社の職員の立ち会いが必要になり
ます．その時にも，私が一緒にいて対応したいと思います．）
・Monthly utility bills could be sent to you and you can pay them in
cash at banks, post offices, and convenience stores.（毎月，公共料金の振

り込み票が自宅に送られてきますから，それらは銀行，郵便局，コンビニで払う
ことができます．）

・Arrangements can be made for the automatic payment of bills from your bank or post office account. （公共料金の支払いは，銀行または郵便局の口座から自動引き落としを利用することができます．）

・We are also supposed to make (small) regular contributions to our neighborhood community association. This money is used to maintain our living environment and to help pay for some local events. I appreciate your understanding. （その他に，毎月支払うものとして自治会費があります．こちらは町内の環境維持や行事の運営に使われます．協力をお願いします．）

3.5.　車の契約・運転免許

　運転免許については，ALT がすでに国際免許証を取得している場合がある．この国際免許証は，有効期限が日本入国日から 1 年と定められているので，有効期限が過ぎる場合は，日本のものに切り替える必要がある．自動車については，購入店が手続きを代わりに進めてくれる場合が多いのであまり心配は要らないが，ALT の場合は，ALT 同士のネットワークを持っており，個人間で購入する場合も少なくない．その場合は，日本人が手伝いながら手続きを完了させることになるだろう．自動車保管場所証明書の作成，提出や自賠責保険そして任意保険の加入が必要になる．

・If you have an international driving permit, you can drive in Japan. Your license is valid for one year after entering Japan. （もし国際免許証をお持ちならば，それは日本入国後 1 年間有効です．）

・If you want to stay in Japan for more than one year, you have to transfer your license to a Japanese one. （1 年以上の日本滞在を考えているのなら，その免許証を日本のものに切り替える必要があります．）

・Automobile insurance in Japan is divided into Compulsory Automobile Liability Insurance (CALI) and voluntary insurance. （車の保険には自賠責保険と任意保険があります．）

・Japanese law requires you to have CALI but voluntary insurance is optional for you. (自賠責保険は強制加入ですが, 任意保険の加入は任意です.)

· The amount of money you may have to pay as compensation in a traffic accident can be more than anyone can afford. Especially when the accident results in another person being killed or injured. (事故を起こしたときに支払わなければならない金額は多額になる可能性が考えられます. 特に, 他人を死傷させた場合はその可能性が高いです.)

· Furthermore, in order to ensure you have funds to cover any damage caused by the accident, I recommend that you have a voluntary insurance policy, too. (さらに, 任意保険の補償内容の広さを考えると, 任意保険の加入をお勧めします.)

· In order to own a car in Japan, you must first find a parking space. (日本で車を所有するには, 駐車場所が必要です.)

· Then you need to obtain a "Certification of Parking Space". When you apply for certification, you have to prepare some documents and go to the local police station. (さらに, 車庫証明を取得する必要があります. そのためには, いくつかの書類を揃え, 警察署に出向くことになります.)

· Documents necessary for the application include the parking space certification, drawings of the location, a layout drawing and a document explaining the right of use for a parking space. (申請書類は自動車保管場所証明書, 所在図・配置図, 保管場所使用承諾証明書があります.)

3.6. 携帯電話の契約

　携帯電話会社は, 外国人の契約については日本人の契約と異なり, さらに追加の身分証明書の提示を求めてくるので注意が必要である. 大手の会社の場合, 契約料や毎月の支払額は高いが, その分, ALT の加入審査は問題なく通る. しかし, この場合も「パスポート」「在留カード」「銀行通帳」「印鑑」「住民票」の提出を求められる. 住民票は ALT の日本での住所を正式に示すものであるので, 身分証明の中でも重要度の高い書類である. 役所で住民票を作成するときは, 何通か予備を発行してもらうとよい.

　ALT の中には契約料を安くしたい, または, 帰国時に発生する高額な解約金を避けたい人もいるだろう. その場合は, 格安 SIM との契約になるが, これがそう簡単ではない. クレジットカードがないと加入審査が通らないことが

大半なのだ．いくつかの格安 SIM の会社に，契約のための審査基準と契約に
必要な書類を事前に確認したほうがよい．著者は勤務校の ALT に同行して格
安 SIM の契約にこぎつけたが，クレジットカードがなくても契約できた格安
SIM の会社はわずか 1 件だった．

- Today we are going to make a contract with the mobile phone provider. You need to bring ID, such as your passport and residence card, and your bankbook, stamp, and your certificate of residence. All the items are essential for your contract, so please bring all of them with you.（今日は携帯電話の契約をします．必要書類はパスポート，在留カードの身分証明書に加え，銀行通帳，印鑑，住民票が必要になります．全てを持参して出かけましょう．）

- The process of making a contract often takes longer than expected. After submitting or showing all the necessary documents to the company, your eligibility will be checked.（契約の手続きは少し時間がかかります．まずは必要な書類を提出した後で，携帯電話会社はあなたの信用度を審査します．）

- Unfortunately there is a possibility that you will not be deemed eligible. If they decide you're not eligible, don't worry too much. We will just need to visit another mobile phone provider. The criteria necessary for contracts varies from provider to provider.（場合によっては，加入審査が通らないこともあります．通らなければ，別の携帯電話会社を訪れましょう．どうか心配しないでくださいね．審査基準は各会社によって異なりますから．）

- Please bear in mind that you will have to pay a cancelation fee if you cancel your cell-phone contract before it ends. If you leave Japan before the expiration of the contract period, you should be prepared to pay around 10,000 yen as a cancelation fee. If you agree to these conditions, you can continue with the process of getting a contract for your phone.（契約の際に，1 つ理解してもらわなければいけないことがあります．それは，帰国時に発生する解約料です．契約期間を満了する前に解約した場合は，違約金が発生します．それも 1 万円前後かかりますので安くはありません．

そこはご了承願います.）

・Each shop has several discount systems. Used phones are much more affordable than brand-new ones. If you ask a shop clerk for some advice, they should tell you about the best value contracts for you. You should take advantage of these services.（割引制度もいくつかありますし，中古製品を扱っているお店もあります．店員さんにアドバイスを求めると，お得な契約について教えてくれると思います．上手に利用すると手頃な価格で契約することができますよ．）

3.7. 買い物・食事での注意点

　地域によって異なると思うが，英語で対応可能なお店は依然として少ないと思われる．買い物で使用する必要最小限の日本語は知っておくとよい．ちなみに，日本ではよほどの常連でなければ，店員と客が目を合わせて会話する習慣がないため，店員の接し方が冷たく事務的と感じる ALT がいるようである．そこを気にしているようであれば，伝えておくのもよいだろう．

　生活ですぐに利用するコンビニ，スーパー・マーケット，ドラッグストアは，住居周辺の地図をプリントアウトして，そこに書き込んで渡しておくと ALT にとっては便利であろう．さらに，衣料品についても，どこで買えるのかを知りたいはずである．近隣の量販店を知らせておくとよい．

　最後に，食事については最低限のマナーやレストランでの食事をするときの手順を知らせてあげるとよいだろう．

・There are several convenience stores around your apartment. There is a great variety of products in "CONBINI", — the usual name given to convenience stores. You can buy magazines, stationery, toiletries, underwear, and a lot of grocery items.（アパートの周りにもコンビニエンス・ストアがいくつかあります．「コンビニ」と私たちは通常，そう呼んでいます．品揃えが豊富で雑誌，文房具，洗面道具そしてたくさんの食料品を扱っています．）

・But the prices are often quite high, so you should go to the nearby supermarket when buying a lot of food and drink.（しかし，値段が少し高めですので，多めに食料品を買うときは，近隣のスーパーに行くとよいでしょう．）

・Convenience stores are usually open 24 hours, while most of the su-

permarkets close at around 21:00 or 22:00. (コンビニは 24 時間営業です
が，スーパーの閉店時間は 21 時から 22 時頃になります.)

・How about going to some mass-market clothing retailers if you'd like
to buy clothes? You can buy a lot of fashionable clothes at reasonable
prices. If you'd like to buy some clothes, you should go there. (衣料量
販店は安く，扱っている商品もおしゃれなものが多いです. 衣服を買う必要があ
るなら，まずはそこに行ってみてはどうでしょうか.)

・You should usually pay in cash when shopping. Surprisingly, there
are still many places which cannot accept credit cards. Unless you
buy an expensive item, you should pay in cash for your daily shop-
ping. (支払いについては，意外にも，クレジットカードの普及はまだ完全とは
いえません. 基本的には，高額な商品でない限り，現金で支払うのが普通です.)

・There is a charge for plastic bags now. They cost 5 yen each.
(レジ袋は今は有料です. 1 枚 5 円程度です.)

・In Japan, it is an absolute breach of manners to eat or drink something
before you pay for it. (お金を払う前に食べたり飲んだりするのは日本ではマ
ナー違反です.)

・We don't have a custom of tipping. It is normal to pay at a cash reg-
ister in a family restaurant. (チップは必要ありません. ファミレスでは会計
はレジで行うほうが普通です.)

・Talking loudly with others while eating together will disturb people
around you. When you eat in a restaurant, you should speak softly to
others. Restaurants are one example of a public space, so you need to
help ensure there is a comfortable atmosphere, where everybody there
can feel relaxed and enjoy eating. (食事をするときは，大きな声で話すのは
避けたほうがよい. レストランは他のお客さんもいる共有の場です. 周囲への気
遣いを大切にすべきです.)

・Making noises when eating is thought not to be good manners. But
when you eat noodles such as *ramen*, *soba* and *udon*, you can make
slurping noises. (音をたてて食べることはマナーに反しますが，麺類を食べる
ときは，ずるずるとすすって音をたてても問題ありません.)

・In restaurants you are usually expected to pay at the cash register after

eating. You will not pay at the table so often.（日本のレストランは普通
レジで払うことが大半です．テーブル払いはそれほど多くありません．）
・We have a custom of saying "*Itadakimasu*" before beginning to eat
and "*Gotisousama deshita*" after finishing eating. This can show our
appreciation for the benefits of food.（食べ始めるときは「いただきます」，
食べ終わったら感謝の意味を込めて「ごちそうさま」と言うのが習慣です．）

4.　終わりに

　ALT の受け入れは最初の年は初めてのことばかりで大変かもしれない．し
かし，一度拠点校になれば，毎年ではなくても数年に一度は新規 ALT を受け
入れることになる．よって，受け入れ側がすべきことは当然，ルーティン化し
てくるだろう．学校ごとにマニュアルを作成するところもあるだろう．また，
地元の銀行や役所の方も ALT の対応にも次第に慣れて，手続きもスムーズに
進むことがよくある．

　しかし，日本は外国人への対応がまだ十分とはいえない．日本語ができなけ
れば，生活に関するほとんどの手続きを済ませることができない．最初の 1
か月は，ALT の生活が軌道に乗るまで，継続的な支援が必要になる．ただし，
ALT 自身が自立できるような支援を心がけ，日本に来て 2 か月目からは，自
分たちである程度のことができるように配慮すべきである．

　最後に，ALT が陥りやすい問題の 1 つは孤独である．ALT によっては，周
辺地域の ALT たちと友人になるケースも多いが，悩みを打ち明ける友人が少
なく，ホームシックになる ALT も少なくない．問題を抱えていても，日本人
の先生に遠慮をして相談できないという人もいるので，機会を見つけて話をす
るのも受け入れ校の大切な配慮である．

（寺田義弘・鈴木修平）

第18章　ALT 対応：学校業務と授業

1.　はじめに

　多くの ALT にとって日本の学校での勤務は初めての経験である．よって，勤務条件や担当する授業そして仕事内容についても，できるだけ早く知りたいと思うはずである．ALT が来日するのはほとんどが 8 月の初旬で，生徒にとっては夏休み中である．この間に，勤務や仕事について理解してもらえるよう伝えることはもちろんであるが，夏休み明けの授業準備を進めておくのがよいだろう．ここでは，ALT との授業打ち合わせをするときに使う表現や，授業をするうえでの基本，そしてテストの採点や評価について伝えるための表現を紹介する．

2.　勤務や業務に関する説明

　ALT によっては，大学を卒業して，社会人の第一歩を日本で踏み出す人もいる．社会人としての基本的なルールを説明するのは日本人の教師の大切な役割である．特に，勤務時間については最初に明確に示しておくべきである．その他，生徒の出欠席の記録や成績・評価の算出などの教務的な内容についてもどこまで分担するのか教えておくとよい．

2.1.　勤務の基本的な説明（紙に書き留めておくべきこと）
　勤務時間，休暇などの基本的な勤務についての説明や，ALT も知っておい

たほうがよいと思われる生徒の公欠のことや成績についての簡単な説明も，担当の英語教師が行うことになるだろう．ここでは，その時に想定される英語をいくつか紹介する．勤務条件については，口頭だけではなく，紙に書いておくべきである．そして最初に，添削の協力や英語科教師の英語力向上への協力を求めることを言っておくとよい．

- Let me confirm your working terms and conditions.
  （勤務条件を確認しましょう．）
- Your working hours are from 8:20 to 16:50.
  （勤務時間は 8 時 20 分から 16 時 50 分までです．）
- You have lunch time from 12:50 to 13:30. Every day you have three or four lessons.（お昼の時間は 12 時 50 分〜 13 時 30 分で，毎日 3，4 時間の授業があります．）
- You will often be asked to check our students' papers and I'm afraid that it could be hard work. In the periods in which you don't have class, you may be busy grading those papers.（あなたは生徒の英語をチェックするように頼まれることが多いでしょう．申し訳ないけど大変ですよ．授業がない時間は，それらの採点に忙しいと思います．）
- I know you are given paid leave such as *Nenkyu* or *Yukyu*, but you should keep days of paid leave just in case you really need them.（年休や有給があるとは思いますが，それは本当に必要なときにとっておいたほうがよいです．）
- If you want to take a day off, please tell me. There is a special paper you have to fill out in advance.（もし休みがとりたいときは，私に言ってくださいね．前もって特別用紙に記入してもらう必要があります．）
- If you need to take a day off unexpectedly, just call us in the morning to say so. You have 20 paid holidays in a year.（突然のお休みの場合は，朝電話をください．年間 20 日間は有給休暇があります．）
- You should also remember that another major role you have is to help the JETs to improve their English. Please talk to them about various things from social problems to TV programs you watched on the previous night.（ALT のもう 1 つの大きな仕事は，日本人英語教師の英語力を向

上させることだということを覚えておいてください．社会問題から前日に見たテレビ番組まで様々なことを彼らと話してください．)

- We have teachers' meetings once a month. You don't have to attend them. You can stay in the teachers' room during the meetings. (職員会議は月に 1 回あります．あなたは参加する必要はありません．会議中は職員室にいて大丈夫です．)
- Sometimes they last a really long time. If you want to leave school, please let us know by coming to the meeting room. We need to lock the teachers' room when no one is in there. (ときどき遅くまでかかるので，先に帰る場合は声をかけてください．職員室を施錠しないといけないので．)
- So, is everything clear to you? (疑問点はございますか．)

2.2.　生徒の英語の添削依頼

　読者の中には，大量の英語の添削を ALT にお願いするのは気が引けるという人もいるかもしれない．しかし ALT は，十分な報酬をもらっており，むしろ給料に見合った仕事をしてもらわなくてはいけないと考えるべきであろう．考査のみならず，普段の授業における英作文の添削でも遠慮せず協力を求めるべきである．むしろ喜んで協力してくれる ALT のほうが多いと感じる．生徒にとっても英作文のネイティブチェックは非常に効果がある．

- Next week, we have mid-term tests. On Wednesday, we have an English test. We are thinking of giving the students an essay writing task as part of the test and we need your help to grade the answers. So let's talk about the grading scalc. (来週中間考査があります．水曜日に英語のテストがあります．エッセイライティングを出したいと考えていますが，採点ではあなたに協力してもらう必要があります．ですから，評価基準についてお話をしたいです．)
- The essay writing section accounts for 20 points out of a total of 100. My idea is... well, let's divide 20 points into 5 points each for 4 components, which could be grammar, logic, naturalness, and content. (ライティングセクションは 100 点中 20 点分です．私としては，20 点を 5 点ずつ 4 つの観点に分けようと思います．つまり文法と論理と自然さと内容です．)

- Since all the papers will be graded by you, there will be no problem if you grade leniently or strictly, as long as you are consistent. (すべての答案はあなたが採点するので，基準が甘くても厳しくても問題はないです.)
- If you have any questions about the grading scheme while you are marking, feel free to ask me. (採点している時に，もし評価基準について質問があれば気軽に私に聞いてください.)

2.3.　教務関係に必要な語彙と英語表現

　実際にはティーム・ティーチング（Team Teaching）で入る日本人教師も出欠を記録しておく場合がほとんどだろうが，何人もの生徒が不在となる部活動などでの公欠の仕組みなどは知らせておく必要があるだろう.

2.3.1.　出欠，生徒名簿

- Please check attendance at the beginning of every lesson. Just check the names of the students who are absent. (毎回授業の最初に出席の確認をしてください. 単にいない生徒の名前を確認すればよいです.)
- You can start a lesson with a question like "why is he / she absent today?" In that way, you can let the fellow students have a chance to speak English. (「なぜ彼／彼女は欠席なのですか」のような質問をして，授業を始めるのがよいかと思います. そうすることで英語を話す機会を周りの生徒に与えることになります.)
- These are the head-and-shoulders photos. It is a good idea to try to remember the students' names. (これらは顔写真です. 生徒の名前を覚えるのに必要かもしれないので.)
- And you should know that we have a system called official absence, which means some students may miss the class because they are attending a funeral or sports events. We call this system "*kouketsu*" in Japanese. (それから公欠というシステムがあることを知ってください. お葬式やスポーツ大会で欠席することを意味します. これを公欠と呼んでいます.)
- Under this system, students are absent from school with official permission. 'Official permission' can be given for absences due to par-

ticipation in contests related to club activities or bereavement. (生徒の欠席には「公欠」というものがあり，部活動の大会や身内の不幸による欠席がそれに含まれます．)

· Absence due to an outbreak of an infectious disease in school is recorded as a 'suspension of attendance'. (学校伝染病による欠席は「出席停止」という扱いとなります．)

· Absences with official permission and those within a period of suspension of attendance are not included in the annual number of days of absence. These absences are treated as absences for legitimate reasons. (「公欠」や「出席停止」は年間の総欠席数に含まれず，正当な理由として考慮されます．)

2.3.2. 成績・評価の説明

最終的に生徒の成績は日本人教師がつけるが，毎回のパフォーマンステストの評価やエッセイの評価などを ALT に記録しておいてもらうこともあるかもしれない．

2.4. 学校業務一般の説明

ALT は生徒と授業外で直接関わることがあまりない．生徒たちとのより良い関係作りのためにも，部活や学校行事に積極的に参加する意義を伝えておくとよい．できれば朝と帰りの SHR や清掃など，教育実習生がやることと同じようなことを週に 1 回でもよいので行うようにすると，生徒との関係も築けて授業も良い雰囲気でできるようになると思われる．

2.4.1. 部活動，学校行事への参加の説明

· We'd like you to take part in our English Conversation Club with students every Wednesday after school. It often lasts till about 6 o'clock. (私たちはあなたに毎週水曜の放課後に英語部にも参加してもらいたいです．6 時過ぎまで活動します．)

· Students are looking forward to talking with you about various topics. Maybe you can prepare some topics and start discussions with them.

（生徒たちはあなたといろんな話題について話をするのを楽しみにしています．あなたがいくつかのトピックを準備しておいて，その話題から始めるのもよいです．）

・Also, some of them will take part in speech contests or debates. They may ask you to coach them or make model reading tapes for them. （また中にはスピーチコンテストやディベート大会に参加する者もいます．コーチや音読のモデルを頼まれるかもしれません．）

・We have a school festival in June, and a sports day in September. There is not much for teachers to do unless we are asked for help. It's all down to the students. （6 月には文化祭があり，9 月には体育祭があります．頼まれない限り，教師がやることはあまりないです．行事は彼らのものですから．）

・If you want to participate, I can ask them if it's OK. （もし，一緒に参加したいなら，私が彼らに可能かどうか聞いてあげますよ．）

・I recommend you sometimes visit classrooms during SHR or cleaning time. This is because building good relationships with students is crucial to the process of creating a 'good' learning environment. （ときどきは SHR や掃除の時間に教室に行くことをお勧めします．なぜなら良い授業には生徒との良い関係が重要だからです．）

2.4.2. 残業を頼む

管理職に事情を説明すれば，その分 ALT は別日に時間休がもらえるかもしれない．ALT に仕事を手伝ってもらいたい場合は，"Can you possibly help us?" とか "I'm just wondering if you can possibly help us." という表現を使えるが，過去形にして "I was just wondering if you could possibly help us." と言えば，より丁寧な表現となる．

・We need to finish grading by tomorrow. I was just wondering if you could possibly help us. （明日までに成績をつけなくてはいけません．手伝ってもらえませんか．）

・I'm sorry but I'm not sure if you can get compensatory time off for this. （申し訳ありませんが，この代わりに時間休をとれるかはわかりません．）

・I'll ask our vice principal tomorrow if you can take time off later for this.（この代わりに時間休がとれるかどうか，明日教頭に聞いてみます.）

3. 授業についての打ち合わせをする際に必要な英語

　日本人教師のみで授業を進めるのとは異なり，ALT とのティーム・ティーチングは授業前に打ち合わせをする必要がある.　大切なのはお互いの役割をきちんと決めておくことである.　生徒が ALT の英語を理解できないときだけ日本人教師が通訳して生徒を助け，基本は ALT に授業進行を任せるというのは，本来避けるべきである.　ここでは，お互いが円滑に打ち合わせを進めるための表現，また，授業ごとに ALT が授業方法の改善を試みることができる話し合いのために必要な英語表現を紹介したい.

3.1. ALT との打ち合わせ

　日本に来る前に，外国人に英語を教えた経験のある ALT は少ないと思われる.　十分な研修期間もなく，授業をするのも初めてという ALT が非常に多い.　よって，ALT にとって，日本の生徒たちが，聞き取って理解できるような英語を話すのも容易なことではない.　最初は伝えたいことを短い文で表現し，使用語彙もなるべく簡単にして，発音もクリアに，そしてゆっくり話すように心がけるようにしなければならない.　教室で自分が話すことを，生徒たちが理解してくれない.　これは多くの ALT がぶつかる最初の壁である.

3.1.1. 都合を聞く

・Would it be OK to have a meeting about the next lesson?
（次の授業の打ち合わせをしましょう.）
・Which period would be OK for you?（何時間目が都合がよいですか.）
・We don't have lessons in the 3rd period, so let's have a meeting then.
（お互いに 3 時間目は空き時間ですので，その時に打ち合わせをしましょう.）
・You're busy now.　Please let me know when you are ready.
（お忙しいようでしたら，準備ができたら教えてください.）

3.1.2.　授業内容の打ち合わせ

- Your first lesson should be a self-introduction. Your students are really excited to meet you, so they want to know a lot about you. (初めての授業は自己紹介をしてほしいです. 初めての出会いですから, 生徒はどんな先生なのか知りたがっています.)

- Please show something, and tell them about your personal history, your hometown, and the culture in your country surrounding such things as food, events and festivals. Some pictures or items you have brought from your country would make the introduction far more effective. (写真などを用いて, あなたの生い立ちや故郷のこと, 食べ物, 年中行事やお祭りといった出身国の文化について教えてあげてください. 自分の国から持ってきている写真や品物があれば効果的な導入になるでしょう.)

- At the beginning of the lesson, we should encourage small talk with the students and allow them to express their interest towards you. (授業の最初は, ちょっとした雑談から入り, 生徒の意識をこちらに向けましょう.)

- Any topic will be OK. The students are really interested in the cultural differences between your country and Japan. (話題は何でもかまいませんが, 生徒は文化の違いに興味を持っています.)

- The school festival is coming soon. Did your high school have some kind of school festival? Could you tell the students what the school festival in your high school was like? (そろそろ学校祭が近づいていますが, あなたの国の高校も学校祭はありましたか. あなたの国の学校祭はどんな感じなのか話してもらえませんか.)

- Then, would you ask them what events and entertainments they will have? Then let's have an interaction with them. (さらに, 生徒たちに今年はどのような取り組みをするのか尋ねて, 会話のやりとりをしてみましょう.)

- In this lesson, we are going to teach the students how to ask someone to do something. The aim of this time is to let the students learn how to request politely. (今回の授業では「物事の依頼の方法」を扱います. この授業のねらいは物事を依頼するときの丁寧な表現を生徒に身につけさせることです.)

- Would you explain to them the main goal of today's lesson? If you

show them some example sentences, they will understand more easily.
（今回の授業の目的を生徒に説明してあげてください．いくつか例文があると生
徒にとってわかりやすいと思います．）

・Let the students have many chances to use the target expressions
through some activities. （いくつかの活動を通して，生徒に重要表現をたくさ
ん使わせて，身につけさせましょう．）

3.1.3.　賛成・反対の表現

・I think so, too. // I agree with your idea. // I support your view.
（私もそう思います．あなたの考えに賛成です．）
・I'm afraid I disagree. // I'm not so sure about that.
（自分はそう思いません．あなたの考えに反対です．）
・At the end of the lesson, let the students reflect on the main things
they have learned in this lesson. Then check what the most important
points of the lesson were. （授業の最後に学習した内容を生徒たちに振り返ら
せて，授業の中で一番大切なことをまとめましょう．）
・After the lesson is over, we should review our lesson today and talk
about the good and bad things about the lesson. That will help us to
create a more effective lesson next time. （授業が終わったら，今日の私た
ちの授業を振り返り，良い点と悪い点について考えましょう．そして，次回はさ
らに良い授業にしましょう．）

3.2.　授業後のミーティング

　授業の準備について，ALT が週に 1 回しか来校しない場合では，ALT に授
業プランを任せてしまいがちであるが，生徒にその 1 回の授業で 1 回分の英
語力をしっかりと身につけさせることを考えれば，慎重に計画を立て，こちら
から授業内容について要求を出すべきである．ただし，頭ごなしに要求をする
のではなく，人としてリスペクトしたうえで，相手からの提案を待つなど協働
で授業を作り上げていく姿勢が大切である．日本人としてはネイティブの流暢
さを大切にしているので，そこを授業に活かしてもらうなど，母語話者の良さ
を引き出してもらいたい．拠点校ならば ALT との打ち合わせは自分の英語力

アップも兼ねて，週に 1 回以上は空き時間に行うとよい．もちろん教育実習生同様，授業の振り返りも丁寧に行いたい．

・What do you think about the lesson that you gave with me in the second period today at 2A?（今日の 2 時限目の 2A での授業についてはどう思いますか.）

・I think it was good. Most students looked happy and enjoyed your lesson.（良かったと私は思いますよ. ほとんどの生徒たちは楽しそうだったし, あなたの授業を楽しんでいました.）

・But maybe you should have confirmed whether or not all the students understood your explanation before you started the task.（しかしあなたは全ての生徒があなたの説明をちゃんと理解しているかを, タスクを始める前に確認すべきだったかもしれません.）

・For example, if you tell them to confirm what to do, in pairs or with their neighbors sometimes, I think it will be easier for them to follow your lesson. Especially if there is a new activity for them.（例えば, もし彼らにペアや近くの人と何をすべきかをときどき確認してあげれば, 新しい活動でも彼らはさらに簡単にあなたの授業についていけるでしょう.）

3.2.1.　ALT へのアドバイス

固有名詞や数字など，生徒が ALT の発音を聞き取れないことがよくある．そのような時は黒板に英語で書いてしまうことを勧めるとよい．「キーワードを繰り返す」とか，「ジェスチャーを入れる」など，生徒の実態をよく知っている日本人教師だからこそ，いかにすれば ALT の話す英語を生徒たちが理解できるようになるかというポイントをアドバイスしてあげるとよい．

・Could you speak more slowly so that everybody in the classroom can understand you?（教室のみんなが理解できるように, もう少しゆっくり話してください.）

・I'm sure that your students will understand you if you use simple vocabulary.（できるだけ簡単な語彙を用いて話すと, 生徒は理解できると思いますよ.）

・If you rephrase your words into easy English, your students will listen to you attentively.（簡単な英語に言い換えることで，生徒は注意して耳を傾けるようになるでしょう.）

· You should express what you want to say in several simple sentences. （言いたいことをいくつかの短い文に分けて話すようにしましょう.）

· Please try to speak slowly and more clearly when you speak in class. （授業ではどうかもっとゆっくりはっきりと話してください.）

· Even if you speak fast, you should know that it is much easier to understand you if you pause, let's say for two seconds, between phrases. For example, "You must study English hard / so that you can communicate / with people all over the world / and enjoy your life better / wherever you go."（速く話す場合も，フレーズごとに 2 秒程度休止を入れてくれると，生徒たちはあなたの英語を理解するのがだいぶ楽になります. 例えば … (中略) … のようにです.）

· So please try to pause between phrases. （だからフレーズごとに休止を入れるようにしてみてください.）

3.2.2.　ALT が考えた授業内容について改善を求めたいとき

· Games in a lesson, like those you used today, are sometimes good to refresh the students' motivation, but can you give them more chances to speak English so that they can become better English speakers?（あなたが今日行った授業中のゲームは息抜きにはよいと思いますが，生徒がより良い英語話者になれるように英語を話す機会をもっと与えてもらえませんか.）

· Can you come up with more communicative activities in which our students are made to speak more English?（英語をもっと話す機会があるコミュニカティブな活動を考えてもらえませんか.）

· Games like those you used today should be played at Christmas or Halloween, as part of a special lesson.（今日行ったゲームはクリスマスやハロウィーンのような特別授業としてやるべきです.）

3.2.3.　次の授業のためのフィードバック

· In a teacher-centered class, students don't have enough opportunity to express their own opinions and ideas, so they feel bored. (やはり教師主導の授業ですと，生徒は受け身になってしまいます．そうすると，生徒は退屈し，授業の雰囲気は停滞します．)

・You should ask them more and more questions in order to facilitate students' learning. If you speak for three minutes in a lesson, you should let students spend six minutes speaking. (なるべく生徒に多く発問を投げかけることが大切です．先生が 3 分話したら，生徒には 6 分は話すように心がけてください．)

・Factual questions are usually stressful for students, and such questions have a single correct answer, so students feel embarrassed just in case they give you a wrong answer. (知識を尋ねる質問は通常は生徒には負担です．そのような質問は正解が 1 つですので，間違った答えを言った生徒は面子を失うことになるでしょう．)

・You should ask them open questions such as "What comes to your mind when you hear …? " and "What would you do if you were in the same situation?" (生徒に対しては，答えが 1 つに定まらないような質問をするほうがよいです．例えば，「… と聞くと何を思い浮かべますか？」とか「あなたが同じ立場ならどうしますか？」などです．)

・If your questions have a great variety of possible answers, they will develop students' ability to think about a topic. (答えがいくつも考えられる質問をすれば，生徒の思考力を伸ばすことができます．)

・Moreover, students can discuss a topic with students around them. In this way, they should be able to engage more with the lesson. (さらに，生徒は周囲の生徒と話し合うこともできますから，授業が活性化しますよ．)

・Japanese students are generally shy during the lesson. You may think they are too quiet, and reserved, showing no great reaction to what you say. But actually, this is not the case. (日本の生徒は基本的に授業ではシャイです．あなたから見ると静かでおとなしく，言っていることに対して反応がないように思えるかもしれませんが，実際はそうではありません．)

・They just hate standing out and getting much attention in the class. Some of them know the answer to your question, and others are willing to say a few words about a topic. (生徒たちは，クラスの中で目立つこ

とや注目を浴びることをただ嫌っているだけです. 本当はあなたの質問の答えを
知っている子もいますし, ある話題について少し話したい生徒もいます.)

・Please don't worry too much if students are quiet when asked. They
are just shy. If you approach one of them and talk to them individual-
ly, prompting with, for example, "What do you think?", they will usu-
ally offer some ideas and / or opinions. (ですから, 生徒が無反応でも, あ
まり気にしないでくださいね. ただシャイなだけですから, 生徒のところに近づ
いて行って, 個人的に「どう思う？」と話しかけると, 考えや意見を言いますよ.)

4.　終わりに

　本章では, 勤務条件や業務の説明に関する英語や授業の打ち合わせなどに関
する英語を紹介した. 授業の組み立てについては, 学校によって大きく変わる
と思われるが, 生徒の英語力向上を第一に考えたい. 隔週でしかティーム・
ティーチングをやれない場合, 1 コマを前半・後半に分け, 1 コマで 2 クラス
に ALT が移動してティーム・ティーチングを行うというのも有効である.
ALT 自身が自由に授業を組み立てたいと思っているかもしれないが, それが
生徒の英語力向上につながるように事前に打ち合わせが必要である. 本章がそ
の際にいくらかでもお役に立てれば幸いである.

引用文献

財団法人自治体国際化協会 (2013)『ALT ハンドブック』財団法人自治体国際化協会.

（鈴木修平・寺田義弘）

第19章 英語版「学校案内」の作成

1. はじめに

「学校案内」は学校のイメージを決定づける大変重要な役割を持っている．学校側は「選ばれる立場」として，自校の強みや特色などを PR する広報活動が必要不可欠といえる．学校に関する様々な情報を広く知ってもらうにあたり，パンフレットもウェブサイトもとても重要なツールとなる．デジタルパンフレットなどを通して，広く人々に見てもらうことができ，自校の魅力を強く印象付けることで，応募に対するモティベーションを高めてもらうことができる．

最近，ウェブサイトに英語版の「学校案内」が少しずつ増えてきている．英語版を作ることで，海外から日本の高校への留学を考える人や，日本在住で日本の高校への進学を考えていても，日本語が第一言語ではない人々に，自校の教育内容や学校生活のイメージなど，様々な魅力を明確に伝えることができ，募集につながるものとして重要な役割を果たすことができる．また，自校の生徒が海外に留学したり，海外の人々と交流したりする際などに，自分の学校に関する情報を具体的に伝える資料として利用することもできる．ALT の募集にも必要であることは言うまでもない．情報化，グローバル化が進む現在，学校も，ますます英語版「学校案内」作成の必要性が増していくと思われる．ここでは，英語版「学校案内」を作成する際に使える様々な表現を，いくつかの項目に分けて紹介していく．

2.　学校案内英語版作成のポイントと使える表現

〈TK 高校の例〉

　TK High School, located in central Shizuoka, was founded in 1947 and has a history of over 70 years. Our school motto is "To aim for a higher place". The aim of the education we provide here is to encourage students to have a determined will and healthy body to overcome any difficulties they may face. Students can select from one of three courses of study: the "Special Academic Advancement Course", the "Global Studies Course" and the "General Course". Students can gain various experiences through the high school and university cooperative education programs. There is a variety of events that all students can enjoy. Students can choose from a wide range of extracurricular activities. This high school is affiliated with ABC University and many graduates take special entrance examinations and 'recommendation-based' examinations and are admitted to ABC University.

2.1.　沿革 (School History)
沿革は年表で表すこともあるが，次のように表現できる．

- ・TK High School, located in central Shizuoka, was founded in 1947 by Mr./Ms. X.（静岡の中心部にある TK 高校は，X 氏によって 1947 年に設立されました．）
- ・The XXX Course was implemented.（XXX コースが創設されました．）
- ・This school celebrated its 70th year anniversary.（70 周年を祝いました．）
- ・The memorial building was built.（記念館が建てられました．）
- ・It became coeducational.（男女共学になりました．）
- ・This school became affiliated with ABC University in 2000.
　（2000 年に ABC 大学の附属になりました．）
- ・TK High School has a history of over 70 years.
　（TK 高校は 70 年を超える歴史があります．）

2.2.　校章 (School Symbol, School Badge)

・This school badge represents an evergreen leaf with a white flower and a yellow fruit.（この校章は，常緑の葉と，白い花，黄金の実を表しています.）

2.3.　校長の挨拶 (Principal's Message, Greetings from Principal)

・What TK High School aims is to foster the next-generation of leaders who will play an active role in a global society.（本校が目指すのは，国際社会で積極的な役割を果たす次世代のリーダーを養成することです.）

2.4.　校訓 (School Precepts)，建学の精神 (School Motto)，教育理念 (School Philosophy, Education Policy, School Ethos)

スクール・アイデンティを基盤に，社会における自校の存在感をアピールすることで，他校との差別化を図ることができる．いずれも，次のように明確に表現することが大切である．

・The precept of this school is "sincerity".（校訓は「誠実」です.）
・Our school motto is "To aim for a higher place".

（建学の精神は「より高きを目指して」です.）

2.5.　教育目標 (Educational Aims)

教育目標は，入学を希望する生徒や保護者にとって最も重要な意義を持っており，魅力を感じ，そこで学びたいという気持ちを起こさせる要素の１つである．したがって，何を目指して，どのような教育を行うのかを明確に伝えることが重要である．教育目標は簡潔にまとめるととてもわかりやすくなる．

以下，多くの学校が教育目標として揚げている項目に対する英語表現を紹介する．「本校の教育目標は ~ （する）こと です.」と言いたい場合，以下の２つの言い方が一般的であり，それぞれの学校の教育目標を ☐ に入れていくことになる．

The aim of the education we offer is to ☐ .
This school aims to ☐ .

(1)　目標達成，学力向上

- build up the students' determination to achieve their goals
  （目標を達成しようとする強い心を築く）
- encourage each student to become a person who strives for academic excellence and continues learning （生徒一人ひとり，学力向上を目指して努力し，学び続けるよう促す）

(2)　リーダーシップ，責任感

- encourage creative thinking, independence, and leadership
  （創造的な思考，独立心，リーダーシップを育てる）
- develop model citizens and strong-minded leaders
  （模範的な市民や強い精神を持ったリーダーを育てる）

(3)　社会貢献，責任感

- foster a feeling of love for their local community
  （地域社会を愛する心を育む）
- foster the desire to contribute to society
  （社会に貢献しようとする気持ちを養う）
- encourage students to become responsible citizens who are willing to serve others and use their knowledge and skills （進んで他人に奉仕し，知識や技術を活用して，責任ある市民になる）
- provide various opportunities that will help all our students take an active role as responsible, cooperative and creative members of society （生徒が，責任感を持ち，協力的で，創造性のある社会の一員として，積極的な役割を果たす手助けになるような，様々な機会を提供する）
- train students to be responsible and obey rules and laws
  （責任感と法令を遵守する心を鍛える）

(4)　心身鍛錬

- discipline their bodies and minds so that they are strong enough to overcome any hardship （困難を乗り越える強さを身につけるために，心身を鍛える）
- encourage students to have a determined will and healthy body to

overcome difficulties（困難を乗り越える強固な意志と健康な体を持つ）

・promote the development of mind and body in each student
（一人ひとりの心身の発達を促す）

・encourage each student to realize his or her full potential
（一人ひとりに自分の潜在能力を気づかせる）

(5)　思いやり，感謝の気持ち

・have students develop a sense of gratitude and respect for those who support them（自分を支えてくれる人々への感謝と尊敬の念を育てる）

・cultivate in students a strong sense of compassion, respect and a determination to help others（他人を助ける思いやり，尊敬の念や決断力を培う）

(6)　国際理解，国際人

・have students play an active role in the international community
（生徒が，国際社会において積極的な役割を果たす）

・foster a spirit of friendship and mutual respect essential to being an active contributor to the international community（国際社会に積極的に貢献できるようになるのに欠かせない，友情や相互理解の心を育てる）

・foster the development of individual talents in order to nurture ethical global citizens（道徳心を持った国際人を育成するために，個々の能力を伸ばす）

・cultivate sensitivity towards other cultures—including all qualities necessary to develop into truly internationalized people（異文化に対する感性，真の国際人になるのに必要なあらゆる資質を培う）

・foster international education for a better understanding of the world community, and a strong consideration for others（国際社会のより良い理解と他人への思いやりのため国際的な教育を行う）

・broaden students' horizons by helping them to understand the cultural, historical and educational environments of Japan and other countries
（国内外の文化や歴史，教育環境を理解させることで，視野を広げる）

2.6.　教育の特色 (Educational Specialties)

　教育の特色については，教育目標と同様に自校の魅力として最もアピールしたい部分なので，丁寧に説明する必要がある．教育目標よりもできるだけ具体

的に述べることで，内容を理解してもらいやすくなる．ここでは，次の 6 つ
の項目について取り上げて紹介していく．

(1) コース (Courses)，系統 (Branches)

- Students can select from one of three courses of study: the "Special Academic Advancement Course", the "Global Studies Course" and the "General Course". (「特別進学」「国際」「普通」の 3 コースから 1 つを選択できます．)
- In the "Special Advancement Course", the students seek admission to national and public or private universities. (特進コースでは，国公立大学や私立大学への進学を目指します．)
- The "Global Studies Course" aims to develop a deeper understanding of different cultures and to play an active role in global society with many English classes. (国際コースでは，多くの英語の授業で異文化理解を深め，グローバル社会で積極的な役割を果たすことを目標としています．)
- The "General Course" emphasizes a balance between preparation for higher education and club activities. (普通コースは，進学と部活動のバランス「文武両道」を重視しています．)
- The 1st grade course is decided by the students' choice at the time of application and entrance examination results. During advancement to the 2nd grade the course is reorganized according to academic ability and career hopes etc. (1 年次のコースは，入学時の希望と高校入試の結果で決定します．2 年進級時には学業成績や進路希望などを考慮して再編成します．)
- In the "Integrated Course", the aim is for students to determine their future path and achieve their goals over the combined 6 years of Junior high school and senior high school. (一貫コースでは，中高 6 年間で進路目標の達成を目指します．)
- Students can select from one of three branches for study: 'healthcare', 'childcare', and 'humanities'. (「医療系」「保育系」「文科系」3 つの系統から 1 つを選択できます．)

(2) 中高一貫，高大連携など

- All the graduates of junior high school can proceed to TK High

School and study for three more years. (すべての中学生が TK 高校に進学
し, さらに 3 年間学びます.)

· Students can gain various experiences through the high school and
university cooperative education programs. (高大連携プログラムを通して,
様々な経験ができます.)

· This high school is affiliated with ABC University and more than 50%
of graduates take special entrance examinations and 'recommendation-
based' examinations and are admitted to ABC University. (本校は ABC
大学の附属高校で, 本校生の 50％以上が附属内特別入試や推薦入試を受けて,
ABC 大学に進学します.)

· Students of TK High School, affiliated to ABC University, get an ex-
emption from or reduction in, ABC University entrance examination
fees. (ABC 大学附属の TK 高校から ABC 大学を受験し進学する場合, 受験料
が優遇されます.)

(3) カリキュラム, 習熟度別授業, 入試対策

· This curriculum puts emphasis on English education.
(英語教育に力を入れています.)

· The curriculum of this school is geared towards students becoming
more mature young adults as well as towards them being admitted to
universities. (本校のカリキュラムは, 大学進学だけでなく, 人間的成長を目指
して作られています.)

· Class groupings are based on the students' abilities in English and
math. (英語と数学は習熟度別の授業を行っています.)

· We offer supplementary lessons to prepare for the entrance exams.
(入試対策として, 補講を行います.)

(4) 資格取得, 検定受験の奨励

· We encourage the students to acquire qualifications by taking tests
such as The EIKEN Test in Practical English Proficiency and The Ja-
pan Kanji Aptitude Test. (本校は, 英語検定や漢字検定など資格取得を奨励
しています.)

(5)　交換留学，交流プログラム

・We give students opportunities to join in an exchange program with XXX High School in Canada. (カナダの XXX 高校と交換留学プログラムがあります.)

・We give students opportunities to take part in international exchanges with partner schools around the world. (海外の提携校との国際交流に参加することができます.)

(6)　スクールバス

・We operate special school buses on 3 routes, "＿A＿", "＿B＿" and "＿C＿", for students who come from far away. (遠方からの通学者のために，A，B，C の 3 ルートのスクールバスがあります.)

2.7.　学校生活 (School Life)

　海外から日本に留学を考えている方には，日本の学校の様々なシステムについてだけでなく，1 年間または 1 日の学校生活の流れなどについても，正確に伝え，明確なイメージを持ってもらうことが重要である．伝える対象にもよるが，以下のような説明が一般に必要であると思われる．

・The school year is organized into three semesters, which run from April to July, September to December, and January to March. (4 月から 7 月，9 月から 12 月，1 月から 3 月の 3 学期制です.)

・In the first and second terms, students have two examinations: the mid-term and end-of-term exams, and in the third, only the final exam. (1，2 学期には中間試験と期末試験，3 学期には学年末試験があります.)

・Between the semesters, we have a 6-week summer vacation, a 2-week winter vacation, and a 2-week spring vacation respectively. (夏期 6 週間，冬期 2 週間，春期 2 週間の休暇があります.)

・Every lesson is given to each homeroom according to the weekly timetable. On Monday and Tuesday students have seven periods, on Wednesday, Thursday and Friday 6 periods and on Saturday two periods. Students, therefore, have a total of 34 periods a week. (クラスごとに時間割が決まっています．月，火曜は 7 時間，水，木，金曜は 6 時間，土曜日

は 2 時間で，1 週間に合計 34 時間の授業があります．）

- We use a Homeroom System to support the students. Each homeroom is supervised by a homeroom teacher, who oversees their general care. （ホームルーム制で，クラス担任が中心となって生徒をサポートします．）
- The junior high has an enrollment of 180 students, and the senior high has 480. （中学生 180 人，高校生 480 人が在籍しています．）

2.8.　学校行事 (School Events)

　学校行事の案内では，それぞれの行事の目的は何か，その行事を通して生徒にどのような力をつけたいのかなど，具体的に示すことで，教育目標や特色との関連も含めたイメージを伝えることができる．年間行事予定 (Annual Event Schedule) を，学期ごとや月ごとにまとめて表すような場合も，以下のような表現を使うことができる．

- There is a variety of events that all students can enjoy. Also, students will be given opportunities to interact with many other students in the school. （全生徒が楽しめる様々な行事があります．また，校内の多くの生徒たちと交流する機会があります．）
- We endeavor to cultivate cooperation, responsibility and perseverance through the school training camps (including overnight excursions). （宿泊研修を通して，協力，責任感，忍耐力を養います．）
- Students join such school events as the Chorus Festival and 'English Camp'. (Depending upon which homeroom they belong to.) （合唱祭や英語キャンプなどの学校行事は，ホームルーム単位で参加します．）
- Our school arranges a lot of events for students that will hopefully create deep impressions and unforgettable memories that will last a life time. （深い感銘や，一生忘れられない思い出に溢れる多くの行事があります．）

以下は，学校行事の一般的な英語表現である．

入学式 entrance ceremony　　　　始業式 opening ceremony
終業式 closing ceremony　　　　　卒業式 graduation ceremony
中間試験 mid-term exams　　　　　期末試験 end of term exams

文化祭 cultural festival

体力測定 physical fitness test

体育祭 sports day

球技大会 ball game tournament

修学旅行 school excursion

芸術祭 arts festival

入学試験 entrance exams

芸術鑑賞 art appreciation

合唱祭 chorus festival

マラソン大会 marathon race

健康診断 medical checkup

防災訓練 fire & emergency drills

創立記念日 anniversary of foundation

生徒会選挙 election of student council

大学見学会 university visit / university campus tour

宿泊研修 training camps / overnight excursion

文化講演会 cultural lecture（meeting）

海外語学研修 overseas language study

百人一首大会 *hyakunin-issyu*（poem card game）competition

環境美化活動 environmental beautification activities

2.9.　課外活動 (Extracurricular Activities)，クラブ活動 (Club Activities)

　自校の特色を強くアピールする教育活動の中に，課外活動，クラブ活動がある．スポーツ，文化活動，ボランティア活動などを通して，社会性の向上や社会貢献など，実績を含めて以下のように伝えることができる．

- Students can choose from a wide range of extracurricular activities.
  （幅広い課外活動の中から選ぶことができます．）
- Sports clubs aim to enhance the students' fitness, team work and leadership qualities.（運動部は体力，チームワーク，リーダーシップを伸ばすことを目標としています．）
- Through the activities of cultural clubs the students can develop specific talents and skills.（文化部の活動を通し，特別な能力や技術を向上させることができます．）

以下は，課外活動やクラブ活動でよく用いられる表現である．

運動部 sports clubs

文化部 cultural clubs

野球 baseball

茶道 tea ceremony

サッカー soccer	書道 calligraphy
バスケットボール basketball	華道 flower arrangement
バレーボール volleyball	吹奏楽 brass band
ソフトボール softball	将棋 shogi (Japanese chess)
陸上競技 track and field	美術 painting
空手 karate	演劇 drama
剣道 kendo	放送 broadcasting
柔道 judo	国際交流 intercultural exchange
卓球 table tennis	ダンス dancing
体操 gymnastics	新体操 rhythmic gymnastics

2.10.　施設 (Facilities)

施設設備の充実も，自校の魅力をアピールできる要素の1つである．授業やクラブ活動をはじめとして，日々の学校生活全体をイメージしてもらうのに大変役に立つ．以下のような表現を使って説明することができる．

- Our school has many sports facilities such as two gymnasiums, three athletic fields, martial arts arenas, a baseball ground, an indoor training field, a swimming pool, two tennis courts, and other physical education facilities.（体育館2つ，運動場3つ，武道場，野球場，室内練習場，プール，テニスコート2面など，多くのスポーツ施設があります．）
- We have a school cafeteria which students can use during lunch time and after school.（本校には学生食堂があり，昼休みと放課後に利用することができます．）
- Our school has about 100 computers and excellent IT facilities which are accessible to our students.（生徒が利用できるコンピュータや高度な設備を備えております．）

2.11.　学校説明会 (School Information Session / School Tour / Open Day)，授業体験会 (Trial Lessons)，入試説明会 (Entrance Exam Guidance)

学校説明会や体験授業，あるいは入試説明会などを通して，自校に興味を

持ってもらい，説明会に足を運んでもらえば，さらに魅力をアピールする機会を得ることになる．以下は，学校説明会に関する情報を英語で伝える際の表現の例である．

・If you are planning to take our school's entrance exam, please attend one of the open days. (本校の受験をお考えの方は，説明会のいずれかに参加してください.)

・Applications are required in advance. (事前の申し込みが必要です.)

入学資料 Requirement for Admission / Admission Requirements
募集要項 Application Requirements
特待生募集 Scholarship Student Recruitment
大学合格実績 Academic Achievement Record

3.　終わりに

　本章では，勤務校の概要を英語で紹介する場合や，学校案内を英語で作成することになった場合に必要と思われる英語表現，参考としてもらいたい情報を紹介した．伝えたい内容をどのように表現したら正確かつ簡潔に伝わるのか，また，もっと具体的に伝えるにはどうしたらよいか迷うことが多々あるかと思う．今回，例を挙げていくうえで，あまり強い表現にならないように配慮し，言葉選びに注意した．英語版「学校案内」を読む人は，必ずしも英語が第一言語であるとは限らないし，国籍なども様々であり，同じ表現でも受け止め方が違うかもしれない．自国の場合と比較しながら内容を理解することが考えられるため，日本的すぎる表現も避けた．項目によっては，簡潔にすっきりまとめるほうがよいものと，できるだけ具体的に表現するほうがよいものもある．誰にでもわかりやすく，正しく伝わる的確な表現を心掛けることが何よりも大切なことである．ネイティブスピーカーに協力してもらい，自然な表現，ニュアンスを意識して作成すればよりよいものが完成するのではないかと思われる．

（櫻井加保里）

第20章　国際交流先を開拓するには

1. はじめに

　今日のグローバル化の中にあって，文部科学省も民間企業の協力のもとで「トビタテ留学JAPAN!」という海外留学支援制度を設けて若者の海外留学を推奨している．「留学は大学生になってから」と考える生徒や保護者が多いが，高校時代というより若い時期に日本の外へ出て学ぶことで，大学生，大人とは違った角度から，より柔軟に，ホームステイや国際交流をはじめとする，様々な異文化体験をすることができる．留学した生徒たちは授業科目としての英語ではなく，実際に使える英語を学び，日本とは異なる生活や教育スタイルに接し，帰国後の学びへ生かすことができる．例えば，クラスのほかの生徒にはない新たな視点を取り入れるきっかけにもなるだろう．留学にはこのような様々な利点があるので，留学を希望する生徒にはそれを実現できる機会を提供し，応援してあげたいものである．その際には，未熟な高校生を支えるために，日々の生活面や精神面でのサポート体制も整ったプログラムが望ましい．本章では，筆者の勤務校がグローバル化する社会で活躍する人材育成のために開始した留学プログラムを紹介し，今後留学プログラムを新たに計画している学校関係者の方々の参考になりそうな要点を列記する．

2. 留学先の学校を開拓する

　無数にある高校の中から，留学先を見つけるのは至難の技である．どこから

224

手をつけたらよいか，いくつか例を紹介する．

（ア）　旅行会社の協力を仰ぐ

　　　　ホームステイプログラムや研修旅行プログラムなどの海外教育旅行を実施している旅行会社は現地の学校情報に通じている．本校では留学校開拓のための現地校視察の相談にも対応していただいた．

（イ）　過去に学校交流を行った学校と交渉する

　　　　これまでに短期ホームステイプログラムや語学研修などで滞在した現地校や，生徒を受け入れてくれた学校へ，留学提携をしてもらえるかを交渉してみる．生徒の滞在経験のある学校であれば，現地の様子がすでにわかっているため，生徒の留学中の生活を想像しやすい．

（ウ）　姉妹都市協会を通して留学先を見つける

　　　　姉妹都市との交流を深める協会があれば，そこでも留学生の受け入れ手続きをサポートしてくれる場合がある．本校の場合，静岡市の姉妹都市であるアメリカ合衆国ネブラスカ州にあるオマハ市が若者の交流（Youth Exchange）を促進するための学校を静岡市で探していたこともあり，お互いの目的が合致したことから，留学先として生徒を派遣する運びとなった．以下は，留学先に送った文書の例である．

Dear Sir or Madam,

We are a private high school in Shizuoka City. As you know, Shizuoka City has been a sister city with your city since xxxx.

We are writing to you today to ask if your school would be interested in being a partner institution with our school and establishing a student exchange program. We strongly believe in the importance of having a chance to study abroad and hope that we can develop some kind of program together.

The following is a list of our requests:

1.　Period: 10 months (beginning at the start of the new school year in the host country)

2. Accommodations: Homestay with a volunteer host family for the duration of the student's stay
3. Meals: To be provided by the host family
4. Grades: To be credited when the student returns to her home country school (the student will not have to repeat the same grade)

Preferably, it would be convenient for teachers and students if Japanese is taught at your school, although this is by no means a requirement.

Please understand that under the program, the student will not need to pay any tuition fees or compensate the host family monetarily. Not only will the student gain valuable experiences from staying with a host family but the host family will also benefit from the stay. The host family will have the opportunity to learn about a different culture first-hand, from a native of that country.

We hope that you will be interested in accepting some of our students. I would appreciate it if you could discuss the matter with the relevant people and get back to me as soon as it is convenient. We realize you may have your own requirements and/or conditions in order to accept our students. Please feel free to discuss them with us.

Thank you for your attention. We look forward to hearing from you.

Yours sincerely,

XXXX
English Teacher (Program Coordinator)

3. 留学先を選ぶ際に注意すべき事柄

　留学先を選ぶにあたっては，以下に挙げた項目を総合的に判断し，留学先を決定するようにしたい．

　（ア）　留学先の雰囲気や教育環境が留学プログラムの目的と一致している

か.

　生徒が長期で留学するにあたって，学校の雰囲気は大切な要素である. また，留学プログラムの目的をはっきりさせ，その目的が果たせる学校であるかどうかを考えなくてはならない. 生徒の帰国後を考慮し，留学中にどのようなことが経験できるのかを明確にしておきたい.

（イ）　留学費用は適切か.

　留学先の条件によって大きく異なるのが留学費用である. 留学校へ授業料の支払いが必要かどうか. 公立校か私立校か. ホストファミリーはボランティアかどうか. 年間費用は約 200 万円から約 400 万円と幅があるが，無限の可能性のある生徒が費用面で留学を断念するのは残念である. 本校の場合はアメリカの姉妹都市留学であったので，授業料免除，ホストファミリーはボランティアという好条件で他よりも費用を抑えることができた.

（ウ）　留学制度の管理は確実か.

　現地の教育団体や国際交流団体がプログラム運営に携わっていると，生徒を派遣する際に安心である.

　アメリカの姉妹都市へ留学する場合，現地の姉妹都市のサポートを得られるだけではなく，全米国際姉妹都市協会（Sister Cities International: SCI）が留学プログラムを管理しているので，以下のような様々なサポートが得られる.

① ホストファミリーのバックグラウンドチェック（家庭環境調査）

　10 ヶ月間のホームステイをするにあたり，生徒たちはどのようなホストファミリーの世話になるのかが不安になるかもしれない. SCI では，ホストファミリーの家族構成から犯罪歴に至るまでの確認を行ってくれる.

② ビザ申請

　どの国でも長期留学となると学生ビザもしくはそれに相当するビザの取得が必要である. アメリカ姉妹都市留学の場合，SCI がビザのスポンサーになる.

③ 健康保険の加入

　短期留学やホームステイプログラムと違い，長期留学ともなると

病院へかかる可能性が高くなる．海外での医療費は日本の健康保険が利かず，高額になることがある．日本で長期留学用の海外旅行保険に加入することもできるが，姉妹都市へ留学する場合では，生徒は留学プログラム用の健康保険に加入することが必須となり，医療費が一部保障される．

（エ）　生徒に対して生活面・学習面でのサポートがあるか．

　長期留学の間，生徒は様々な問題や壁にぶつかるだろう．カルチャーショックや，学校での学習，ホストファミリーとの関係など，多様である．そのような時，生徒をサポートしてくれる次のような機関が近くにあると安心といえる．

① 姉妹都市協会によるサポート

　本学の生徒が留学したオマハ市の場合は，姉妹都市協会のスタッフが頻繁に聞き取りや面談をするなど，細やかなサポートをしてくれた．

② 留学先高校でのサポート

　アメリカの高校では生徒一人ひとりにアドバイザーがつき，相談できる．また，本校の生徒の場合は，留学先に日本語の授業があり，その先生方が力になってくれた．

（オ）　留学先の高校に日本語の授業または日本語クラブがあるか．

　英語の勉強が長期留学の目的である生徒がほとんどである．そのため，日本語が話される環境からなるべく離れたいと思う者もいるかもしれない．しかし先に述べたように，日本語の授業がある学校では，日本語の先生の心強いサポートが受けられるし，現地の生徒に日本語を教えることで異文化交流の機会を持つこともできる．何よりも現地で友達を得ることができる．英語力も精神的にも未熟な高校生にとって，友達を作る機会として，日本語の授業は絶好の機会となる．

4.　留学プログラムを始める際に注意すべき事柄

　次に，留学を始める際に注意しておくべき事項について述べる．

（ア）　派遣生徒の選考

　　姉妹校提携した学校間での交換留学プログラム（学校プログラム）として生徒を派遣する場合は，学校同士のつながりが基本となる．学校の代表としてもふさわしい生徒を派遣するために，留学希望生徒の選考を行い，事前指導を行うべきである．成績や生活態度はもちろんだが，家庭環境や，健康状況や精神的な面なども含め，長期の留学生活に耐えられるかどうかを見定めながら，選考・指導するよう心掛けなければならない．

（イ）　留学プログラムの継続性

　　長くプログラムを実施する場合，現地の状況が変わることも考えておく必要がある．例えば，現地校の事情で留学生の受け入れができなくなったり，受け入れホストファミリーが確定しなかったりするなど，様々なことが起こりうる．このような場合を想定し，あらかじめ現地校を含めバックアッププランを検討し，制度を整えておかなくてはいけない．

5.　終わりに

　10ヶ月の留学プログラム中，生徒たちはホームステイをしながら現地の高校へ通い，日本ではできない様々な経験をし，成長した姿で帰国する．現地での生活を通し，日本と外国の文化の違いを肌で感じ，また姉妹都市協会や，通っている学校で文化交流の機会を持つことで，日本について改めて考える機会を持つことができたと多くの生徒が語っている．帰国生の多くは留学経験をもとに，国際的な視野を生かすことのできる分野へ進んでいる．今後も志を持った高校生に留学の機会が多く与えられることを願っている．

　　　　　　　　　　　　　　　　　　　　　　　　（海野　茜・谷野純夫）

※参考：本校の留学プログラムの年間計画（準備〜出発〜帰国）

	高1	高2	高3
4 月	生徒向け留学概略説明 留学希望者アンケート	ELTiS 実施	
5 月	保護者会にて説明 （留学期間／成績など）	留学説明会 （ビザ取得について）	帰国日および復学日決定 留学プログラム修了
6 月	留学説明会 （保護者および生徒対象） エントリーシート提出	ビザ申請	帰国および復学
7 月	1 次選考（1 学期成績） 三者面接にて意志の確認， 夏休みの過ごし方など説明（学習，家庭の手伝い， ボランティア活動）	出発直前説明会 （生徒・保護者）	
8 月		渡航，留学開始	
9 月		留学レポート提出開始 （毎月の振り返り）	
10 月	2 次選考		
11 月	・授業担当者にアンケート実施（授業態度など） ・面接（コース教員） ・2 学期中間試験成績		
12 月	留学候補生決定 Student Application 提出		
1 月	留学候補生説明会		
2 月	（生徒・保護者） 予防接種開始 *ELTiS の学習開始	帰国後の英語各種資格試験の受験指示 帰国までの過ごし方	
3 月		の指示	

成績：高1の2学期までの成績が英語8以上，かつ評定平均8以上
英検：高1の第2回までに準2級，高2の第1回までに2級
学習状況：授業の取り組み
生活状況：欠席・遅刻・早退，提出物など
人物：順応性，自立心，忍耐力，積極性

*ELTiS：English Language Test for International Students アメリカの高校へ留学するための英語能力判定試験

第21章　学校内で行われる国際交流活動

1.　はじめに

　本章では，国際交流の受け入れ事業とその対応を主に扱う．「国際交流の受け入れ事業」というと教員の負担が増すような印象があるが，事業を継続的に実践していく中で，その負担感以上に，生徒と教員の双方にとって貴重な学びの機会となり，「主体的・対話的で深い学び」への示唆を両者に与える可能性を「国際交流」が持っていることがわかる．

2.　国際交流受け入れ事業

　筆者らの勤務校では静岡市の姉妹都市であるネブラスカ州オマハ市との交流を軸にしながら，静岡市と連携して生徒主体の様々な国際交流事業を実施している．平成30年度前期（6月～8月）に行われた交流活動のうち，校内で行われたものを挙げると以下の通りである．

(1)　San Fernando Valley Japanese Language Institute 関係者来校
　〈人数〉　学生 12 名，引率 2 名
　〈日時〉　6 月 14 日（木）～ 16 日（土）
　〈概要〉　6 月 14 日（木）夜に本校生徒宅にてホームステイを開始．6 月 15
　　　　　日（金），16 日（土）は本校を訪問し，ホームステイ先の生徒と一
　　　　　緒に授業を受けた．放課後は代表生徒との交流会（カフェ形式）を

実施した後，学校施設を見学しながら弓道，剣道，茶道などの部活
動を体験した.

(2)　Creighton University 関係者来校

〈人数〉　学生 6 名，引率 2 名

〈日時〉　6 月 19 日（火）13:00 〜 17:00

〈概要〉　クレイトン大学の学生は午前中に同じ静岡市内の大学で語学研修を
　　　　行い，午後は本校に来校して昼食をとり，1 年生の授業に参加して
　　　　英語による対話を行った. 放課後は代表生徒との交流会（カフェ形
　　　　式）を実施した.

(3)　オマハ市ホストファミリー Musa Njie 氏来校

〈人数〉　家族 3 名

〈日時〉　7 月 13 日（金）13:00 〜 17:30

〈概要〉　本校主催の生徒海外語学研修にて本校生徒のホストファミリーに
　　　　なってくださる Musa Njie 氏が家族とともに来校され，昼食会の
　　　　後に 1 年生の授業に参加した. 放課後は学校施設を見学しながら
　　　　弓道，剣道などの部活動を体験し，終了後に海外語学研修参加生徒
　　　　との懇談会を実施した.

3.　国際交流活動を通した生徒の変容

　国際交流活動の実施における学習評価（生徒が学び得たものの確認）は，事
前と事後に同内容にて実施するアンケートの記述内容の比較によって，変容を
確認している. 以下には，これまでの調査から分析したことを示す.

3.1.　世界平和への寄与

　学校内外の一連の国際交流活動に参加した生徒の事後アンケートに，「私が
国際交流を通して得た気づきは，自分の友達がアメリカの大地にいるのを知っ
たことだ. 社会がどのような状況になろうとも，友達がいる大地に，私は絶対
にミサイルを撃ち込んだりはしない. これから先『そこに友達がいるから』と
いうことが，私が戦争を拒否する最大の理由になるだろう」という記述があっ
た.「相手がそこにいることを認める」ということは，相手を思いやることの

根幹である．生徒は言語も文化も異なる人々と接する中で「思いを遣る」こと
に気づき，アメリカまでの物理的な距離は決して心の距離ではないことを感じ
とったようである．

3.2.　「マイノリティー」に身を置くということ

　日本に住む私たちは，日本においては圧倒的な「マジョリティー（majori-
ty）」である．読む，書く，話す，聞くことの全てを日本語で行い，思考する
ときは日本語の文脈でものを見つめる．日本では英語をはじめとする外国語話
者のほうが「マイノリティー（minority）」なので，私たちは会話で困ることも
ないし，自らの価値観の枠組みの外へと出て行く必要もない．しかし，英語を
公用語とする国においては，私たちは「マイノリティー」である．「マジョリ
ティー」であったときの常識や言葉は通用しない．

　「マイノリティー」の立場に身を置くことは，海外で生活することの大きな
意義の 1 つである．今までは当たり前であったこと（例えば，全てを言い尽く
さなくても相手に伝わっていたような日常）が，途端に当たり前ではなくなる．
普段はコミュニケーションをとらなくても成り立っていた意思疎通が通用しな
くなる．自分が「マジョリティー」であることにこれまでどれほど無自覚でい
たのかを思い知らされる．

　環境問題が解決しない原因の 1 つは「多くの人は，実際には困っていないか
らだ」と言われるが，交流活動においても，実際に困る（身をもってコミュニ
ケーション力の不足を体感する）ことが，前に進むための何よりの原動力にな
る．

3.3.　カリキュラム・マネジメントの軸としての国際交流

　中央教育審議会『幼稚園，小学校，高等学校及び特別支援学校の学習指導要
領等の改善及び必要な方策等について（答申）』（2016 年 12 月 21 日）では，
学校教育を通じて子どもたちに育てたい力を「対話や議論を通じて，自分の考
えを根拠とともに伝えるとともに，他者の考えを理解し，自分の考えを広げ深
めたり，集団としての考えを発展させたり，他者への思いやりを持って多様な
人々と協働したりしていくことができること」としている．

　これを教室の中だけで実現することは難しい．異文化理解のグローバルな視
点を持って，ここでいう「他者」を拡大していくことが求められている．そこ

で，本校においては国際社会で活躍できる人材を育成することを 1 つのミッションとして，「主体性」，「視野の広さ」，「自己有用感」を身につけることを全ての教育活動の基盤に据えてカリキュラムを展開している．

　国際交流活動後の振り返りには，「（自分が）交流会を十分に盛り上げることができなかった」，「（自分が）日本のことをもっと知る必要があると思った」など，自分自身を主語にしたコメントが増加する傾向が見られた．これは，生徒が当事者意識を持って主体的に現象と向き合うようになったことの 1 つの表れである．「対話が深まらなかった」ではなく，「対話が深まらない雰囲気に（自分が）させていた」というとらえ方ができるようになることは，主体性を磨くための第一歩であると考える．

　また，研修に参加した生徒の振り返りには，「研修を通してコミュニケーションの苦手意識を克服できたので，これからは相手に問うことによって話題を掘り下げることを意識したい」など，学んだことを自分の言葉で説明し，自ら振り返って自己の成長を把握している記述が多くみられた．また，獲得した知識や技能を実生活の中でどのように生かすかという点に触れている記述が増加する傾向もみられた．

　国際交流活動は，チャレンジする機会を生徒に与えてくれる．その結果，成功から自信をつけることもあれば，失敗から学ぶこともある．チャレンジすることを放棄すれば恥ずかしい思いをすることもないが，チャレンジしない限りは成長もない．失敗と悔しい思いを繰り返す中で，生徒はそのことに気づいていくのである．

4.　国際交流活動を通した教員の学び

　国際交流を受け入れる際に，国際交流協会からゲストの授業参観を依頼されることがしばしばある．これは授業をする教員にとって負担になるという見方もあるが，一方で教員の学びという視点で考えてみると，普段は疑似的にしか英語を使用する機会がない生徒に実際に英語を使用した本物のコミュニケーションの場を提供する授業をデザインする研修ともとらえることができる．言い換えれば，「主体的・対話的で深い学び」の視点からの授業改善の一環になるのである．

　そこで，以下に筆者が実践したゲスト参加型の授業実践を紹介する．あくま

でも 1 つの実践例に過ぎず，実際には対象生徒の英語力や状況など，生徒の実態を考慮して担当教員が授業をデザインする必要があることを断っておく．

4.1.　生徒の実態

高校 2 年生 44 名．第 2 学年に設けられた特進クラス 2 クラスのうちの 1 つである．文系クラスであるが，英語力については上下で差がみられる．全体としては授業中の取り組みについても良好で，ペア活動やグループ活動へ積極的に参加する姿勢がみられる．

4.2.　授業

(1)　ゲスト紹介

教員がゲストについて英語で紹介した後に，ゲストに自己紹介をしてもらう．今回は静岡市が姉妹都市協定を結んでいるアメリカのオマハ市から 3 名のアメリカ人女性と静岡市国際交流協会のスタッフが参加した．3 名のアメリカ人女性については現地でホストファミリーとして本校生徒を受け入れてくれた経験を持っている．

(2)　目標 (Goal) の提示

本時では① You can introduce your city and high school through Show & Tell. と② You can express your opinion and reasons to agree or disagree with a topic. の 2 つの単元目標を設定した．

(3)　Describing

これは普段の授業でも行っているウォームアップ活動である．ペアを作り，1 人 (A) がスクリーンに背を向けるように座る．もう 1 人 (B) はスクリーンに映し出された写真について英語で説明をし，A はその説明を聞いてワークシートに絵を描く．持ち時間は 1 分である．1 分後，写真とそれぞれが書いたイラストを比べさせ，答えの確認をする．そして役割を替えてもう 1 度行う．普段の授業であれば，それぞれ 1 回ずつ行った後，教員がそれぞれの写真について英語で説明をしたり，特定の語彙を取り上げて説明するが，今回の授業では写真をゲストに馴染みのあるもの（ヘンリードゥーリー動物園とルーベンサンドイッチ）にしたので，その説明をゲストにしてもらった．

(4)　Show & Tell ゲーム

実際のゲームの様子

　今回はゲストが 4 名ということだったので，クラスを 4 グループに分けた．それぞれのグループに A4 版のカードの束を配布し，生徒は順番を決めて，カードの束から 1 枚を取る．その引いたカードに書かれている静岡市あるいは本校にちなんだものについて 1 分間の Show & Tell を行った．生徒の実態に合わせて，事前にカードの内訳を知らせておくこともできる．

(5)　マイクロ・ディベート (Micro-debate)

　1 つ前の活動で，静岡市についての背景的知識（スキーマ）をゲストに持ってもらったところで，マイクロ・ディベートを行った．この活動は紙の上で行う少人数ディベートであり，中嶋洋一 (2007)『生徒が熱狂・教室が騒然　英語のディベート授業・30 の技』(明治図書出版) を参考にしている．

ルール

①　1 グループで 5 人の集団を作り，A ～ E の役割を確認する．
　　A：賛成，B：反対，C：賛成，D：反対，E：ジャッジ．
　　A は必ず自分が担当する．
②　競技開始．ワークシートの A の欄に賛成意見を書く．（3 分）
③　B の欄に A に対する反対意見を書く．（4 分）
④　C の欄に B に対する反対意見を書く．（4 分）
⑤　D の欄に C に対する反対意見を書く．（4 分）
⑥　E はこれまでのやり取りから賛成派と反対派のどちらが勝者かを決め，理由を書く．（4 分）

　今回の議題は 1 回目が "Do you think Shizuoka city is the greatest city in the world?" で 2 回目を "Do you think Shizuoka Municipal High School is the greatest school in the world?" にした．この議題についてゲストを交えてマイクロ・ディベートを行うことで，論理性や表現力を向上させるだけでなく，生徒は普段の授業で行っているディベートが実際にネイティブスピーカーを相手に成立するかどうかを確認することができ，また自分の町や学校につい

て新たな視点を持つことができる.

(6)　教員による振り返りとゲストの挨拶

　2回のディベートが終了した時点で,教員が振り返り(フィードバック)を行う.英語ですることが望ましいが,必要に応じて日本語を使用する.フィードバック終了後,ゲストに感想および挨拶をしてもらう.

　このような授業をデザインする過程で,教員は様々な状況を想定し,生徒のつまずきだけでなく,日本に馴染みのないゲストの理解が困難な箇所を想像しながら,両者のインフォメーションギャップの効果的な活用方法とそれに応じた活動を考えなければならない.日常の授業にこれらの準備が加わるために,負担は増すのかもしれないが,その準備と思案に力を注げば注ぐほど,「主体的・対話的で深い学び」の視点からの授業改善の場となり,教員は普段の研修で行う研究授業と同等かそれ以上の収穫を得て自身を成長させることができる.

5.　終わりに

　以上,国際交流の受け入れ対応について生徒と教員の学びの視点からその有益性を述べてきた.冒頭でも触れたように日常の業務の中に国際交流事業が加わることで少なからず教員の負担感が増すことは想像に難くない.それでも実施することの意義は国際交流の持つ「本物の体験」であろう.インターネットやSNSが発展し,世界中の情報が即座にその場で手に入る現在にあっても,「本物の体験」や「生きたコミュニケーション」の価値は失われるどころか,むしろその価値を高めている.その貴重な本物の体験を提供してくれる国際交流について,一歩を踏み出す勇気が生徒と教員の成長につながると筆者らは信じ,本章がその成長に部分的にでも貢献できれば幸いである.

(辻　陽介・小林大介)

第22章　海外研修の企画と指導

1.　はじめに

　本題に入る前に，まず，海外研修引率にあたっての教員自身の心がまえについて述べたい．海外研修引率は責任を伴う任務であり，教員自身の不安も非常に大きいが，教員人生の中で，ぜひチャレンジする価値のある任務だといえる．それは，生徒に対してどのような支援や指導ができるかを考え，事前準備や現地でのサポートによって，「生徒を通して自分の世界も広がる体験」となるからである．個人で海外旅行に行く場合とは違って，現地スタッフやホストファミリーと積極的にコミュニケーションを図り，生徒との橋渡しとなって，研修がより有意義になるように行動することが大切である．また，現地スタッフも引率教員が意欲的に午後のアクティビティに参加し，お互いにコミュニケーションを図ることを期待している．不安や責任を感じるかもしれないが，勇気とチャレンジ精神を持って，生徒と同様に自分自身も新しい世界での体験を1つでも多く得るように取り組むことが重要である．このような教員の姿勢をふまえたうえで，本章では，海外研修を引率する場合必要となる事前指導および現地で必要となる情報や英語表現を紹介する．

2.　海外研修のための事前準備

　海外研修計画にあたっては，まず，海外研修の主たる目的は何か，例えば，英語運用能力の向上なのか，あるいは文化交流なのかなど，海外研修の目的や

意義を明確に定める必要がある．そして，その目的と意義を果たすために，ど
の国・地域で，どのくらいの期間研修を行うのが適切であるのか，それに伴う
費用としてどの程度の金額が適切であるのか，事前事後の指導をどのように行
うのか，学校や国際交流協会などからの支援を得られるのかなど，研修のプラ
ンを練る必要がある．そして，海外研修の目的と意義をはじめとするそれらの
研修計画を明文化し，参加する生徒，保護者に配付し説明を行う．大切なこと
は，もしテロ，自然災害にあった場合に，どのような対応をし，保護者に情報
をどのように伝えるか，説明しておくことである．

2.1.　現地滞在に関する注意事項

　海外研修を実施するにあたり，まず生徒に海外研修の目的や意義を理解さ
せ，現地滞在に関する注意事項を伝えておかなければならない．海外研修の意
義は，英語のコミュニケーション力を向上させることだけではなく，日本での
生活と異なる環境の中で様々な体験を通して学ぶことにあるといえる．「行け
ばなんとかなる」という考えではなく，事前準備にきちんと取り組み，その中
で学んだことを現地で実践したり，現地滞在中に困難に直面しても諦めずに英
語で伝えようと努力する心がまえを持たせたい．また，文化の違いを体験し，
戸惑うこともあるかもしれないが，相手の習慣や文化を尊重する姿勢を持つこ
とが重要であるという点をきちんと生徒に伝えて意識させる必要がある．

2.2.　緊急時の対応

　海外研修に関する事前説明において，旅行会社と連携し，緊急時の対応につ
いて生徒と保護者に明確に示しておくことも重要である．万が一，自然災害や
テロなどが発生した場合の緊急連絡体制を整えておき，生徒の安全第一で迅速
に対応することを保証する必要がある．旅行会社と共同で事前にハンドブック
を作成し，その中に必ず緊急時の連絡先や，引率教員と学校・保護者間の連絡
の流れを示すフローチャート，現地の状況を情報収集することができる在外公
館などのホームページの URL を掲載しておくとよい．引率教員は旅行会社と
在外公館の指示に従い，生徒の安全を確保し，保護者への情報提供をする必要
がある．
　海外研修中に最も多いと思われる緊急事態は，スリや置き引きなどによる盗
難被害である．海外研修中に盗難に遭うのを避けるために，生徒に気をつけな

ければならないことを指導しておく必要がある．特に，食事中に自分のバッグ
を椅子にかけたり，隣の席に置いたりする行為は，危険であるということを自
覚させておきたい．実際に，隣の席に置いたバッグを知らない間に盗まれたと
いう出来事もあり，日本とは感覚が違うことを理解させ，「自分の身は自分で
守る」という認識が重要である．

　万が一，海外研修中に盗難に遭った場合，海外旅行保険で補償してもらうた
めに，警察に電話するなどしてポリスレポート（Police report）と呼ばれる盗
難届を発行してもらう必要がある．国によって手続きが異なるため，事前に確
認しておくとよい．それでも困った場合には，保険会社の海外サポートデスク
や，大使館や総領事館に問い合わせればよい．ただし，ポリスレポートの手続
きは自分で行わなければならないため，教員が対応できるように事前に手続き
の方法などを確認しておく必要がある．

　また，日本では緊急連絡先が警察機関・海上保安機関・消防機関のそれぞれ
に分かれているが，国によって緊急連絡先の番号がどこにつながるかが異なる
ため，滞在国の緊急連絡先とどこにつながるかを確認しておかなければならな
い．

　イギリスでは「トリプルナイン」と呼ばれる「999」にかける．救急車（Am-
bulance），警察（Police），消防署（Fire Brigade）のどの部署につないでほし
いかを始めに伝えなければならない．また，大切なのは，自分の居場所を明確
に伝えることである．

　アメリカでは，「911」にかけ，オペレーターに伝える．公衆電話からかける
ときはコインを入れる必要はない．通信センターのオペレーター席には，かけ
た場所の住所と電話番号が表示される．オペレーターが出たら，緊急事態の場
所と，救急車（Ambulance），警察（Police），消防署（Fire Department）のど
こにつないでほしいかを伝える．イギリスと違ってアメリカでは，通常，消防
署は Fire Department だが，どちらでも通じるので心配ない．

　カナダでは，緊急時はアメリカと同様，「911」にかけると最初に警察か救急
か消防か聞かれ，そのあとで場所と通報者の名前，電話番号を伝える．しか
し，盗難に遭った場合などは「911」ではなく，通常，地元警察に連絡するた
め，地元警察の電話番号も確認しておく必要がある．その際，前述したポリス
レポートもウェブサイトで申請するように言われ，メールに添付されて送られ
てくることもある．

いずれにせよ，教員自身も経験がないことにその場で迅速に対応しなければ
ならないため，事前シミュレーションも必要である．日本の学校への緊急連絡
や保護者への連絡や情報提供も迅速にしたい．旅行会社の添乗員が同行しない
場合でも，事前に緊急時の対応について打ち合わせをしておくとよい．また，
外務省海外安全ホームページの情報によると，「外務省『学生向けたびレジ紹
介広告』」などの配布できる資料もあり，「外務省海外安全情報配信サービス
『たびレジ』」というサービスについて紹介されており，詳しい内容や登録方法
などがわかる．

2.3.　研修プランを立てる

　旅行会社や現地の会社と相談して研修プランを検討し，より充実した内容に
することで，生徒にとって有意義な研修になり，受け入れ側に要望が伝わりや
すくなる．また，手配の都合上，人数の確定期限や費用も早めに確認しておく
必要がある．内容や費用に関しては，必要に応じて交渉することも可能であ
り，受動的になりすぎることなく要望を伝えることが大切である．その際，
メールでのやり取りは質問を明確に伝える必要がある．以下のメールは，たた
き台になるような日程表を送ってもらった後，それを基に研修プランを相談し
ていく場合のメールのやり取りである．

Dear Ms. Amy Smith,

　Thank you very much for the tentative itinerary, which will surely
motivate our students. I'm wondering if we can make a small change
to the itinerary. I have decided to stay for 15 days in Canada and for 4
days in Seattle.

　Would you let me know what the program fee is going to be, what
the name of English Language School is, and where it is? I would like
to give our students all the information about the program at the begin-
ning of April so that they can apply for the program in time. So, **would
you please let me know** by what date I have to tell you the number of
students hoping to take part?

I'm looking forward to hearing from you.

Sincerely,

Akiko Ezaki
XXXX High School

Dear Ms. Akiko Ezaki,

Thank you very much for your email. We are very happy that you are planning to come to Canada for 15 days.

We have a question: Do you plan to make your own arrangements for your excursion to Seattle and for your return to Vancouver? As noted on the itinerary, we can arrange for transportation by charter bus to Seattle on Thursday, Sept. 3.

We will get back to you soon with the final cost and other details.

Thank you for your interest in our program.

Sincerely,

Amy Smith
Canada Homestay Ltd.

◆ E メールで問い合わせるときの表現

　現在はすぐに E メールのやり取りができる時代であるからこそ，出発前に現地会社の人々と直接英語でコミュニケーションを図ることが可能であり，引率する場合はメールで積極的に情報交換をしておいたほうがよい．その際に，顔が見えないやり取りであるだけに，文面が相手への印象に影響するため，英語の書き言葉に注意を払うことが重要である．

　例えば，下線部 "Would you let me know ...?" は，「教えていただけますか」というような控えめな表現である．"let me know" のほうが "tell me" よりも婉曲的な表現であり，この場合，メールの相手とまだ会ったことがないため，相手への質問は丁寧な表現を使用している．ビジネスメールのやり取りなので，あまりくだけた表現は使わないようにするとよい．ほとんどの相手が "let me know" という表現のほうを使用していると思われる．

　また，"Could you ...?" は「物理的・能力的にできるかどうか」を尋ねる表

現なので，プランを依頼する旅行会社に金額を知らせてもらえるかどうかなどを尋ねる場合にはおかしなニュアンスになる．"Would you ...?" は「相手の意思があるかどうか」という意味合いが強いため，「提案したプランに基づいた金額や場所が決まったら教えてほしい」ということを伝えることができる．

2.4.　ホームステイの申し込み

　直接現地の会社に依頼する場合，必要な情報を提供しなければならない．また，1 家族 1 名などの条件を明確に伝えることが必要である．申し込み用紙がある場合は，ホームステイ先を決めるために必要な情報であることを説明したうえで，生徒に記入させるとよい．また，このような申し込み用紙や事前の手紙のやり取りがある場合，現地の会社がホームステイ先を決めるうえで，生徒の情報を参考にしてその生徒の嗜好やタイプに合ったホストファミリーを選定してくれることが多い．語学学校などによるホストファミリーの選定に関しては，空いている部屋を使用させてくれるという程度のビジネスライクなホームステイになることもある．現地でホストファミリーを提供してくれる会社も様々であるため，現地の会社とホストファミリーがどのような事前準備をするのかなどを確認して，出発前の事前指導の参考にするとよい．実際に，ホストファミリーと現地会社が事前ミーティングを行っている場合とそうでない場合があり，特に，申込書やホストファミリーへの手紙が必要ない会社にホストファミリーの提供を依頼する場合は，こちら側の要望は反映されないため，注意が必要である．

　また，あまりない事例かもしれないが，出発直前にホストファミリーが変更になることもあるため，メールや電話で確認が取れる状態にしておくことと，速やかに該当する生徒に情報を伝え，不安を取り除く必要がある．そういう状況を避けるためにも，ホストファミリーの決定時期と決定方法が安心な会社を選ぶか，連絡を密に取って早めに情報を入手できるように促すことが好ましい．

　申し込み用紙には通常次のような項目を記入するので，記入の仕方を練習し，これと併せて，後述 3.1 節に例示した E メール，家族と一緒に撮った写真を送るとよい．

① Surname, First Name, Nickname
② Address, Country, Postal Code
③ Female / Male, Age, Date of Birth（Day, Month, Year の順）
④ Father's & Mother's Occupation(s), Name(s) and Age(s), Brother(s) & Sister(s)
⑤ English Language Study: Years
⑥ Previous Travel: Country / Duration
⑦ Previous Homestay: Country / Duration
⑧ Medical Insurance Company, Policy Number
⑨ Medication Taken During Homestay Program: Allergies or Dislikes (Food, Animal, Plant, Medicine, etc.)
⑩ Why do you want to come here and what are your expectations of the program?

2.5.　旅行代金の支払い確認および海外旅行保険の確認

　旅行代金の支払いは，まず人数が確定した直後に申込金として一定料金を支払い，その後残りの金額を支払うという手順になることが多い．下記の文章内の下線部① the deposit は申込金の一次入金額のことであり，残りの金額は the balance という．また，必ず海外旅行保険に加入する必要があり，現地の会社にも加入情報を知らせておき，万が一に備えておかなければならない．下記の文章内の下線部②にあるように，保険会社の名前と証券番号の情報をシェアしておくことで，万が一の場合にサポートしてもらう体制を作ることができる．代金や情報の受領確認も，下記の例のように必ずメールで確認して連絡してもらい，記録として残しておくのがよい．

Hello Akiko,

　Thank you very much for the documents. We received ① the deposit on June 15, and the documents all arrived yesterday, June 18.

　When you have ② the name of the insurance company and the policy number(s), please email this information to us.

　We will have a meeting with all the host families in July, and then we will send you letters from the host families to the students by the end of

July.

Sincerely,

Amy Smith

Canada Homestay Ltd.

　海外旅行保険は，渡航と研修に関わる費用の全額支払いが完了してから手続きに入る場合もある．また，現地会社や語学学校との契約が成立するのは入金が全額確認されてからということになる．次のメールはその例である．

Dear Akiko,

　I have spoken with our operations team in York and I believe the Centre Manager was arranging the accommodation for you. I am afraid she is out of the office today so would it be possible for me to come back to you on Monday with this update?

　In the meantime, please find attached the full NET + GROSS invoice for all 19 students.

　There are no application forms required. Once we receive payment we will send you confirmation of the final details.

　Please let me know if there is anything else you need at this stage. If I can be of further assistance, please let me know.

Kind Regards,

David

　下線部の "NET" は「内容や詳細とその価格」，"GROSS" は「総額」のことである．内訳と総額が記載された請求書は "invoice" である．下に請求書の例を示してある．ここできちんと金額の内容や，何の金額が含まれていて何の金額が含まれていないかを確認し，必要があれば費用の詳細を確認することが望ましい．例えば，このメールには "Manager was arranging the accommodation for you." と書かれているが，学生の付き添い教員の費用がどういう扱いとなるのか，請求書に特に記載がないため，直接確認する必要がある．最終確認に至るまで，些細なことであっても明確にしておくことが大切である．

【invoice sample】

Description	QTY	GROSS	DISCOUNT	NET
General English 15	19	18525.00	3705.00	14820.00
Homestay-Single Room, Shared Bathroom, FB	19			
No Transfer Required - Arrival	20			
No Transfer Required - Departure	20			
Bus Ticket - Weekly	20			
Materials & e-reception / e-learning	19			
FD Trip to the Lake District	20			

3. ホームステイの事前研修

3.1. ホストファミリーへの E メール指導

　ホームステイをする場合，ホストファミリーを正式に決定する前に，ホストファミリーへ手紙か E メールを事前に送る．内容は，教員も生徒もそれぞれ簡単な自己紹介，アレルギーの有無，食べ物の好き嫌いを含むのがよい．滞在する国や地域，ホストファミリーによって差異はあるが，中高生を受け入れてくれるホストファミリーの場合，食事や休日の観光などの面倒を見てくれることが多いため，事前にいろいろな情報を知りたいようである．ホストファミリー決定後，出発前に何回かメールのやり取りをすることも多く，生徒もホームステイするという自覚が出てきて，海外研修へのモティベーションを高める機会になる．

【Sample】
Dear Host family,

My name is Kaoru Tachibana. I appreciate you agreeing to be my host family. I am a 2nd year student in XXXX High School. I am looking forward to visiting Canada because I've never been there. I will also be staying with a host family for the very first time. I'm looking forward to spending my free time together with you and learning about your culture in Canada.

I live in Shizuoka city and there are four in my family. I like listening to music, watching movies and playing tennis. I am allergic to cats and cedar pollen. As for foods, I love vegetables and meat but I do not really like oysters. I can eat anything but oysters.

This is the first time for me to travel abroad and I'm a little nervous, but I'd like to enjoy staying with you and visiting some wonderful places in Canada. We'll be arriving at Vancouver International Airport at 11:20 on August 23 and traveling to Abbotsford by bus. I'm looking forward to seeing you then.

Sincerely yours,

Kaoru Tachibana

3.2. 生活習慣の違いに対する心がまえ

　ホームステイでは，滞在する国や家庭によって日常生活のルールや習慣など日本での生活とは異なることが多い．そのため，事前研修として，ホームステイ先ではその家庭のルールに従うことも貴重な体験のひとつであるという姿勢を生徒に持たせ，心の準備をさせておく必要がある．実際に日常生活で生徒が対応に苦労することが多いのは，もちろん英語でコミュニケーションをとることであるが，意外にも，入浴と洗濯のルールに関して戸惑う場合が多い．毎日生じることであるため，想像していた生活とのギャップを感じ，生活ルールにうまく順応できず，ストレスになることもある．そこでまず，事前知識として，入浴と洗濯の習慣の違いについて述べたい．

(1)　【入浴】

　使用時間や使用方法などを初日に必ず確認しておく必要がある．国や地域にもよるが，ほとんどの家庭でバスタブは使用せず，シャワーは 10 分程度で済ませることが望まれる．特にオーストラリアではほとんどの家庭で 5 分程度しか使用せず，長く使用すると注意されることもある．また，日本のようにシャワーの温度が自動調整ではない家庭が多いため，キッチンなど他の場所でお湯や水を使用すると急にシャワーの温度が変わって驚く場合もある．念のため，シャワーカーテンの使い方も知っておく必要があるかもしれない．かつ

て，シャワーカーテンの使い方を知らなかった生徒が，バスタブの外にカーテンの端を出して使用していたため，シャワーの水が床に流れて水浸しになってしまったという事件もあった．

(2)　【洗濯】

　洗濯は週末だけしかしないという家庭もあるため，洗濯機を使用してもよい日時や使用方法を確認しておく必要がある．日本の洗濯機と違ってメニューがたくさんあり，洗濯する衣服によってお湯の温度や使用する洗剤などが違うため，注意しなければならない．また，都市や地域によって，景観を損なわないために洗濯物を外に干してはいけないというルールがあるなどの理由で洗濯物を外に干さない家庭が多い．洗濯が終わったらすぐに乾燥機に入れて，ホストファミリーの洗濯の迷惑にならないようにしよう．

　また，生徒はホームステイに対して，ドラマに出てくるような家に住んでいる家族，といったような過度な期待を持つ傾向があるため，同じ国の同じ地域であっても，ホストファミリーには多様な人種がいるということや，食事や生活習慣も多種多様であるということを生徒に事前に知らせておいたほうがよい．実際に，ホストファミリーがインド系カナダ人であった生徒は，毎日スパイシーなカレーという食生活に我慢できずに途中でホストファミリーを変更してもらったこともあった．さらに，語学学校などのホームステイ先は，空いている部屋を提供する程度のビジネスライクなホストファミリーもいることがあり，家族構成も様々である．生徒は週末にホストファミリーがどこかに連れて行ってくれることを期待していたが，週末に一緒にどこかに出かけるホストファミリーばかりではなく，「どこにも連れて行ってもらえない」と，がっかりすることもあった．

　このようなことを少しでも避けるために，生徒にホームステイ中の過ごし方について事前研修を行うことは必須である．さらに，ホストファミリーが決定する時期と方法を確認しておき，出発前にはホストファミリーの家族構成や詳細を知ることができるよう手配しておくと，現地に到着後に「こんなはずではなかった」という事態がなくなる．

3.3.　スピーチ指導

　研修日程やホストファミリーが決定した後は，海外研修先で歓迎会や送別会

に招かれた場合に備えて，簡単なスピーチの指導が必要となる．その際，「挨拶と歓迎に対するお礼➡自分たちのグループの自己紹介や滞在中学びたいこと➡締めくくりの挨拶」，というような流れで組み立てたうえで，代表してスピーチをする生徒が自分で内容を作成すると，生徒の言葉で伝えることができるうえに指導もスムーズにできる．

【例1】　海外研修先での歓迎会

Good morning / afternoon, everyone.

Thank you for your ① warm welcome. ② We are pleased to be able to have a wonderful time together with you.

This is the first time for us to stay in Canada, so we are looking forward to sharing experiences with you, sightseeing, eating Canadian foods, and establishing strong friendships with you. Everything is new for us.

Three weeks might be a short time, but we hope that we can share many wonderful memories here with you. We will do our best to communicate in English. Let's enjoy a happy time together in Canada!

【例2】　海外研修先でのホストファミリーへの送別の挨拶

I cannot believe that three weeks have passed by this quickly and that it's already time for me to say goodbye and return home. The McKinley family have been ① so amazing for the duration of this exchange trip and I really felt welcomed as a member of the family.

Thank you so much for helping me to immerse myself in your country, culture and language during my stay. My favorite thing was walking around the Granville Island, although visiting Victoria was breathtaking as well.

It has been ① so wonderful staying with you and getting to spend time with your family. You have made this ① such a memorable trip, and I will always think fondly of the time we were able to spend together.

Thank you.

◆英語表現のポイント

① 形容詞をプラスする

warm, hearty, gracious など，形容詞のバリエーションで気持ちを伝える．

② 嬉しい気持ちを表現する

pleased, happy などの表現で感謝だけでなく嬉しい気持ちを伝える．

3.4. ホームステイ先での英会話

　ホテルに滞在する海外旅行とは異なって，ホームステイでは家族の一員として過ごす体験ができるところが魅力的で貴重である．その一方で，ホストファミリーとのコミュニケーションが研修の大部分を占めることになるため，事前研修である程度会話練習を行い，ホームステイがスムーズにスタートするよう生徒にも自覚を持たせることが大切である．初めのうちは生徒があまり思うように話せないこともあり，ホストファミリーにシャイだと思われ，ホストファミリーも困惑してしまうことも多いかもしれないが，温かく受け入れてコミュニケーションをとってもらえるように，教員があらかじめフォローしておくとよい．また，前節で述べたような日常生活のルールについての確認も必要になるため，事前に質問できるよう準備しておくほうが生徒のストレスも軽減することができる．以下で，ホームステイ中に注意すべきことと，ホームステイに必要な英会話を紹介する．

3.4.1. 初対面の挨拶とスモールトーク

　ホストファミリーと最初に出会ったとき，元気よく笑顔で挨拶をすることは非常に大切であり，第一印象は重要である．日本と違ってハグされることもあるが，ハグされたらリラックスして受けとめよう．また，握手は相手の目を見てギュッと握ることがポイントである．

　また，家に着くまでの車の中で会話することも大切である．ホストファミリーと移動中は，初めて自分 1 人で英語を使って会話をしなければならないため，緊張して黙ってしまう生徒も多いが，ここでがんばって話すことからホームステイがスタートするといってもよい．何を話したらよいのか，事前にスモールトークの練習をしておき，ホストファミリーと話しやすい関係を作る準備が必要である．以下に，挨拶とスモールトークに必要不可欠なフレーズを

紹介する．繰り返し練習して，すぐに話したり答えたりできるように準備しておきたい．

(1)　【挨拶】

・I'm XXX. Please call me ____.
（私は XXX です．私を____と呼んでください．）

・It's a pleasure to meet you. / Nice to meet you. （はじめまして．）

・I'm so happy to be here. （ここに来られてとても嬉しいです．）

・Thank you for letting me stay in your home.
（(私を) 受け入れてくださってありがとう．）

・I've been looking forward to meeting you.
（お会いできるのを楽しみにしていました．）

(2)　【スモールトーク】

・How long will it take to get to your house?
（あなたの家までどれくらいかかりますか？）

・It is my first time to be out of Japan / to come to Canada.
（日本を出る／カナダに来るのは初めてです．）

・I'm so excited! （私はとてもわくわくしています．）

・I have jet lag. / I'm very sleepy (tired).
（私は時差ボケがあります．／私はとても眠いです（疲れています）．）

・This is a beautiful town! What's that tall building?
（美しい町ですね．あの高い建物は何ですか？）

・Have you been living in Vancouver long?
（バンクーバーに長い間住んでいますか？）

　また，ホストファミリーから質問されても，Yes / No しか答えられないと気まずいため，よく聞かれる質問にもスムーズに答えられるよう練習しておくとよい．

(3)　【ホストファミリーがよく話すことや尋ねること】

・You must be hungry / exhausted. （お腹が空いた／疲れたでしょう．）

・Let me get your bags. （あなたの荷物を私が持ちます．）

・How was your flight? （飛行機 (乗り心地，食べ物など) はどうでしたか？）

・Is this your first visit to Canada?（カナダは初めてですか？）

3.4.2.　家の中や家族を紹介してもらう

(1)　【House tour】

　家に着くと，house tour といって，家の中をひととおり案内される．部屋の使い方やルールがわからなかったらその都度質問し，わかったふりをしないことが大切である．また，家をほめるのは社交辞令である．次のようなフレーズはすぐに使えるようにしたい．

・What a lovely room!（なんてステキなお部屋！）
・Where should I put my clothes?
（洋服はどこに置けば（しまえば）いいですか．）
・May I unpack my suitcase?（スーツケースから荷物を出していいですか．）

(2)　【家族紹介】

　家の中を案内された後，ホストファミリーの家族を紹介される．研修先の国や地域や家庭によって，家族構成が多種多様であることも多いため，次のような単語も覚えておく必要がある．

・step ～ : step-son, step-daughter（義理の息子，義理の娘）
・～ in-law: mother-in-law（義理の母／継母）

　また，名前を聞き取って発音することが困難な場合が多いため，そのような時にどうしたらよいか，次のようなフレーズを使って練習しておくとよい．

・Should I call you Mrs.＿＿＿＿?（＿＿＿＿さんと呼べばいいですか．）
・I'm sorry, how do you say your name again?
（すみません，もう一度名前を教えてください．）
・How do you spell your name?（名前のつづりを教えてください．）
・Could you write your name here (for me)?
（ここに名前を書いてくれませんか．）

(3)　【お土産を渡す】

　お土産を渡すのは，初日あるいは落ち着いて渡せる時間のあるときに，お土産の説明をしながら渡すのがよい．また，スナック菓子などのちょっとしたお

土産は，会話に困ったときに小出しにすると話題が作れるため便利である．お
土産を渡すときには，"souvenir" と "gift" の違いに気をつけよう．"souvenir"
は旅先の思い出や記念品であるため，ホストファミリーにお土産を渡すときに
"This is a souvenir for you." と言うのは正しくない．その場合は次のように
言うことが多い．特に，日本のスナック菓子やちょっとしたものをお土産とし
て渡す場合には，"something" や "small present" を使うとよい．

　・This is a gift / present for you.　I hope you like it.
　・I have something from Japan.

　また，お世話になるホストファミリーへのお土産に何を持っていったらよい
のか，という質問は，生徒から必ずといってよいほど尋ねられる．荷物になら
ず，使い道などに困ることもなく，金銭的にも負担の少ないもので人気のある
ものは次のようなものだった．それほど高価なものではないので，いろいろ
買っておいて，食後の時間や何もすることがないようなときに出すと話題が作
れる．

① お菓子
　海外でも売っているチョコレート菓子の日本限定フレーバー，柿の種，
野菜などの形をしたお菓子，など，スーパーで買えるものが意外と人
気である．オーストラリアのホストファミリーにコアラのイラストが
描かれている日本のお菓子を渡したら好評だったというエピソードも
ある．また，お煎餅や和柄パッケージのサブレも喜ばれるようである．

② 蚊帳生地素材の布巾（ふきん）
　蚊帳生地でできた布巾は吸収力が抜群であり，乾くのが速い．最近で
は柄もポップなものから富士山が描かれたものまでいろいろある．

③ 食品サンプルマグネット
　お寿司やエビフライのマグネットなどはおもしろいとウケてくれる．
冷蔵庫にマグネットをつけている家庭が多いため，意外と利用してく
れる．

④ 地元の名産品や日本の調味料，レトルト食品
　日本の紹介やお料理をしながら一緒に楽しめる．食品は国によって持
ち込み制限があるので，事前に調べて確認しておくとよい．

3.4.3.　家庭のルール

　ホストファミリーによっては，初日に鍵を渡してもらえるかもしれないし，ほかにもいくつか家のルールの説明を受けることになる．説明がなければ，こちらから聞く必要がある．また，説明を聞いているとき，わからなかったらもう一度ゆっくり言ってもらうことも大切である．特に注意したいことは，にこにこして黙っていたり，うなずいたりすると，わかっていると思われるということである．わからないときも，にこにこしながら首をかしげても理解してもらえないので，次のような質問ができるように準備して，わからないことは質問しよう．

　【家庭のルールを尋ねる質問】
　・May I use the washing machine?（洗濯機を使ってもいいですか.）
　・Is it okay to use this washing powder?（この洗濯洗剤を使ってもいいですか.）
　・Do you mind if I go out with my friends after school?（放課後友達と一緒に出かけてもいいですか.［いやですか？]）
　・What time should I take a shower?（何時にシャワーを浴びたらいいですか.）
　・What time should I be home by?（何時までに帰ればいいですか.）
　・What time do I need to be ready by?（何時までに準備したらいいですか.）
　・What time do I need to be down for breakfast?（何時までに朝ごはんを食べに来ればいいですか.）
　・Do I have a curfew? What time is it?
　　（門限はありますか.それは何時ですか.）
　・What time will you be able to pick me up?
　　（何時に迎えに来てもらえますか.）
　・When (Where) shall we meet?（いつ（どこ）で待ち合わせますか.）
　・Where should I throw this away?（これはどこに捨てればいいですか.）

　また，食事状況も各家庭によって異なっており，例えば，食事の前に必ずお祈りをする家庭もある．自分のホストファミリーの食事のマナーを学び，生活するように心掛けよう．食事中は黙々と食事をとるのではなく，積極的に会話を楽しむことも大切である．食事の時間は家族の大切な団らんの場なのである．さらに，初めての食べ物でも必ずトライしてみるという姿勢を持たせたい．そして料理をほめることも忘れずにするように心掛けたい．おかわりを勧

められて一度断っても，特に北米では，他のものを勧められることが多いため，丁寧な英語ではっきりと，欲しいかいらないかを意志表示しなければならない．断り切れずに，食べすぎると体調を崩すことにもなるため，はっきりと伝えることは重要である．食事が終わったら，自分から食器を片づけ，進んで手伝いをすることも忘れずにしたい．

【食事に関する会話】

・Is there anything you can't eat?（何か食べられないものはありますか．）
・Actually, I'm allergic to eggs./No, I can eat anything!（実は卵アレルギーです．/いいえ，何でも食べられます．）
・Help yourself. Thank you!（自分で取ってください．ありがとう．）
・I've never had this before. What is this dish called?（（この料理は）初めてです．この料理は何と言いますか．）
・It smells delicious/nice!/It looks delicious!（いいにおい！／おいしそう！）
・The table (setting) looks beautiful!（素敵なセッティングですね．）
・This tastes delicious/lovely/nice/good!（おいしいですね．）
・May I have more salad, please? I'd love some more (another helping).（もう少しサラダをいただけますか．ぜひおかわりをいただきたいです．）
・No, thank you. I've had enough.（いいえ，けっこうです．もう十分です．）

3.4.4.　事前研修ワークシートの活用

　研修中に，生徒が積極的にコミュニケーション活動に取り組むために，ワークシートを活用することもお勧めである．ホストファミリーとの生活に慣れるまでに1週間くらいかかることが多いため，3.4.3 節で紹介した質問をワークシートにまとめ，滞在初日から3日目くらいまでのホームワークとして現地で生徒に渡し，記入させてくるようにするとよい．生徒が必ずホストファミリーに質問して話さなければならない状況を作ることができ，ホームワークだと言えばホストファミリーも協力してくれるため，消極的な生徒でもワークシートを見せながらホストファミリーとやり取りすることができ，何も話さずに部屋に引きこもってしまうような状況を避けることができる．また，ホームワークへの取り組みから，生徒たちが各家庭で会話ができているかどうかも確認できる．

【ワークシートサンプル】

◆ Ask these questions to your host-family and make sure of these things.

1	確認	**What time should I** take a shower?	
2	**1**	**How do I use** the shower?	
3	確認	**What time do I need to** be ready **by**?	
4	**2**	**What time do I need to** be down for breakfast?	
5		**Do I** have a curfew? What time is it?	
6	確認 **3**	**What time** will you be able to pick me up?	
7		**When** (**Where**) shall we meet?	
8		**What time should I** be home **by**?	

3.4.5.　1日の出来事や思いを伝える

　ホストファミリーとの会話のシミュレーションにおいて，ホストファミリーがどのような気持ちで会話をするのか，生徒が理解できるよう支援することも大切である．例えば，毎日のように聞かれる "How ...?"（どう？　いかが？）で始まる質問は，「あなたのことを気にかけている」というホストファミリーからのメッセージである．ホストは，「家族の一員として受け入れているあなたが，楽しく過ごしているか，何か困っていることはないかと気にかけてくれている」ということを理解しておくべきである．

　具体的には，生徒が学校から帰ってくると，"How was your day today?"（今日1日どうだった？）のように聞かれることになる．このようなときは，"I had a good time."（楽しんできました）と，まず大まかな感想を述べて，具体的な出来事を話すようにするとよい．英語圏では，言葉によるコミュニケーションはとても大切であるため，日本で生活しているときよりも多くのことを言葉で伝える必要がある，ということを理解させたい．

　また，日本人は，文法や発音が間違っていないかと気にする傾向がある．ホストファミリーは，パーフェクトな英語など期待していないので，カタコトでも文法的に間違っていても，積極的に会話をする姿勢を忘れないようにしたい．そして，言いたいことが言えないときにも，ボディ・ランゲージを使うなど，何とかして伝えようとすることが重要である．

3.4.6. 自分のことや住んでいる町について話す

　ホストファミリーが生徒に聞きたいことは，生徒自身のこと，家族のこと，住んでいる町のこと，日本のことである．一番よく知っているはずのことが，実は一番説明しにくいものである．事前学習の時間が十分にある場合には，生徒の生い立ちや住んでいる町の紹介などの冊子を作成して研修に持っていき，それをホストファミリーへのプレゼントにするとよい．時間が十分にとれない場合は，話のネタになるもの，写真，雑誌などを持っていくようアドバイスするとよい．また，携帯電話などでグーグルマップを利用して町の紹介をすることもできるため，電子ツールの使い方も確認しておくとよい．

　ホストファミリーから聞かれる質問と答えの例を見てみよう．趣味を聞く場合には，"What's your hobby?" とは言わないので注意しよう．

Host Family Question	Your Answer
What do your parents do?	My father works for XXX company and my mother is a stay-at-home mom.
What do you do in your free time?	I usually read books or watch TV.
What are your interests?	I love to go to the movies!

　次に，自己紹介や住んでいる町の紹介に必要な表現を見てみよう．地域の観光課に英語のパンフレットもあるので，人口や名産物などを確認しておこう．

(1)　【出身と学校生活】
　　・I'm from Shizuoka. It's a city located about 160 kilometers southwest of Tokyo.
　　・I'm a second year high school student.
　　・I'm in the tea ceremony club at school. / I'm on the volleyball team.
　　・I am good at playing tennis.
　　　＊チームスポーツの運動部に所属している場合，"**on** the ～ team" というように前置詞 on を使う．

(2)　【家族構成】
　　・There are five people in my family.
　　・I have one older brother. / I'm an only child.

(3)　【住んでいる町】

- Shizuoka is famous for Mt. Fuji, the highest mountain in Japan.
- The population of Shizuoka city is about 700,000.
- Shizuoka is a city with lots of greenery and has a rich history and culture.
- Shizuoka is the top tea producing area in Japan.
- You can enjoy many kinds of Japanese food in Shizuoka; tea, sake (rice wine), wasabi (horseradish), mikan (mandarin oranges), strawberries, maguro (tuna) and so on.
- We have many earthquakes in Shizuoka. A big earthquake is predicted to hit Shizuoka in the near future (over magnitude 8).

3.4.7.　病気になったら

　ホームステイ中に体調が悪くなったら，一番に頼るのは，日本の家族でも先生でもなく，ホストファミリーである．体調が悪いことを伝えて，ゆっくり休む必要がある．基本的には，持病薬は日本から持参する．風邪薬，鎮痛薬，便秘薬，下痢止め，かゆみ止めなど考えられる症状に対応できるように指導しておく必要がある．また，体温計，爪切り，生理用品なども持っていくとよい．覚えておいたほうがよい表現は次の通りである．

- I feel sick. (気分が悪いです．)
- I have a stomachache. (お腹が痛いです．)
- I have (stomach) cramps. (腹痛です．／生理痛です．)
- I'm having my period. (生理中です．)
- It's that time of the month. (生理中です．(indirect))
- I don't feel like eating. (食欲がありません．)
- I'm allergic to eggs. (卵アレルギーです．)
- I feel much better. (だいぶ良くなりました．)
- I'm going to take some medicine that I brought from Japan. (日本から持ってきた薬を飲みます．)

3.4.8.　初対面の人々への質問

滞在中，ホームステイ先のコミュニティの人々など初対面の人々と会話する機会もあるが，その際に注意したい質問の例を挙げる.

- 相手の年齢に関すること：How old are you?
- 結婚や恋愛に関すること：Are you married?/Are you single?
- 宗教や政治に関すること：What is your religion?

ホームステイ先のホストファミリーに対しては，お互い自己紹介などを通して尋ねることもあるかもしれないが，ホストファミリーの知り合いなどの初対面の人々とホストファミリーを同様に扱わないように注意したい．特にアメリカでは，20 歳以上の女性には年齢を聞いてはいけないことになっている．生徒は多少子ども扱いされて大目に見られることもあるが，教員は生徒のホストファミリーやそのコミュニティの人々と話す機会も多いため，気をつけなければならない．名前を尋ねるときにも，"What's your name?" ではなく，"May I have your name, please?" という表現を使ったり，自分から名乗るなど，なるべく丁寧な対応を心がけたい.

また，"Where do you live?" という質問もふさわしくない．入国審査官が質問するような表現であるため，初対面の相手に不快な印象を与えてしまう．近所の人なのか住んでいる場所を聞きたい場合には，"Do you live around here?" などと尋ねるのがよい.

3.4.9.　お別れ

帰国日までには，自分の部屋はきれいにし，いらないものは処分して私物を残さないようにする．出発当日に，サイドテーブルにお礼のカードを置いていくのもおすすめである．また，帰国後はすぐにお礼状を出すよう指導するとよい．お別れの気持ちを伝える表現を以下に挙げてみよう.

- Thank you for everything you have done for me. (いろいろありがとうございました.)
- I hope to see you again sometime. (またいつかお会いできるといいです.)
- Let's keep in touch. (これからも連絡を取り合いましょう.)
- I had a lovely time here. (とても楽しく過ごしました.)

・I wish I could stay longer.（もっと長くいられたらいいのになあ.）

・I'll write (to) you when I get back to Japan.（日本に帰ったら手紙を書きます.）

・Please give me your email address.（メールアドレスを教えてください.）

・I'll miss your chicken pot pie.（あなたのチキンパイを懐かしく思うでしょう.）

・Please come and visit me in Japan.（（機会があったら）日本に来てください.）

　ちなみに，イギリス英語では，"lovely" を多用する. "Nice to meet you." の代わりに，"Lovely to meet you." と言ったり，お天気の良い日に "(It's) a lovely day, isn't it?" と言うことが多い. ほかにも，"Thank you." や "Sure." の代わりに使うこともあるし，「良かった」，「美味しい」などの表現にも使えるため，覚えておくとよい.

　また，お世話になったホストファミリーへのお礼として，日本料理を作ってあげるのも良い思い出となる. 外国人にも食べやすい料理がおすすめで，天ぷら，すき焼き，肉じゃが，お好み焼き，カレー，唐揚げ，ラーメン，みそ汁，ご飯（レトルトご飯），照り焼きチキンなどは喜んで食べてくれる. 最近，海外では抹茶がブームであるので，抹茶を使ったデザートを添えるのもよい. アメリカやカナダでは照り焼き味がとても人気なので "teriyaki" で通じるが，家庭で作るわけではないため，照り焼きソースや焼き肉ソースを持っていくだけでも喜ばれるであろう. 現地で買えそうにないものは，特に肉類を原料としたものの持ち込み禁止としている国もあるので，事前に確認して，問題ないようであれば日本から持っていき，時間的な余裕がある場合は，事前研修として簡単に作れる日本のお料理レシピをワークシートにまとめさせて，休日などに練習しておくとよい.

4.　終わりに

　初めての海外研修引率の場合，戸惑うことも多いが，1 人で何とかしようとせず，教員自身がより積極的にコミュニケーションをとるように心掛けよう. 冒頭で述べたように，「生徒を通して自分の世界も広がる体験」であり，現地スタッフやホストファミリーとのコミュニケーションが重要である. 研修先で出会う人々は，生徒だけでなく教員もその地域や人々に興味関心を持ってくれていると期待しているのである. その際，教員自身の英語表現や姿勢によって

現地の人々の対応も変わってくるため，生徒に正しい知識を教えるだけでなく，教員自身が使用する英語表現に気をつけて TPO をわきまえた丁寧表現を使う必要があるといえる．また，何よりも大切なことは生徒が有意義で安全に研修を終えることができることである．そのためにも事前研修が重要な意味を持ち，また，現地で支援できることは積極的に行い，研修を終える前に解決しておく必要がある．

　最後に，事後指導として，ホストファミリーにお礼の手紙を送ることと，英語検定や TOEIC® などの資格検定に取り組むことを勧める．海外研修を終えた直後はリスニングが聞き取りやすくなっているという実感が得られることが多く，帰国後の英語学習へのモティベーションを持続させる 1 つの手段となる．また，ホストファミリーと連絡を取り合うことによって，授業外での生きた英語のやり取りを継続することができる．授業外で英語を使う機会の少ない日本の生徒にとって，日常生活で英語を使う時間を海外研修の期間だけで終わらせず，帰国後の生活にも取り入れることによって英語を実際に使用することが大切である．

参考ウェブサイト

「外務省　海外安全ホームページ」
　　https://www.anzen.mofa.go.jp/trip/　（2019 年 1 月 28 日検索）
「たびレジ　外務省海外安全情報配信サービス」
　　https://www.ezairyu.mofa.go.jp/tabireg/index.html（2019 年 1 月 28 日検索）
「学生向けたびレジ紹介広告」
　　https://www.ezairyu.mofa.go.jp/tabireg/pdf/tabireg_koho_002.pdf（2019 年 1 月 28 日検索）

（新妻明子）

第23章　英語外部試験

1.　はじめに

　英語外部試験とは，民間の英語資格・検定試験（英語能力判定試験）のことであるが，児童向けのものから社会人向けのもの，海外で開発されたものから国内の実態に合わせて開発されたものなど，各種様々である．日本では，学習者を中心に広く知られている英検，GTEC，TOEFL®，TOEIC® をはじめ，ケンブリッジ英検，IELTS，TEAP，さらに国連英検，観光英検，全商英検，工業英検など，数多くの試験が存在する．これらの試験は，各々の目的を持って，各々の測定方法で行われ，国内外の企業や大学などの機関において英語能力を証明する試験として様々な方法で活用されている．英語外部試験は，海外留学，英語指導力向上や授業改善，生徒の英語力検証や動機づけに活用できるなど，英語教師にとっても身近なものである．

　本章では，一般に広く受け入れられているいくつかの外部試験に焦点を当て，その概要を述べ，その試験の歴史や特徴とすべき点を紹介したい．なお，本章では主に，中学・高校の英語教師が，自己啓発や生徒指導に役立てることを念頭に解説する．

2.　主な英語外部試験の概要

2.1.　実用英語技能検定（英検）

　一般に「英検」として知られる実用英語技能検定は，公益財団法人日本英語

検定協会（Eiken Foundation of Japan）が実施する幅広い世代に対応した国内最大級の英語資格試験である．1963 年 8 月，文部省後援のもとに第 1 回実用英語技能検定が実施され，1968 年からは文部省認定となり（2006 年からは文部科学省後援），50 年以上にわたり日本の英語教育の指標として活用され続けている．2016 年度から，言語能力評価の国際指標である CEFR（Common European Framework of Reference for Languages：ヨーロッパ共通参照枠）にも対応したスコア尺度 CSE（Common Scale for English）として「英検CSE スコア」が導入され，よりグローバルな視点で英語能力のレベルが把握できるようになった．英検資格取得者は，約 1,700 校にのぼる大学・高校・中学の入学試験や単位認定で優遇され，アメリカ，カナダ，オーストラリアなど，約 400 の海外大学・カレッジで英語力証明の資格として認められている．

　1963 年に 1 級・2 級・3 級の 3 つのグレードでの実施が開始され，それ以降，1966 年に 4 級，1987 年に準 1 級と 5 級，1994 年に準 2 級が追加され，現在 7 つのグレードがある．2016 年度から 2 級に，2017 年度から準 2 級と 3 級にライティングが加わり，4 技能化が進んだ．一次試験に合格しないと二次試験（スピーキングテスト）が受けられない「従来型」に加え，スピーキングテストも合わせ 4 技能をセットで測定する「英検 CBT」，「英検 2020 1 dayS-CBT」といった新方式が 2018 年度以降，段階的に導入された．「英検CBT」と「英検 2020 1 day S-CBT」のスピーキングテストは録音式で行い，1 日で試験が完結する．「英検 CBT」は 4 技能のすべてについてコンピュータによる受験を可能にした方式で，受験対象者の年齢制限はない．「英検 2020 1day S-CBT」はライティングテストのみがペーパー式で，他の 3 技能はコンピュータを使って行う．大学入学共通テストに参加が認められているのは 3 級以上の試験であり，大学入試英語成績提供システムで活用できるのは，これら新方式によるものである．[1]「従来型」の英検も，成績提供システムを介さない大学入試において利用が継続されている．

　各級，合格・不合格で評価されるが，成績表には合否のほか，「英検 CSE

---

[1] 新方式には，スピーキングテストを別日に対面式（Interview）で行う「英検 2020 2 daysS-Interview」も含まれるが，それは合理的な配慮が必要な障がいのある受験者を対象としている．「英検 CBT」と「英検 2020 1 day S-CBT」は準 1 級・2 級・準 2 級・3 級の 4 つのグレードに対応しているが，「英検 2020 2 days S-Interview」は 1 級も含めた 5 つのグレードに対応している．

スコア（0 ～ 3400 点）」のトータルスコアと技能別スコア，そして「英検バンド」が併記され，生涯学習における指標にもなる．合格の 4 技能トータルスコアの下限は，3 級が 1456 点以上，準 2 級が 1728 点以上，2 級が 1980 点以上，準 1 級が 2304 点以上，1 級が 2630 点以上となっている．試験結果の有効期限は，留学に活用する目的の場合は合格証発効日から 2 年間と定められているが，留学の使用でなければ，取得した資格は半永久的なものである．

2.2.　GTEC

　GTEC（Global Test of English Communication：ジーテック）は，1997 年に株式会社ベネッセコーポレーション（Benesse Corporation）がアメリカのテスト会社と共同で開発を始め，リーディング，リスニングに加え，ライティングまで測定する「英語コミュニケーション能力テスト」として，1999 年に提供が開始された．2003 年に名称を「GTEC」に変更，中高生向けの「GTEC for STUDENTS」は，文部科学省 SELHi（Super English Language High School）事業を背景に活用が広まっていく．2004 年にスピーキングテストを開始し 4 技能での結果分析が可能になった．2014 年には大学入試でも活用できる 4 技能試験「GTEC CBT」が開始された．2017 年には，「GTEC for STUDENTS」や「GTEC CBT」などの GTEC シリーズの名称が「GTEC」に統一された．「使える英語」が身に付く問題設計で，日常的な言語使用場面とアカデミックな言語使用場面での英語運用力を技能別に絶対評価で測定する．日本人の学生が遭遇しやすい場面を想定し，授業で学んだ英語を実際に使う感覚が体験できるなど，英語を学ぶモティベーションにつながるように工夫されている．ライティング答案は海外で採点・添削され，採点者からの詳細な英語のコメントは生徒の意欲を高め，教師は指導の改善や学習の動機づけに活用できる．

　GTEC には，目的と対象年齢から中学生・高校生向けの「GTEC」のほかに，「GTEC Junior」，「GTEC 大学生・社会人向け」があり，小学生から社会人まで継続的に英語力を測ることができるよう，レベル別に 10 の問題タイプに分かれている．大学入試英語成績提供システムに活用できる試験は，中学生・高校生向けの「GTEC」であり，Core, Basic, Advanced, CBT の 4 つのタイプがある．各タイプで測定可能なスコアに上限値があるが，どのタイプを受験しても 1 本の評価軸でスコアを計測することができ，同じ実力を持った生徒

が受験するといずれのタイプでも同じスコアが出るようになっている．Core, Basic, Advanced の 3 つのタイプは，学校単位での受験となる．ペーパー式であるが，スピーキングテストはタブレットにヘッドセットをつないで実施する．CBT タイプは個人単位での受験となり，公開会場のコンピュータを利用して 4 技能すべての測定を行う．

評価は，GTEC スコア（0 〜 1400 点）と CEFR レベルによって示される．各タイプ上限スコアは，Core が 840 点（各技能 210 点），Basic が 1080 点（各技能 270 点），Advanced が 1280 点（各技能 320 点），CBT が 1400 点（各技能 350 点）となっている．学校単位の申し込みの場合，詳細な教師用帳票と生徒用帳票（SCORE REPORT）によって，指導・学習のポイントが明確になる．試験結果の有効期限は，受験日から 2 年間となっている．

2.3. TOEFL

TOEFL®（Test of English as a Foreign Language：トーフル）は，英語を母語としない人々の英語コミュニケーション能力を測るテストとして，1963 年に米国非営利教育団体である Educational Testing Service（ETS）によって開発され，1964 年より実施されている．1976 年に当初 5 セクションあった構成を 3 セクションに変更し，TOEFL PBT の形式が開発・導入された．日本では，1981 年に国際教育交換協議会（CIEE）日本代表部が ETS より委託を受け，TOEFL® テスト日本事務所として事業を展開している．1998 年に TOEFL CBT（TOEFL Computer-based Test）がアメリカ，カナダ，ヨーロッパで開始され，日本では 2000 年に導入された．2005 年には 4 技能を測定する次世代テストとして TOEFL iBT®（TOEFL Internet-based Test）がアメリカ，カナダで開始され，2006 年 7 月から日本にも導入されている．一方，TOEFL CBT は同年 9 月で終了となり，TOEFL PBT は 2017 年 7 月に全世界で終了となった．ただし，インターネットの使用できない地域限定で，2017 年 10 月から改訂版 TOEFL ペーパー版テスト（The revised TOEFL® Paper-delivered Test）が実施されている．団体向けテストプログラムとして，TOEFL PBT の過去問題を再利用した TOEFL ITP®（TOEFL Institutional Testing Program）がある．

TOEFL iBT® は，大学レベルの英語を使用・理解する能力を測定するアカデミックテストとして高い精度・公平性を持ち，コミュニケーションに必要な

4 技能が総合的に測定される．インターネットを介して英語で実施され，試験中にメモを取ることができる．スピーキングとライティングでは，同時に複数の技能を測定する問題 (Integrated Task) が出題される．アメリカ，イギリス，オーストラリア，ニュージーランド，カナダのほぼ全ての大学をはじめとした 150 か国 10,000 以上の機関が，スコアを英語能力の証明，推薦入学，奨学金，卒業の基準として利用している．

　TOEFL iBT® の評価は，各技能別スコア（0 ～ 30 点）とトータルスコア（0 ～ 120 点）で表示され，ETS ホームページ内で確認できる．[2] テスト申込時に「オンライン上でのスコア確認および郵送での通知」を選択すれば，受験者控用のスコアレポート (Test Taker Score Report) が受験者本人に郵送される．獲得スコアの有効期間は受験日から 2 年間である．

2.4.　TOEIC

　TOEIC® (Test of English for International Communication：トーイック) は，1970 年代の日本企業の海外進出を背景に，日本人の英語コミュニケーション能力を磨く必要性が高まり，日本人の要請に応える形で，1979 年に Educational Testing Service (ETS) によって開発されたテストである．同年 TOEIC 運営委員会が設置され 12 月から第 1 回テストを実施，1981 年から過去問題を利用し団体受験を受け付ける TOEIC IP (Institutional Program) も開始された．1986 年 2 月から一般財団法人国際ビジネスコミュニケーション協会 (IIBC) が事務局として実施運営・普及・広報活動を行っている．英語によるコミュニケーション能力を幅広く評価することを目的とし，その国独自の文化的背景や言い回しを知らなければ解答できないような問題は排除されており，「世界共通の基準」として活用できる試験となっている．

　TOEIC には，当初からの TOEIC® Listening & Reading Test（以下，TOEIC L&R）と，2007 年から開始された TOEIC® Speaking & Writing Tests（以下，TOEIC S&W）がある．TOEIC L&R は，一般からビジネスまで幅広い英語によるコミュニケーション能力（聞く，読む）を測定し，マークシート方式で行われる．TOEIC S&W は，国際的な職場環境において，効果的に英語でコ

---

[2] 各テスト日のスコア結果に併せて，受験者の過去 2 年間のスコアから各セクションの最も高いスコアを組み合わせた「MyBest™ scores」も掲載されている．

ミュニケーションするために必要な「話す，書く」能力を測定し，試験会場の
コンピュータを使って実施，パスポートや運転免許証などの本人確認書類（写
真付き）が必要となる．TOEIC L&R と TOEIC S&W の両者を活用すること
によって，「聞く」「話す」「読む」「書く」といった英語コミュニケーション能
力を総合的に評価できる．TOEIC S&W は，スピーキングテストのみを受験
することができ，IP テストの場合はライティングテストのみを受験すること
も可能である．また，TOEIC プログラムには，2001 年から初中級者向けの
TOEIC Bridge® がある．

　評価は，合否ではなく，4 技能すべてが「スコア」で表示される．TOEIC
L&R は，各技能 5 〜 495 点，トータル 10 〜 990 点で，5 点刻みのスコアで
評価される．スコアに加え，Score Descriptors（レベル別評価）と Abilities
Measured（項目別正答率）も表示される．常に評価基準を一定に保つために
統計処理が行われ，能力に変化がない限りスコアも一定に保たれている．
TOEIC S&W は，各技能 0 〜 200 点で，10 点刻みのスコアで表示される．
スコアを基に Proficiency Level Description（能力レベル別評価）が，スピー
キングでは 8 段階，ライティングでは 9 段階で表示され，さらにスピーキン
グテストにおいては，「Pronunciation（発音）」，「Intonation（イントネーショ
ン）」，「Stress（アクセント）」についてもそれぞれ 3 段階で評価される．獲得
スコアに有効期限はない．公式認定証は試験日から 2 年以内であれば再発行
が可能である．

2.5.　ケンブリッジ英語検定

　ケンブリッジ英語検定（Cambridge English Qualifications）は，ケンブリッ
ジ大学英語検定機構（Cambridge Assessment English）によって開発された．
1913 年に開始され，100 年以上の歴史を持つ権威ある世界基準の試験となっ
ている．日本では 1939 年に日本初の試験センターが横浜に開設された．2015
年から新しい評価方法として Cambridge English スケールが導入され，各試
験に共通したわかりやすい試験結果報告が可能となった．英語圏における日常
生活に必要とされる実践的な英語力を評価できるよう設計され，CEFR の開
発に深く関与した歴史的経緯から CEFR と高い整合性を持つ．イギリス，カ
ナダ，オーストラリアへのビザ申請にも活用でき，仕事，入国申請，留学など
のための資格として高い国際通用性を持っている．また，英語運用能力の向上

を支援するという教育的な目的を持って設計されており，試験を評価のみなら
ず授業や学習指導にも活用できる．

　ケンブリッジ英検は，受験者の進路や目的に応じ，「学校（Schools）」，「一
般および高等教育（General and higher education）」，「ビジネス（Business）」
の各シリーズがあり，企業や教育機関が求める英語能力に対応した幅広いレベ
ルの試験を備えている．「一般および高等教育」シリーズは，主に成人を対象
とし，A2 Key, B1 Preliminary, B2 First, C1 Advanced, C2 Proficiency
の 5 つのレベルの試験がある．「学校」シリーズには，中高生対象の A2 Key
for Schools, B1 Preliminary for Schools, B2 First for Schools があり，内
容が中高生の経験および関心に適切なものになっているが，形式やレベルは
A2 Key, B1 Preliminary, B2 First と同じである．ほとんどの試験にコン
ピュータ版（CB）とペーパー版（PB）が用意されている．どのレベルの試験
を受けるとよいかわからないときは，無料のオンライン英語レベルチェックテ
スト（https://www.cambridgeenglish.org/jp/test-your-english/）を受けるとよ
い．スピーキングテストは受験者 2 名のペアで受ける対面式である．

　評価は，受験したレベルにおける合否とスコアが提供される．「認定証（Cer-
tificate）」と別に「結果ステートメント（Statement of Results）」が発行され，
Cambridge English スケールでの総合評価スコア（80 〜 230 点，1 点刻み），
4 技能に文法・語彙力（Use of English）を加えた 5 つの技能別スコア（80 〜
230 点，1 点刻み），3 段階で表される合格グレード，CEFR レベル（A2 〜
C2）（不合格判定でも測定可能な場合は記載有）が示される．オンラインでの
成績確認ができる．合格の下限は，A2 Key（for schools 含む）が 120 点以上，
B1 Preliminary（for schools 含む）が 140 点以上，B2 First（for schools 含
む）が 160 点以上，C1 Advanced が 180 点以上，C2 Proficiency が 200 点以
上となっている．試験結果の有効期限は生涯有効であるが，高等教育機関は独
自に有効期間を定めていることが多いので確認が必要となる．

2.6.　IELTS

IELTS（International English Language Testing System：アイエルツ）は，
ブリティッシュ・カウンシル（British Council），ケンブリッジ大学英語検定
機構，IDP Education の 3 団体によって，世界共通の英語試験として 1980 年
代に共同開発され，1989 年から提供されている．1995 年，2001 年，2005 年

と改訂を行い，世界 140 か国，10,000 以上の大学・企業・政府機関等で留学や移住の際の語学力証明として活用されている国際通用性の高い試験である．日本国内では，2010 年からブリティッシュ・カウンシルが公益財団法人日本英語検定協会と IELTS の共同運営を開始し，2016 年には IDP: IELTS Australia と一般財団法人日本スタディ・アブロード・ファンデーション（JSAF）による共同運営も開始され，日本における IELTS はこの 2 つの運営団体で実施されている．海外留学，研修，英語圏への移住申請に最適な英語力証明テストとして，イギリス，オーストラリア，カナダ，ニュージーランドのほぼ全ての高等教育機関で認められている．アメリカでも 3,000 以上の教育機関が TOEFL® に代わる試験として入学審査の際に採用している．推奨年齢は 16 歳以上で，試験日まで有効なパスポートが必要という制限があり，専門的な試験対策も必要である．ケンブリッジ英語検定同様，CEFR 最高レベルの C2 まで測定できる．

　IELTS には，「アカデミック・モジュール（Academic Module）」と「ジェネラル・トレーニング・モジュール（General Training Module）」の 2 種類の試験があり，前者は海外留学や研修のために英語力を証明する必要のある者向け，後者はイギリス，オーストラリア，カナダなどへ海外移住申請を希望する者向けとなっている．いずれもペーパー式のテスト（PBT）であるが，リーディングとライティングに関しては「アカデミック・モジュール」と「ジェネラル・トレーニング・モジュール」で出題内容が異なる．スピーキングは 1 対 1 の面接方式で面接員は原則全員ネイティブスピーカーである．リスニング，リーディング，ライティングの筆記試験は同じ日の午前中に受験となるが，スピーキングは筆記試験と同日，または前後 1 週間以内の実施となる．

　テスト結果は，合否ではなく，1.0 ～ 9.0（0.5 刻み）のバンドスコア（1.0 ＝ Non-user～9.0 ＝ Expert user）で示される．各技能の英語力がバンドスコアで示されるほかに，総合評価としてオーバーオール・バンド・スコアが与えられる．団体受験の教育機関にはエクセル一覧にて成績提供され，各機関の要望に応じて，別途分析資料を提供可能な範囲で用意される．試験結果の有効期限は，受験日から 2 年間となっている．

2.7.　TEAP

　TEAP（Test of English for Academic Purposes：ティープ）は，主に日本

の大学入試を想定して，上智大学と公益財団法人日本英語検定協会によって共同開発され，2014 年より実施されている．2016 年から TEAP の発展型として，（株）教育測定研究所の協力で TEAP CBT（TEAP Computer Based Testing）が開発され，導入されている．TEAP および TEAP CBT は，日本のような EFL（English as a Foreign Language）環境の大学において，学習・研究する際に必要とされるアカデミックな場面での英語運用能力を測定することを目的としており，受験資格に高校 1 年生以上であることを求めている．日本の大学入試での活用に特化した試験であり，国際通用性は限られているが，上智大学をはじめとする多くの国内の大学が TEAP および TEAP CBT のスコアを大学入試に広く活用している．

　TEAP はペーパー式（スピーキングは 1 対 1 の面接方式）で実施されるのに対し，TEAP CBT はコンピュータで実施され，ライティングがタイピング式，スピーキングがコンピュータへ録音するオンライン対面式となっている．TEAP が 400 点満点であるのに対し，TEAP CBT は 800 点満点であり，それぞれ問題数，試験時間，配点，解答方法は異なる．また TEAP では，4 技能または 2 技能の受験パターンを選択できるが，TEAP CBT は 4 技能パターンのみとなっている．TEAP CBT は ICT（Information and Communication Technology）を導入し，より実践的な英語運用能力を総合的に測定するために技能を組み合わせた統合型問題が複数出題される．特にライティングとスピーキングは主体的に自分の意見を述べるための思考力や伝達力も試される．

　試験結果は，合否ではなく，4 技能すべてが「スコア」と「バンド」でフィードバックされる．技能別スコアは，TEAP では 20 〜 100 点，TEAP CBT では 0 〜 200 点で示される．「バンド」には 6 段階の CEFR レベルによる成績表示（Below A1／A1／A2／B1／B2／C1）を用いている．TEAP の成績表には，ほかに Can-do Statements，分野・タスク別到達度等を記載し，受験者の技能毎の現状のレベルを詳細に伝えている．TEAP CSE スコアも併記され，学習・指導の目安として活用でき，英検等の CSE スコアと比較することもできる．スコアの有効期限は 2 年度で，受験日の属する年度の翌年度末 3 月 31 日までが有効である．

2.8.　その他の英語外部試験

　その他，多くの英語外部試験があるが，1）高校生が留学する際に英語能力

判定として活用される試験，2）大学生の英語能力の伸びを診断し指導に手軽
に活用できる試験，3）主に社会人を対象にスピーキング力測定に特化して活
用される試験，の 3 つのテストを以下に紹介しておく．

1) ELTiS

ELTiS（English Language Test for International Students）は，海外の英語
圏（主にアメリカ）の高校留学・交換留学を行う生徒を対象とした英語能力判
定試験である．リスニングとリーディングの 2 技能試験で，英語で行われる
授業を理解するための十分な英語力があるかどうかを判断する．試験内容に
は，文法・語法や長文・会話の理解に加え，数学用語を理解する，グラフを読
み取るなど，数学や科学の内容も含まれる．評価は 100 ～ 300 点のスコアで
示される．2013 年に，アメリカ国務省認可の高校交換留学プログラムの評価
組織である CSIET（The Council on Standards for International Education
Travel）に採用され，アメリカの高校の交換留学生となる場合，ELTiS のスコ
ア提示が求められる．公開試験はなく，個人または団体での受験となる．

2) VELC Test

VELC Test（Visualizing English Language Competency Test）は，テス
ティング・英語教育の専門家でつくる研究会によって日本の大学生用に開発さ
れた英語力診断テストである．リスニングとリーディングの 2 技能試験であ
るが，合わせて 70 分で済み，受験料も安価で手軽に活用できる．ペーパーの
マークシート形式であるが，わざわざ作った正答選択肢を使用しないなど，解
答時の理解度を正確に得点化する工夫がされている．評価は標準スコアを 500
として，各技能と総合のそれぞれに対してスコアで示される．スコアを基に
TOEIC テストでの予測スコアも示される．「e ポートフォリオ」で学生の英語
力の「見える化」を実現している．

3) ACTFL OPI / OPIc

ACTFL OPI（Oral Proficiency Interview）は，アメリカの外国語教育専門
機関である ACTFL（American Council on the Teaching of Foreign Lan-
guages）が開発した外国語のスピーキング運用能力を測定するためのインタ
ビューテストである．英語だけでなく 30 以上の言語に対応でき，ビジネスや
生活の場において，言語をどの程度効果的かつ適切に駆使し，どれだけ会話で

きるかといった実践的なコミュニケーション力を測定する．2007 年からイン
ターネットを介して測定する OPIc (Oral Proficiency Interview-computer) が
開発され，2013 年から日本でも英語のみのサービスが提供されている．OPIc
は 1 対 1 のインタビュー形式のテストでありながら，iBT 方式で大規模受験
が可能となっている．評価基準である ACTFL Guidelines に基づいて，OPI
は 11 段階で，OPIc は OPI の下位からの 7 段階でレベル判定される．

3.　英語外部試験のポイント

3.1.　進む 4 技能測定

　グローバル社会に適応する人材を育成するために，「聞く」「読む」「話す」
「書く」といった英語 4 技能を総合的に育成・評価することが重視されてきて
いる．GTEC は 2004 年度にスピーキングを加え，2014 年度からタブレット
端末を活用しスピーキングテストを一斉に行えるようにし，TOEIC® は 2007
年度からインターネットを介して問題が配信される TOEIC S&W を開始し，
英検は 2016 年度から段階的に 2 級・準 2 級・3 級にライティングを加え「英
検 CBT」という新方式を導入するなど，外部試験の各運営団体は，英語 4 技
能をバランスよく客観的に測定できるよう改善を行ってきている．文部科学省
が「学校教育」と「大学入試」の両面から英語の 4 技能化を進めているという
背景があるが，民間による運営であることによって，それぞれの専門機関が競
いながら試験の精度・公平性を高め，世の中のニーズに対応しているといえ
る．これら運営団体でつくる「英語 4 技能 資格・検定試験懇談会」が『英語 4
技能試験情報サイト』(http://4skills.jp/) を立ち上げ，4 技能試験に関連する
情報を提供しているので参照されたい．

3.2.　PBT 方式，CBT 方式，iBT 方式

　英語外部試験の多くは，かつては，マークシートや自由記述などのペーパー
を使った筆記試験 PBT (Paper Based Testing) と面接員と対面方式で行うス
ピーキングテストという組み合わせ方式が主流であったが，コンピュータの普
及・発達に伴い，CBT (Computer Based Testing) といったコンピュータを
使って 4 技能を測定する新方式が導入されてきている．iBT (Internet Based
Testing) は，表面的には CBT と変わらないが，インターネットを介しての試

験であり，時間に縛られずに個別に実施でき，TOEFL iBT® などがこれにあたる．CBT, iBT は，「試験が 1 日で終わる」，「自分のペースで試験を進められる」などのメリットはあるが，タイピングに慣れていなかったり，コンピュータ操作が苦手だったりする生徒には不利に働く可能性もあり，受験できる級や会場，人数が限られるなどのデメリットもある．PBT は一度に大勢の人が受験でき，団体申し込みの試験などで活用されている．

3.3.　国際通用性

　英語外部試験を受験する場合，例えば海外の大学・大学院への留学に必要な英語力を証明するには，国際通用性の高い試験を受ける必要がある．日本では広く知られている検定試験だからといって海外においても有効というわけではない．国際通用性の高い試験は，ケンブリッジ英検，IELTS, TOEFL® であるが，海外留学の場合は，IELTS あるいは TOEFL® のスコアが求められることが多い．国際通用性が高ければ，留学だけでなく，海外企業への就職やビザの申請にも有効となる．反対に，TEAP は国内の大学入試に活用される動きは全国的に広がっているが，海外で活用されることはほとんどない．TOEIC® は海外でも受験されているが，海外の大学・大学院は，英語力を証明する資格として TOEIC スコアを受け付けていない．TOEIC® は主にビジネスパーソンが職場や生活で使う英語の運用能力を測定するものであり，アカデミックな英語力を必要とする海外留学の入学基準としては，そもそも目的が合致していないことが理由の 1 つでもあろう．

3.4.　CEFR と各外部試験の対照表

　大学入試英語成績提供システムへの参加要件を満たしている資格・検定試験のスコアが CEFR の 6 段階（C2／C1／B2／B1／A2／A1）のどれにあたるかを検証した報告を文部科学省が集約し，その対照表を公表している．[3] それぞれの英語外部試験のスコアレベル，測定可能範囲が比較できる．CEFR の最高レベルの C2 まで測定できる検定は，ケンブリッジ英語検定と IELTS のみである．

---

[3] 2018 年 3 月時点の CEFR 対照表は，https://www.mext.go.jp/b_menu/houdou/30/03/1402610.htm. を参照．

3.5. 学習指導要領との関係

　国内の実態に合わせて開発された英検，TEAP，GTEC などは，学習指導要領に準拠しており，日本の中学・高校生には比較的対応しやすい試験といえる．TEAP は，4 技能にわたる英語の運用能力を問うだけでなく，文章の構成や図表との関連を考えながら読み解く能力や，自身の知識を活用しながら論理的に意見を述べる能力が求められるなど，日本の学習指導要領の考え方，内容に配慮した出題内容となっている．文法の知識を直接試す問題はほとんど出題されない．GTEC は，高校の学習指導要領に準拠した出題であるため，基本的には語彙や表現など，高校英語で学ぶことを着実に身に付ければ高得点につながりやすく，大学入試でスコアを活用したい高校生にとっては取り組みやすい検定試験かもしれない．

3.6. 大学入試での活用

　各大学がどの外部試験の資格認定や獲得スコアを，「出願資格」，「得点換算」，「加点式」など，どのような方法で入試に活用しているのか，情報を確認しておくことは大切である．

　大学入試での英語外部試験の活用は，入試で 4 技能の運用能力が評価されることになり，生徒が「使える英語力」を身に付ける強い動機づけとなる．実践的な英語運用能力を磨いている生徒にとっては，実力と合致した成績を測ってもらえるため，大学入試を前向きにとらえることができよう．大学入学後の継続的な学習成果が期待できる．

　大学入試で英語 4 技能を評価していく方向性に対しては，否定的な声はほとんどない．しかし，本来目的の異なる複数の資格・検定試験が，公平・公正な測定・評価が求められる大学入試に導入されるとなると，専門家からも心配する声があがっている．『検証迷走する英語入試』では，「学校の勉強だけで準備が間に合う試験なのか」「異なる試験を受けた人の成績はどうやって比較するのか」など，入試改革の危うさが指摘されている．「大学入学共通テスト」のような大規模試験の評価の一部を民間の外部試験の判定に委ねてしまうことに，懸念される要素があることは否めない．こうした懸念に対し，文部科学省，外部試験の各運営団体がどう対応していくか，その動向を注視していく必

要はある.⁴

4.　終わりに

　本章では，英語外部試験の概要とポイントを紹介した．英語外部試験の活用については，本書の各章で取り上げている英語教師の自己研鑽，授業改善，国際交流業務の事前事後指導などにも関係することであろう．以下に本章で紹介した主な外部試験の公式サイトを示しておくので，最新の情報，詳細な情報についてはそちらを参照されたい.

・主な英語外部試験公式サイト:
　① 実用英語技能検定（英検）
　　https://www.eiken.or.jp/eiken/（英検）
　　https://www.eiken.or.jp/cbt/（英検 CBT）
　② GTEC
　　https://www.benessse.co.jp./gtec/
　③ TOEFL
　　https://www.ets.org/toefl
　　https://www.cieej.or.jp/toefl/（日本事務局）
　④ TOEIC
　　https://www.iibc-global.org/toeic.html
　⑤ ケンブリッジ英語検定
　　https://www.cambridgeenglish.org/jp/（日本語）
　　https://www.cambridgeenglish.org/（英語）
　⑥ IELTS
　　https://www.eiken.or.jp/ielts/（英検）
　　https://www.ieltsjp.com/（IDP: IELTS Australia）
　　https://www.jsaf-ieltsjapan.com/（JSAF）
　⑦ TEAP

---

⁴ 国際ビジネスコミュニケーション協会は，2019 年 7 月，大学入試英語成績提供システムへの参加が認定されていた TOEIC L&R および TOEIC S&W の本システムへの参加申し込みを取り下げた.

http://www.eiken.or.jp/teap/ (TEAP)

http://www.eiken.or.jp/teap/cbt (TEAP CBT)

⑧ ELTiS

http://www.eltistest.com/home/index.php

⑨ VELC

https://www.velctest.org/

⑩ ACTFL OPI／OPIc

https://www.actfl.org/

引用文献

「英語 4 技能試験情報サイト」

　　http://4skills.jp/ （2019 年 2 月 19 日検索）

「TOEIC Program の理念—TOEIC Program の歴史—」

　　https://www.iibc-global.org/toeic/toeic_program/philosophy.html

　　（2019 年 2 月 19 日検索）

「TOEFL®テストの変遷」

　　https://www.cieej.or.jp/toefl/toefl/history.html （2019 年 7 月 19 日検索）

「2020 年度「大学入試英語成績提供システム」利用型英検®各方式の実施概要」

　　https://www.eiken.or.jp/eiken2020/ （2019 年 7 月 19 日検索）

「History of GTEC」

　　https://www.benesse.co.jp/gtec/history/ （2019 年 2 月 19 日検索）

南風原朝和（編）（2018）『検証迷走する英語入試 スピーキング導入と民間委託』東京：
　　岩波書店.

（小田寛人）

第24章　派遣業務（報告）

1．大学院派遣

1)　現職教師が大学院で学ぶ方法

　現職教師が大学院で学ぶには，（1）勤務校に籍をおき給与を得ながら大学院に通うという都道府県の派遣による「現職派遣」，（2）復職した際の籍は残っているが給与などは発生しないという自主的に休職して学ぶ方法，（3）夜間開設の授業や集中講義などを利用して働きながら院に通うという方法が考えられる．

　筆者は2015～2016年度の2年間，茨城県の現職派遣として，筑波大学大学院で学ぶ機会を得た．3か月あるいは6か月の「内地留学」とは異なり，正規の学生として大学院で2年間を過ごし，修士号と専修免許を取得した．ただし2年間の派遣であるが，茨城県の派遣者で県内の大学院への派遣の場合，1年目はフルタイムの学生，2年目は週1日の研修日のみ大学院へ通う形がとられている．1年目で修了要件に必要な単位数を取り終える場合がほとんどで，2年目は論文の執筆と指導を受けることが中心となるため，その条件でも修了することが可能である．筆者のケースのほかに大学院へ通う形態としては，1年間のみ休職した人や，週のうち2日だけ大学院に通うことが認められていた人，県外からのまる2年間の派遣の人など，様々なケースがあった．現職のままで大学院で学ぼうとする場合，自分の所属県あるいは勤務先ではどのような形態が可能なのかをよく調べることが大切である．働きながら学ぶ人のために，夜間の授業も開設されるため，距離・時間的に可能であれば仕事をしな

がらの受講も可能になっている．

　県教育委員会と交渉を重ね特殊なケースとして大学院に通ってきていた人も
いたが，自分が気持ちよく研究に集中できるように，また復職後のことも考
え，周囲の理解と協力が大切である．勤務先の管理職は自分が抜けた体制を作
る必要があり，場合によっては校務分掌などで周りの職員への負担が増える場
合もある．学校では部活動や学年の担当など，3 年間単位などの長いスパンで
の計画が考えられている場合もあるだろう．自分の学ぶ意欲は大切にしたい
が，いつ，どのような条件なら大学院での研究が可能なのか，長期計画で準備
し，周囲に気持ちよく送り出してもらえるようにしたいものである．

　以下に現職派遣での経験を述べる．

2)　大学院で学ぼうとした動機

　端的に言うと，自分の小学校外国語活動の授業をもっと良いものにしなけれ
ばという，学び直しへの必要性からであった．茨城県では多くの教員が小・中
学校両方の教員免許を持っており，小・中学校間の異動が普通に行われてい
る．筆者も初めは中学校教員として勤めていたが，大学院派遣を希望したとき
は小学校に異動となっていた．その学校は施設一体型の小中一貫新設校（現在
は義務教育学校）であり，多くの視察や研修を受け入れ，研究発表も予定され
ており目の回るような忙しさであった．そして市全体として小中一貫教育がス
タートし，小学校 1 年生から外国語活動が始まっていた．筆者自身よくわか
らないまま小学校の外国語活動を担当し，英語免許を持っているからだけでは
どうにもならない，勉強の必要性を強く感じていた．その数年前に文部科学省
の「小学校における英語活動等国際理解活動指導者養成研修」を受講した際に
も刺激をうけ，さらなる研修の必要性を強く感じさせられていた．

　また，先輩方の勧めも大きな要因となった．当時の教頭や先輩教師の中に大
学での内地留学経験者がおり，「大学での勉強は楽しいよ」と，筆者への学び
直しを勧めてくれた．それまでも「内留（内地留学）」という言葉は知っていた
が具体的に体験談などを聞く機会がなく，筆者には遠いことと思っていた．し
かし，先輩方が大学で若い仲間と共に学んでいたときの様子や，大学教員との
やりとりを聞かせてくれ，学会などで新しい情報を得たり，大学内外の研究会
や勉強会で新しい人脈を得たりといった，現場ではできない経験ができるとい
うことに興味が湧き，内地留学あるいは大学院での学び直しに興味を持つよう

になった．そしてせっかく一定期間現場を離れて学ぶのであれば，修士号を取
得して学んだ証が残せる大学院で研究することを考えるようになり，現職派遣
希望にいたった．

3)　職場での手続き

茨城県の場合はまず，以下のような流れであった．

(1)　管理職に大学院への現職派遣制度に応募したい旨を伝え，書類を教育
委員会に提出（5 月）

(2)　派遣のための県の選考試験を受験（6 月）

(3)　大学院の受験を許可され，派遣としての合格決定（7 月）

(4)　大学院入試への出願（9 月）

(5)　大学院入試（10 月），合格発表及び手続き（11 月）

(6)　県の説明会で提出書類や心構えなどについての説明（2 月）

派遣への出願については，校長からの推薦での受験となること，各学校から
受験できる人数の制限もあることなど，学校内での調整が必要なので，興味が
ある場合はまず管理職に相談するのがよいだろう．また，制度について伝達が
なされない場合も考えられ，年齢や勤務年数についても制限があるので（茨城
県の場合は教職経験 7 年以上，46 歳以下），自身で県の制度について調べ，時
期を逃さないようにしたい．

どこの大学院で学ぶかは，茨城県現職派遣の場合，派遣出願の際に 5 校の
大学院の中から入学希望の大学院を決定したうえでの派遣選考の受験となる．
要項に示されたそれら 5 校の大学院以外への派遣を希望する場合は，「受験日
程，カリキュラム，通勤距離等について協議し，県派遣の適合性について判断
する」とある．派遣先については，立地条件などだけでなく自分が研究したい
分野について学べるか，指導を受けたい教員がいるかなど，大学についてよく
調べて考えるべきであろう．研究重視か現場での実践重視かなど，大学あるい
は指導教員によっても特徴がある．入学後の研究生活に大きく関係してくるだ
けに，自分の目的と大学院，あるいは指導を受けたい教員の研究の方向性など
をよく吟味し，大学院を選ぶ必要がある．また，研究を全うするためには自分
の家族の状況もよく考えたい．筆者の周囲には，家族同伴で他県から来ていた
人や，家族を地元においたまま単身で大学近くに住み，週末地元に往復してい

た人などもおり，様々なケースが考えられるが，経済状況なども考慮して現実的な選択が必要となる．

　茨城県の場合，県の派遣制度であるので公立小学校・中学校・高等学校・特別支援学校からの派遣はすべて同じ流れであり，筆者と同期の大学院への派遣者は 2 大学（筑波大学・茨城大学）合わせて県内で 9 名だった．私立学校の場合はまた別の流れになり学校との交渉になるようである．

4)　現職で大学院を目指す教師へのアドバイス

　現職派遣の立場で大学院で学ぶのには，限られた期間の中で確実に修士号を取得しなければならないとの思いや業務との兼ね合いなど，精神的負担は小さくないことも事実である．さらに，研究に対する気力・体力も必要である．筆者が大学院に入学し強く感じたのは，大学院は自分の意思で研究をするところであり，何でも自分が決めて進めていくところである，という厳しさだった．現場ではやらなければならないことを次々に振られ，こなしていくような忙しさがあると思うが，研究というのは指導を受けたい教員にコンタクトをとるところから始まり，テーマの選定，どの学会に参加するかなどを決めるのは自分である．個々の考えや事情が尊重されていると感じる一方，自分の選択が正しいのか不安になったことも覚えている．

　現職派遣であるということには，大きな責任が伴う．県の説明会で指導を受けたことであるが，大学院で学んでいる期間にも発生する給与，さらに自分の代わりを務める講師の給与も発生することになり，自分が大学院に行くことによる県の財政的負担についても意識する必要がある．また勤務先も，教諭が 1 人不在となる中での校務分掌作りなど，人事体制を組んだうえで送り出してくれている．そのような状況の下での大学院での学びには，将来的にも大きな期待がかけられているともいえる．他県の派遣者の例では，修了し現場に戻ると同時に異動，昇任した人や，休職での大学院修了後に現場に戻ると同時に指導主事になった人などもいる．大学院で学ぶ環境が整い，研究を一区切りさせ再度現場に戻った際には，様々な人に感謝し，得たものを還元していけたらよいと思う．

（鈴木はる代）

2.　大学院修学

1)　大学院で学ぼうとした動機

　現職教師が大学院で学ぶには，多岐にわたる大きな壁が存在する．周囲との関係では，学校（管理職や同僚）あるいは教育委員会との相談や手続き，修学にかかわる休業形態，家族のことなどが挙げられる．また個人のことでは，修学する大学院の選択，学費の工面，研究についていけるかどうかの不安，今後のキャリアにどう活かしていくのかという不安などが挙げられる．筆者がこのような多くの壁を乗り越えてでも大学院で学びたいと思った動機は，自分が英語教師という職にある以上，「英語教育」の分野で道を極め，自分を磨きたいと思ったからであった．それは教員3年目に感じ始めていたことで，県教育委員会から派遣される内地留学に応募したのだが，選考に漏れてしまった．その後，中堅向けの5年経験者研修，進学校への異動，10年経験者法定研修，教員免許更新講習，高校3年生の担任とその進学指導，全英連石川大会での授業実演発表，15年経験者研修などが次々と生じ，大学院での修学への意欲は，口だけのものになってしまっていた．

　しかし2つの出来事が筆者の眠っていた大学院進学への意欲をよみがえらせてくれた．1つは3年生男子生徒との会話の中で，「先生はよく音読をするよう言っていますが，何に効果があるのですか？」という純粋でまっすぐな質問に上手く答えられなかったことだった．納得のいく説明をできなかった自分に悔しく，そして日々実践している数々の活動に対して，確実な裏付けや明確な目的があるのかを今一度考えさせられた．もう1つは，日頃から英語教育関係の雑誌や専門書，学術書などを読んで勉強してはいたが，ある研究論文を読んでいると「リスニングをさせるときに，生徒に新出単語を先に導入するとリスニングの得点が低下した」という結果が書かれており，研究の面白さと研究が実践へもたらす貢献の大きさを知ったことだった．この2つの出来事によって，消えかけていた大学院進学への火が再び灯り始めた．

2)　修学を実現させるための道

(1)　周囲との関係の障壁を乗り越えること

　学校という組織に属している以上，周囲の方々からの理解はとても重要である．筆者は，管理職や同僚から自分自身に期待されていることを自覚してい

た．管理職からは「大学院に行くのをあと 1 年待って，次年度は 3 年生の担任
をしてほしい」と，そしてまたある時は，学校として受けていた研究指定を共
に進めていた主任から「この研究指定が終わってから修学してほしい」と言わ
れた．周囲の声を断ち切って自分にとって一番都合の良い時期に修学しようか
との考えも一瞬よぎったが，その時筆者の出した結論は，やはり周囲からの期
待は素直に受け取り，期待されたことは完遂してから修学しようということ
だった．修学を待っている 1 年間ないしは 2 年間は長くも感じたが，「期待に
応えた」という自分の気持ちと周りの方々の温かい送り出しを感じ，霧の晴れ
た雲 1 つない空への旅立ちを想像させる修学開始となった．

(2)　自分自身の個人の障壁を乗り越えること

　修学にかかわる休業の形態を選ぶことは，自分の生活に大きくかかわってく
る．都道府県教育委員会から派遣される「内地留学」に採用されれば，給与を
支給されながら地元をはじめとするいくつかの指定された大学院で学ぶことが
許される．一方で，「大学院修学（部分）休業制度」では「ノーワーク・ノーペ
イ」の原則で教員としての地位は保証されるが無給となる．筆者は，後者の
「大学院修学（部分）休業制度」を活用した．自分で自由に大学院を選択できる
こと，自分で修学することを選んだという思い入れ，自分を磨くためにお金を
使うのだ，という納得がそこにはあった．修学するには学費や研究費，交通費
など多額の費用がかかる．しかし物は考えようで，趣味の車や旅行にお金をか
けるのと同じことだと考えたのだった．車に 300 万円をかけるのも，大学院
に 300 万円をかけるのも同じ，でも車はいつか手放すことになるが，大学院
で学んだことは一生の財産になると考えたのだった．自分を磨くのは一生もの
の財産なのである．筆者はまず，文部科学省のホームページで「大学院修学休
業制度」について情報を得た（興味のある方は以下のページを参照されたい．
http://www.mext.go.jp/a_menu/shotou/kyuugyou/syuugaku.htm）．ここには修
学休業を取るための条件や手続き，またどれくらいの方が休業を取っているか
など，有益な情報が載せられている．

　修学する大学院の選択に関しては，東京学芸大学のような「教育系大学院」
や筑波大学といった「研究系大学院」に大きく分けられ，また国公立か私立か，
社会人入試の有無などの選択肢がある．理論と実践のどちらに重点を置くかで
選択は変わってくるだろう．しかし決定の大きなポイントは「現職教員の修学

に優しい環境か」ということである．筆者の通った大学院は，学校現場の事情をよく理解していただき，学校行事や生徒指導などで修学が予定どおりに進まなかったときでも，指導教員からは「柔軟に対応しますので安心してください」という温かい言葉をかけていただき，安心して勤務と研究を両立できたのをよく覚えている．

　修学にあたり，生活面で不安もあった．修学と時を同じくして，筆者の親が病に倒れ看病を余儀なくされ，大学院通学で家を空ける日は複雑な思いをしながら過ごしていた．そのような個人的な不安は誰にも相談できないことも多い．しかし，修学への強い思いと，自分を磨いているという自負が自己を支えていた．筆者は勤務地である石川県金沢市から大学院のある茨城県つくば市へ北陸新幹線で毎週通い，週3日は勤務，残り2日は研究の日々を送った．

3)　大学院での授業や研究の思い出

　大学院では「研究」と「勉強」は全く異なることを思い知らされた．個人で学術書を読んでいたころは「研究」ではなく「勉強」であったのだ．大学院での研究についていくことができるかどうかは常に不安が付きまとったが，学び合い，語り合える仲間の存在，強い意志のもとで自信を持つことが不安を消してくれた．筆者の属したゼミでは，1つの物事を多面的に分析し発表し合う風土が出来上がっており，仲間が仲間を伸ばしていく学び合いの場があった．博士課程後期生が前期生（修士生）を，修士生が学部生を，そして教授の指導が全体をまとめ，とても理想的な研究環境だった．これは今思えば，大学院のホームページや，大学院進学説明会での相談の中で，予め感じ取れることだった．進学を考えている方は，ぜひ事前の情報収集に努め，できれば実際に院生と会談されることを勧めたい．

4)　現職で大学院を目指す教師へのアドバイス

　大学院進学を知ったある同僚から，「大学院の研究って役に立つの？」と言われたことがある．この言葉の裏には，研究したことを（高校の）現場に活かしてほしいということがあると考える．研究が実践へもたらす貢献の大きさを自覚し，理論に支配されて頭でっかちになることなく，地道に現場での生徒への指導実践に活かしていただきたい．

　また，純粋に「学びたい」という気持ちを大切にしていただきたい．教師の

学び続ける姿勢は，どんな教科書にも代えがたい学びのお手本である．学問を修めたいと思い，それを実行して後悔することは絶対にない．大学院修学は，人生に対する考え方をも変えてくれるきっかけである．学びたいという気持ち，学んでいる姿，学び合いで得たつながり，どれをとっても人生の誇れる宝物である．様々な壁を乗り越えて，ぜひ修学を実現させていただきたい．

（前田昌寛）

付　　録

英語教育関連図書一覧

1.　〈新しい英語教育について学ぶ・考える〉

廣森友人（2016）『英語学習のメカニズム―第二言語習得研究にもとづく効果的な勉強法』大修館書店.

Loewen, S.(2015). *Introduction to Instructed Second Language Acquisition.* New York, NY: Routledge.

JACET SLA 研究会（編著）(2013)『第二言語習得と英語科教育法』開拓社.

田崎清忠（責任編集）, 佐野富士子（編集コーディネーター）(1995)『現代英語教授法総覧』大修館書店.

2.　〈教師力を上げる〉

C・ファデル, M・ビアリック, B・トリリング（著）, 岸 学（監訳）, 関口貴裕・細川太輔（編訳）(2016)『21 世紀の学習者と教育の 4 つの次元：知識, スキル, 人間性, そしてメタ学習』北大路書房.

大関博美・名部井敏代・森博英・田中真理・原田三千代 (2015)『フィードバック研究への招待』くろしお出版.

上智大学 CLT プロジェクト（2014）『コミュニカティブな英語教育を考える』アルク.

高橋一幸（2011）『成長する英語教師―プロの教師の「初伝」から「奥伝」まで』大修館書店.

3.　〈自分の英語力を伸ばす・授業での説明のヒントを探る〉

藤尾美佐（2016）『20 ステップで学ぶ　日本人だからこそできる英語プレゼンテーション』DHC.

吉田研作・金子朝子（2013）『科目別　現場で使える教室英語』三修社.

吉田研作・金子朝子（2011）『現場で使える教室英語』三修社.

Langham, C. S.(2007)『国際学会 English 挨拶・口演・発表・質問・座長進行』医歯薬出版.

4. 〈動機づけを考える〉

上淵寿・大芦治（編著）（2019）『新・動機づけ研究の最前線』北大路書房.

菊地恵太（2015）『英語学習動機の減退要因の探求——日本人学習者の調査を中心に』ひつじ書房.

B・J・ジマーマン，D・H・シャンク（編），塚野州一・伊藤崇達（監訳）（2014）『自己調整学習ハンドブック』北大路書房.

Z・ドルニェイ（著），米山朝二・関昭典（訳）（2005）『動機づけを高める英語指導ストラテジー 35』大修館書店.

5. 〈学習者要因と学習方法〉

八島智子（2019）『外国語学習とコミュニケーションの心理——研究と教育の視点』関西大学出版部.

三宮真智子（2018）『メタ認知で〈学ぶ力〉を高める：認知心理学が解き明かす効果的学習法』北大路書房.

岡田涼・中谷泰之・伊藤崇達・塚野州一（編著）（2016）『自ら学び考える子どもを育てる教育の方法と技術』北大路書房.

辰野千尋（1997）『学習方略の心理学：賢い学習者の育て方』図書文化.

6. 〈言語学習ストラテジーと言語使用ストラテジー〉

竹内理（2007）『「達人」の英語学習法——データが語る効果的な外国語習得法とは』草思社.

大学英語教育学会学習ストラテジー研究会（2006）『英語教師のための「学習ストラテジー」ハンドブック』大修館書店.

竹内理（2003）『より良い外国語学習法を求めて：外国語学習成功者の研究』松柏社.

R・L・オックスフォード（著），宍戸通庸・伴紀子（訳）（1994）『言語学習ストラテジー：外国語教師が知っておかなければならないこと』凡人社.

7. 〈リスニング力とスピーキング力の育成〉

J・タランディス・Jr.(著)，作井恵子（訳）(2018)『英語教員のためのスピーキングテスト――理論と実践――』アルマ出版．

泉惠美子・門田修平 (2016)『英語スピーキング指導ハンドブック』大修館書店．

冨田かおる・河内千栄子・小栗裕子（編）(2011)『リスニングとスピーキングの理論と実践』（英語教育学大系第9巻）大修館書店．

今井　裕之・吉田　達弘 (2007)『HOPE：中高生のための英語スピーキングテスト』教育出版．

8. 〈リーディング力の育成〉

伊東治巳 (2016)『インタラクティブな英語リーディングの指導』研究社．

卯城祐司 (2009)『英語リーディングの科学――「読めたつもり」の謎を解く』研究社出版．

門田修平・野呂忠司 (2001)『英語リーディングの認知メカニズム』くろしお出版．

天満美智子 (1989)『英文読解のストラテジー』大修館書店．

9. 〈ライティング力の育成〉

片岡英樹 (2007)『技術英文　効果的に伝える10のレトリック――テクニカル・ライティング練習帳』丸善．

門田修平 (2006)『第二言語理解の認知メカニズム――英語の書きことばの処理と音韻の役割』くろしお出版．

Strunk Jr., W., & White, E. B.(1999). *The Elements of Style,* 4th. New York, NY: Longman.

天満美智子（1998)『新しい英文作成法』岩波書店．

10. 〈語彙指導について学ぶ・考える〉

中田達也 (2019)『英単語学習の科学』研究社．

相澤一美・望月正道 (2010)『英語語彙指導の実践アイディア集――活動例からテスト作成まで』大修館書店．

石川慎一郎 (2008)『英語コーパスと言語教育――データとしてのテクスト』大

修館書店.

門田修平・池村大一郎（2006）『英語語彙指導ハンドブック』大修館書店.

11. 〈フォーカス・オン・フォーム，文法〉

和泉伸一（2016）『フォーカス・オン・フォームと CLIL の英語授業』アルク.

高島英幸（2010）『英文法導入のための「フォーカス・オン・フォーム」アプローチ』大修館書店.

和泉伸一（2009）『「フォーカス・オン・フォーム」を取り入れた新しい英語教育』大修館書店.

萩野俊哉（2008）『英文法指導 Q&A——こんなふうに教えてみよう』大修館書店.

12. 〈文法を学ぶ〉

Swan, M.(2016). *Practical English Usage*. Oxford, UK: Oxford University Press.

Larsen-Freeman, D., & Celce-Murcia, M.(2015). *The Grammar Book*. Boston, MA: Heinle & Heinle.

Murphy, R.(2015). *English Grammar in Use*. Cambridge, UK: Cambridge University Press.

田中武夫・田中知聡（2014）『英語教師のための文法指導デザイン』大修館書店.

13. 〈発音や音声に関する知識と説明力を伸ばす〉

靜哲人（2019）『発音の教科書——日本語ネイティブが苦手な英語の音とリズムの作り方がいちばんよくわかる』テイエス企画.

高山芳樹（2019）『最強の英語発音ジム——「通じる発音」と「聞き取れる耳」をモノにする』アルク.

山根繁（2019）『コミュニケーションのための英語音声学研究』関西大学出版部.

川原繁人（2018）『ビジュアル音声学』三省堂.

14.〈言語の使い方について学ぶ・授業での説明のヒントを探る〉

高橋朋子（2016）『相手と場面で使い分ける　英語表現ハンドブック』アルク.

石原紀子（2015）『多文化理解の語学教育：語用論的指導への招待』研究社.

東照二（2009）『社会言語学入門：生きた言葉のおもしろさに迫る（改訂版）』研究社.

ジェニー・トマス（著），浅羽亮一・田中典子・都留埼毅・成瀬真理（訳）（1998）『語用論入門—話し手と聞き手の相互交渉が生み出す意味』研究社.

15.〈小学校英語について考えてみる〉

小川隆夫・東仁美（著），吉田研作（監修）（2017）『小学校英語はじめる教科書』松香フォニックス.

柳瀬陽介・小泉清裕（2015）『小学校からの英語教育をどうするか』岩波書店.

バトラー後藤裕子（2015）『英語学習は早いほど良いのか』岩波書店.

岡秀夫・金森強（2012）『小学校外国語活動の進め方—「ことばの教育」として』成美堂.

16.〈テストのあり方について学ぶ〉

小泉利恵（2019）『英語4技能テストの選び方と使い方—妥当性の観点から』アルク選書.

根岸雅史（2017）『テストが導く英語教育改革』三省堂.

吉田新一郎（2006）『テストだけでは測れない！　人を伸ばす「評価」とは』NHK出版.

若林俊輔・根岸雅史（1993）『無責任なテストが「落ちこぼれ」を作る—正しい問題作成への英語授業学的アプローチ』大修館書店.

17.〈テストの作り方を学ぶ〉

J・C・オルダーソン，C・クラッファム，D・ウォール（著），渡部良典（編訳）（2010）『言語テストの作成と評価—あたらしい外国語教育のために』春風社.

A・ヒューズ（著），静哲人（訳）（2003）『英語のテストはこう作る』研究社.

静哲人・竹内理・澤晴美（2002）『外国語教育リサーチとテスティングの基礎

290

概念』関西大学出版部.

L・F・バックマン，A・S・パーマー（著），大友賢二，R・スラッシャー（監訳）（2000）『実践 言語テスト作成法』大修館書店.

18.　〈研究方法を学ぶ〉

竹内理・水元篤（編著）（2014）『外国語教育研究ハンドブック（改訂版）──研究手法のより良い理解のために』松柏社.

寺内正典・中谷安男（編集）（2012）『英語教育学の実証的研究法入門──Excelで学ぶ統計処理』研究社.

H・W・セリガー，E・ショハミー（著），土屋武久・森田彰・星美季・狩野紀子（訳）（2001）『外国語教育リサーチマニュアル』大修館書店.

J・C・リチャーズ，C・ロックハート（著），新里眞男（訳）（2000）『英語教育のアクション・リサーチ』研究社.

19.　〈統計の知識を増やす〉

平井明代（編）（2012）『教育・心理系研究のためのデータ分析入門』東京図書.

石川慎一郎・前田忠彦・山崎誠（2010）『言語研究のための統計入門』くろしお出版.

Z・ドルニェイ（著），八島智子・竹内理（訳）（2006）『外国語教育学のための質問紙調査入門──作成・実施・データ処理』松柏社.

清川英男・濱岡美郎・鈴木純子（2003）『英語教師のための Excel 活用法』大修館書店.

20.　〈論文の書き方と発表のしかた〉

中谷安男（2016）『大学生のためのアカデミック英文ライティング』大修館書店.

G・レイノルズ（著），日経ビジネスアソシエ（編）（2011）『ガー・レイノルズ シンプルプレゼン』日経 BP.

アメリカ心理学会（APA）（著），前田樹海・江藤裕之・田中建彦（訳）（2011）『APA 論文作成マニュアル（第 2 版）』医学書院.［原著でも読まれることをお勧めします. 以下が原著.］

American Psychological Association.(2010). *Publication Manual of the American Psychological Association* (*Sixth Edition*). Washington, DC: American Psychological Association.

21. 〈用語集・英語教育の基礎概念の理解〉

B・ヴァンパテン, A・G・ペナティ（著）, 白畑知彦・鈴木孝明（監訳）（2017）『第二言語習得キーターム事典』開拓社.

米山朝二（2011）『新編　英語教育指導法事典』研究社.

小池生夫・河野守夫・鈴木博・田中春美・田辺洋二・水谷修（編）（2003）『応用言語学事典』研究社.

K・ジョンソン, H・ジョンソン（編）, 岡秀夫（監訳）（1999）『外国語教育学大辞典』大修館書店.

22. 〈論文・実践報告のための参考図書〉

JACET SLA 研究会（2013）『第二言語習得と英語科教育法』開拓社.（再掲）

JACET SLA 研究会（2005）『文献からみる第二言語習得研究』開拓社.

JACET SLA 研究会（2000）『SLA 研究と外国語教育』リーベル出版.

森住衛 他（2010）『大学英語教育学』（英語教育学大系第 1 巻）大修館書店.

矢野安剛 他（2011）『英語教育政策』（英語教育学大系第 2 巻）大修館書店.

塩澤正 他（2010）『英語教育と文化』（英語教育学大系第 3 巻）大修館書店.

寺内一 他（2010）『21 世紀の ESP』（英語教育学大系第 4 巻）大修館書店.

佐野富士子 他（2011）『第二言語習得—SLA 研究と外国語教育』（英語教育学大系第 5 巻）大修館書店.

小嶋英夫 他（2010）『成長する英語学習者』（英語教育学大系第 6 巻）大修館書店.

石田雅近 他（2011）『英語教師の成長』（英語教育学大系第 7 巻）大修館書店.

岡田伸夫 他（2010）『英語研究と英語教育』（英語教育学大系第 8 巻）大修館書店.

冨田かおる 他（2011）『リスニングとスピーキングの理論と実践』（英語教育学大系第 9 巻）大修館書店.（再掲）

木村博是 他（2010）『リーディングとライティングの理論と実践』（英語教育学大系第 10 巻）大修館書店.

山岸信義 他（2010）『英語授業デザイン」（英語教育学大系第11巻）大修館書店.

見上晃 他（2011）『英語教育におけるメディア利用』（英語教育学大系第12巻）大修館書店.

石川祥一 他（2011）『テスティングと評価』（英語教育学大系第13巻）大修館書店.

23.　〈その他，教師になる人のための参考図書〉

市川伸一（編集）（2019）『2019年改訂 速解 新指導要録と「資質・能力」を育む評価』ぎょうせい.

D・クリストドゥールー（著），松本佳穂子，B・ホーン（監訳），大井恭子・熊本たま（訳）（2019）『7つの神話との決別：21世紀の教育に向けたイングランドからの提言』東海大学出版部.

寺内一（監修），藤田玲子・内藤永（編），大学英語教育学会EBP調査研究特別委員会・国際ビジネスコミュニケーション協会（著）（2015）『ビジネスミーティング英語力』朝日出版社.

K・モロウ（編），和田稔・高田智子・緑川日出子・柳瀬和明・齋藤嘉則（訳）（2013）『ヨーロッパ言語共通参照枠（CEFR）から学ぶ英語教育』研究社.

国立教育政策研究所（編）（2013）『成人スキルの国際比較——OECD国際成人力調査（PIAAC）報告書』明石書店.

小池生夫・寺内一・高田智子・松井順子 他（2010）『企業が求める英語力』朝日出版社.

S・グレンジャー（編著），船城道雄・望月通子（監訳）（2008）『英語学習者コーパス入門：SLAとコーパス言語学の出会い』研究社.

津田塾言語文化研究所（編）（2006）『第二言語学習と個別性——ことばを学ぶ一人ひとりを理解する』春風社.

24.　〈英語教師力アップシリーズ〉

江藤秀一・鈴木章能（編）（2017）『授業力アップのための英語圏文化・文学の基礎知識』（英語教師力アップシリーズ①）開拓社.

加賀信広・大橋一人（編）（2017）『授業力アップのための一歩進んだ英文法』（英語教師力アップシリーズ②）開拓社.

久保田章・林伸昭（編）(2019)『授業力アップのための英語教育学の極意』
　　（英語教師力アップシリーズ③）開拓社.

小田寛人・江藤秀一（編）(2018)『授業力アップのための英語授業実践アイ
　　ディア集』（英語教師力アップシリーズ④）開拓社.

佐野富士子・小田寛人（編）(2019)『授業力アップのための英語教師必携自
　　己啓発マニュアル』（英語教師力アップシリーズ⑤）開拓社.（本書）

索　引

1. 日本語は五十音順に並べてある．英語（などで始まるもの）は
アルファベット順で，最後に一括してある．
2. 数字はページ数を示す．

［あ行］

アウトプット　32, 94, 102, 104, 107, 112,
113, 126, 139
アウトプット仮説　95, 126, 139
アクション・リサーチ（action research）
20
アセスメント・リタラシー　23
異文化体験　224
意味交渉（negotiation of meaning）　92,
96, 111-116, 119, 124
因子分析　46, 49, 50
インタラクション　90, 92, 96, 102-105,
110-118, 122, 127
インタラクション仮説　92, 126
インフォームド・コンセント　79, 80
インプット　32, 89-97, 102, 104-107,
111-113, 119, 123, 126, 140
インプット仮説　94, 112
英語教育コア・カリキュラム　23
英検　26, 35, 230, 262-264, 272, 274
エビデンス／科学的な根拠（evidence）
19, 39-41
エンドポイント　51

［か行］

海外研修　238-240, 246, 260
回帰分析　46, 48-50
カイ二乗検定　46, 47, 50
会話調整（modified interaction）　113
記述統計　41, 42
基準準拠型到達度判定テスト　24
教室における第二言語習得（instructed
second language acquisition／ISLA）
88, 90
クロスオーバー試験　51
KJ法　19
研究課題（research question）　5, 15-19,
72, 75
研究計画（research proposal）　5, 38, 51
研究倫理　11, 50, 79, 80, 82
ケンブリッジ英語検定　267, 268, 273
構造化インタビュー（structured
interview）　19
項目応答理論（IRT）　28
国際交流　222, 224, 231-235
国際通用性　267, 269, 273
個人情報　7, 10, 79, 81
コミュニケーション・ストラテジー
（communication strategy／CS）　110,
115, 116, 118-120

296

混合研究法（mixed method） 19

［さ行］

細目表（specification） 24
実行可能性 23, 30
質的研究法（qualitative method） 18
質的分析（qualitative analysis） 64
志望動機（statement of purpose） 4
従属変数 46, 48, 49
集団準拠型熟達度判定テスト 24
授業参観 8-13, 234
主体的・対話的で深い学び 15, 137, 153, 159, 170, 231, 234, 237
出願（application） 2, 4-6
シングルアーム 51
信頼性（reliability） 18, 23, 75, 147
推薦状（reference） 6
推測統計 41, 43
数量的分析（quantitative analysis） 64
スキット 126-130, 135
スタイルシート 84
スピーチ（speech） 30-32, 136-148, 161, 162, 248
成績表（academic transcript） 6
先行研究（previous studies） 5, 15, 16, 40, 63, 70, 74-78, 85
総合スキル型 32
総合的評価 143
総合的評価基準（holistic scale） 31
卒業証明書（degree/graduation certificate） 6

［た行］

大学院修学休業制度 282
ダイナミック・アセスメント 23, 33

第二言語習得（second language acquisition） 89, 90, 92-97, 99, 100, 102
第二言語習得研究（SLA） 89, 102
妥当性（validity） 18, 23-27, 31, 170
ダブルアーム 50, 51
知的所有権 79, 82
中央値（M/Mean） 41, 42
通信教育（distance learning） 3
t検定 43, 45-47, 50-52
ディスカッション（discussion） 31, 143, 152-155, 158, 159, 175
ディベート（debate） 152, 153, 170-173, 175-177, 236
訂正フィードバック（corrective feedback/CF） 95, 97-99, 102-108
データの管理 79-81
独立変数 46, 48, 49

［な行］

ネガティブ・フィードバック（negative feedback） 111

［は行］

背景的知識／スキーマ（schema） 123, 236
波及効果（backwash effect） 33
発表者の略歴（bio-data） 57, 66
発表要旨（abstract/summary） 56, 67
パフォーマンス評価 24, 26, 27, 133, 146, 158
半構造化インタビュー（semi-structured interview） 19
ヒストグラム 42
批判的思考能力 171

評価者間信頼性／評定者間信頼性（inter-rater reliability）　27, 147

評価者内信頼性／評定者内信頼性（intra-rater reliability）　27, 147

標準偏差（SD／Standard Deviation）　28, 41, 42

振り返り（reflection）　15, 20, 100, 159, 234

Bloom の認知プロセス　138

プレゼンテーション（presentation）　32, 144, 158, 161-168

プロンプト（prompt）　104-106

分散分析　46-48, 50, 51

分析的評価　143, 144

分析的評価基準（analytic scale）　31

平均値（average）　41, 42

ポジティブ・フィードバック（positive feedback）　111

ホームステイ　224, 227, 231, 243, 246-248, 250, 259

[ま行]

マイクロ・ディベート（micro-debate）　236

明瞭さ（intelligibility）　91

メタ認知　116, 118-121

[や行]

やり取り　88, 92, 93, 96, 102, 126, 127, 135, 137, 152, 161

有意確率　44, 45, 52

有意差／統計的有意差　44, 48, 52

[ら行]

ランダム化比較試験／ RCT　51

リキャスト（recast）　103-105

リサーチデザイン（research design）　14, 16, 17, 20

留学　2, 224

量的研究法（quantitative method）　17

履歴書（Curriculum Vitae／resume）　6

ルーブリック（rubric）　27, 31, 144-146, 158, 159, 167

論文要旨　73

[英語]

ACTFL　55, 271, 272

ALT（assistant language teacher）　11, 180-183, 186-188, 199, 203-205, 212

APA　77, 84

CEFR（Common European Framework of Reference for languages）　27, 31, 69, 263, 265, 267-270, 273

CSE（Common Scale for English）　263

ELTiS　230, 271

ESL（English as a Second Language）　12, 106, 114

GTEC　262, 264, 265, 272, 274

GRE　5

IELTS　5, 262, 268, 269, 273

MLA　84

Show & Tell　167, 235, 236

Teacher talk　88-91, 93, 99

TEAP　269, 270, 273, 274

TOEFL　5, 25, 31, 262, 265, 266, 269, 273

TOEIC　26, 37, 261, 262, 266, 267, 273

VELC test　271

執筆者一覧

編　者
佐野 富士子（さの ふじこ）
常葉大学外国語学部特任教授，元横浜国立大学教授

小田 寛人（おだ ひろと）
常葉大学短期大学部教授，元文部科学省教科書調査官

執筆者
浅見 道明（あざみ みちあき）
筑波大学附属高等学校教諭

海野 茜（うんの あかね）
元常葉大学附属常葉高等学校教諭

大場 浩正（おおば ひろまさ）
上越教育大学大学院学校教育研究科教授

小田 眞幸（おだ まさき）
玉川大学文学部教授・ELF センター長，博士（応用言語学）

甲斐 順（かい じゅん）
神奈川県立柏陽高等学校総括教諭，博士（総合社会文化）

小林 大介（こばやし だいすけ）
静岡市立高等学校教諭

櫻井 加保里（さくらい かおり）
常葉大学附属常葉高等学校教諭

鈴木 修平（すずき しゅうへい）
北海道旭川北高等学校教諭

鈴木 はる代（すずき はるよ）
つくば市立沼崎小学校教諭

298

高橋 知也（たかはし ともや）
東京都健康長寿医療センター研究所研究員，博士（学術）

谷口 茂謙（たにぐち しげのり）
常葉大学外国語学部教授

辻 陽介（つじ ようすけ）
静岡市立高等学校教諭

寺田 義弘（てらだ よしひろ）
茨城県立竜ヶ崎第一高等学校教諭

中田 達也（なかた たつや）
法政大学文学部准教授，博士（応用言語学）

中谷 安男（なかたに やすお）
法政大学経済学部教授，オックスフォード大学客員研究員，博士（応用言語学）

新妻 明子（にいづま あきこ）
常葉大学外国語学部准教授

原田 淳（はらだ じゅん）
獨協中学・高等学校教諭

前田 昌寛（まえだ まさひろ）
金沢星稜大学教養教育部講師

松本 佳穂子（まつもと かほこ）
東海大学国際教育センター教授，博士（学術）

谷野 純夫（やの すみお）
常葉大学附属常葉中学・高等学校校長

協力者（英文校閲）
David William Hunt（デイヴィッド ウィリアム ハント）
元常葉大学短期大学部教授

英語教師力アップシリーズ⑤

授業力アップのための**英語教師必携自己啓発マニュアル**

編　者　　佐野富士子・小田寛人
発行者　　武村哲司
印刷所　　日之出印刷株式会社

2019 年 11 月 16 日　第 1 版第 1 刷発行Ⓒ

発行所　　株式会社　開 拓 社

〒 113-0023 東京都文京区向丘 1-5-2
電話　（03）5842-8900（代表）
振替　00160-8-39587
http://www.kaitakusha.co.jp

ISBN978-4-7589-1355-3　C3382